時事妄議錄

黃一龍

世界華語出版社

時事妄議錄

黃一龍 著

封面設計：西門媚
內文編輯：王昌華
出版：世界華語出版社(World Chinese Publishing)
發行：電子版—谷歌圖書(google play)
　　　紙質版—布樂圖書(blurb)
電郵：minellc@gmail.com
版次：2019年2月第一版，第一次印刷
字數：200千字
定價：29.00美元
ISBN：978-1-940266-53-4

作品內容受國際智慧財產權公約保護，版權所有，翻印必究

代 序

他總是在別人停止思維的地方想下去

邵燕祥

《隨筆》刊出拙文《我的第一個上級》，說到經過建國後的歷次運動，不免抱怨一些來自延安的老同志：他們守口如瓶，從不向我們這些後來者說說歷史的陰暗面，以致我們對殘酷無情的內部鬥爭毫無精神準備。不久接到黃一龍兄的來信，照引如下：

……比起你來，我當年更是"新幹部"，對於延安來的老革命更是敬禮有加。所以後來多經一些事情以後，對於他們為何對於延安整風中"搶救"即整肅知識份子這樣重要的經歷，居然諱莫如深，也就更加不解和更有"苛責"。現在老了，自然也很贊成尊文所謂對他們的同情和理解。

而且我還設想，假使他們當初不向我們隱瞞，結果又會如何呢？

一個可能是，我們提前懂得了折騰一輩子才懂得的事情，例如在20歲、30歲、40歲就有了今天的認識。不過我想這種可能只是抽象推演的結果，實際上絕無可能。

相反的可能是，我們一聽就跳，說他散佈反動言論，甚至向領導舉報，從此參加告密分子的行列，陷別人於水深火熱，還以為在保衛革命保衛黨，還以為自己無比高尚。此事難說不會有。記得我10歲左右時一次偷聽一位"從西北回來"的客人低聲向父親講"那邊的事"，其中就縐著眉頭講"這邊"去的學生遭"搶救"。稍大以後回憶起那個場面，立即結論說那一定是個反動分子在造謠。當初能夠如此認識"父執"，怎麼能夠保證以後不會如此認識領導？

　　介於兩種可能之間的是從此"思想混亂"、"不明方向"，又沒有今天時髦的"體制外"可以隱遁，恐怕只有自殺了事。俄國革命初期自殺的諸位，想來就是窺見了他們的革命的"搶救運動"那一面吧。

　　以當初的我們衡量今天的青年，當我們不隱諱地向他們講"過去的事情"，反應自然完全不會同於我們當初。但是新的反應也未可樂觀：根本不感興趣！是不是？

　　我震悚于一龍的假設。從他的雜文我知道，他總是在別人停止思維的地方想下去，他的假設是從一定的歷史環境出發，從那時人們的思想實際出發，對過來人，真是振聾發聵，發人深思。他說起今天年輕人對歷史的反應，又是完全異樣的新問題。一龍這封信看似"隨筆"寫來，其中凝結著多少血淚，以及血淚換來的識見，這卻是時下"隨筆"文字中不多見的。

目 录

代 序 他總是在別人停止思維的地方想下去 邵燕祥............I

1989
欣聞我軍大捷..2

2006
先治"恐選症"...5

2007
追問"搖籃慘案"——跋《五八劫》..........................8
從青年團"三大"看"陽謀"................................12

2008
專政壓倒一切——跋一本小人物的受難史，兼迎中華
"人民共和"國建立六十週年................................31

2009
這個黨20年前就被坦克碾碎了——對《爭鳴》特約
記者談《趙紫陽錄音講話》................................38
嚴重的問題是教育官員——《五八劫續篇》序................39

2010
隱瞞真相才是要害——"歪曲和醜化黨的歷史"析............43

2011
"跟蹤趙紫陽"——親密接觸一本"民史"側記..............47
回味名言..53

2012
花落重慶..61
"領導鬧事"三部曲......................................63
耀邦去世前的一段插曲....................................66
王立軍該當何罪..68

幸入右派 71
尋找"重慶反思" 73
沒有免費的"打左燈" 77
天機在前——漫議十八大 80
釜底抽薪 84

2013

大赦人民——兼議"大赦貪官" 88
中國特色到了喊自信的時候 92
話語的真假、文野和吉兇——聽講政治的人物講真話 ... 96
兩個女性,兩個代表 101
旁觀少爺接班 105
壓垮中華民族的那根稻草 109
又聞姓社姓資 113
誰是"真正的共產黨人" 118
一篇博士論文和兩個三十年 121
夏健強班的男生和中南海裏的男兒 125
怎樣走路——致我的代表 127
看不懂"改革決定" 131
人道三國志 135

2014

跟著邏輯走一走——再讀《改革決定》 139
審判憲法之謎 142
打虎呼喚"治本" 147
歷史虛無·歷史虛假·歷史胡說 150
"負責"五義 155
窺探"固有的權力"—《香港白皮書》挑戰官權民授 . 159
讀九號文,傷"兩頭真" 164

2015

二零一五,新年不好! 171
虎打武松 174
平反和存真——從趙紫陽的安葬問題想到"平反
冤假錯案" 177

日曆風波 181
　　怎樣審判陳雲飛 183
　　通姦、黨紀、潛黨紀和規矩 186
　　學習"守規矩" 190
　　一國三慶 194
　　不議只問 196

2016
　　被忽略了的中共抗日功勳 200
　　醉翁之意不在理想 204
　　從一碗米看一段歷史 207
　　行看亂賊修《春秋》 210
　　山水之間的故事——理解朱鐵志 213
　　秀才遇到黨——為"邵燕祥作品研討會"作 217

2017
　　為"十四年抗戰"備課 222
　　算算"黨費"賬 226
　　我的"反黨反社會主義"——紀念反右運動六十週年 230
　　逆向考察打撈信史 234
　　論貪腐同志的正能量 237

2018
　　《反右運動留言集》轉發引言 241
　　走上"野蠻自信"之路 為律媒觀察法治論壇
　　　"九一一事件17週年祭思沙龍"作 242

附　錄　閱讀筆記二則
　　讀趙紫陽禁中談話的筆記——紀念紫陽同志逝世四週年 .. 245
　　清黨和清場——讀邵燕祥：《1990-1991：我所經歷的
　　　"黨員重新登記"》筆記 264

我更怕娃娃——《時事妄議錄》暨《時文插嘴錄》跋 283

1989

欣聞我軍大捷

"新基調"雜文提倡歌頌,究竟怎麼歌怎麼頌,我一向以為一定很艱難。今夜終於決定習作一篇,親自嘗嘗這梨子的滋味。大出所料的是,拿起筆來以後,居然文思泉湧,覺得上下左右九州四海都有歌頌不盡的題目。最先想到的,乃是:

歡呼我軍大捷

該題目文字簡練,音調鏗鏘;"我"字表明作者的立場,"歡"扣"歌","呼"扣"頌",真是一個妙題。只有"大捷"二字稍嫌空泛,不夠刺激。查我軍曾有黃洋界大捷、臘子口大捷、平型關大捷、遼瀋大捷、平津大捷、淮海大捷,還有在朝鮮的若干大捷,可惜均已時隔多年,不符"新基調"歌頌當今之主旨。正好我軍昨天就有一捷,以威武之師一舉(或多舉)消滅了反革命暴亂。此事甚宜大書特書,題目上也該表明特點,以示此捷與它捷的原則區別。於是乃得有特色的題目如下:

歡呼我軍戡亂大捷

該題真是威武之極,刺激之極,算得上乘了。可惜我本人有一個缺點,就是記憶力頗佳,仿佛記得這類題目早在四十多年前就在中華民國的《中央日報》上出現過,為免抄襲之嫌,只好割愛再改。

這次換個角度。聽說我軍又是文明之師,聽說首都人民今天興高采烈,幸福地體會到他們熱愛首都、熱愛首都人民、熱愛首都和各地大學生的深情厚意。所以題目可以這樣改:

欣聞首都人民深沐軍愛

說實在的,我對此題已經相當滿意了,相信未必還有別人想得出來。可是我本人還有一個缺點,就是求全責備,總想做得完美無缺。此題目顧到我軍是文明之師這一面,忽略了它又是威武之師的另一面；且就前一面說，沐愛的"愛"是怎麼個愛法，也甚不具體。於是立即全面研究有關的告示戰報慰問信發言人談話（一切外電均係造謠，不在研究之列），得完美無缺的題目如下：

欣聞首都人民深沐軍愛

據說他們只有一些傷亡

一共二十個字。作為題目，稍嫌長點；其實有了這樣的題目，一切內容已經盡在其中，不須另行作文了。不知何處有"新基調"超級短文大獎賽，我真想把這二十個字送去應徵。

1989年6月5日欲哭無淚之夜

2006

先治"恐選症"

周其明先生的《對中國〈選舉法〉2004年新修改的批評》[1]，邏輯嚴謹，言辭懇切，不僅有批評，而且有建議，怎麼看也該算是"善意批評"、"建設性批評"。只是覺得它不像對於全國最高立法機關頂級法律權威研究討論折衷琢磨最終成果的評論，倒甚有對大一學生課外作業循循善誘認真批改的樣子。這不能怪罪於周先生，原因在於他所批評的那些缺陷，即使是大一學生也不該看不出來的。

周先生的批評集中在兩點：一是該改的基本沒改，一是所改者"敷衍塞責"。由選民直接選舉的正式候選人的確定，歷來實行名單提出以後須經"反復醞釀、討論、協商"之法，周文指出它"是選民對選舉意見最大的一個環節，也是最易被暗箱操作或操縱的地方"，可是對它的修改卻是刪去"反復醞釀"，保留"討論、協商"，真不知去的和留的有何區別，改了以後怎樣能夠防止"暗箱操作或操縱"！這是集"基本沒改"和"敷衍塞責"於一身的一例。周先生所舉各例，大底如此。

正如周先生所指出，現行選舉法的根本缺陷，乃在它不能保障公民自由而公平的選舉權和被選舉權；因此對它的所謂修改，應當首在改此根本弊端。我相信歷次負責"修改"選舉法的專家和領導們，對此非不懂也，非不能也，是不願也，是不敢也。為何不願？源於不敢；為何不敢？源於害怕。害怕甚麼？害怕選民認真選起來會"失控"。失甚麼控？說到底，不過害怕自己信任的人被選掉，自己不放心的人被選上來。我看這是一種病，害怕選舉認了真的病，可稱"恐選病"。

選舉必須認真，和害怕選舉認真，顯然是兩種對立的態度。前

---

[1] 周其明：《對中國選舉法2004年新修改的批評》，《二十一世紀》2005年12月號

者來自中華人民共和國憲法的莊嚴規定，來自中國共產黨建設高度民主社會的莊嚴承諾；後者的來源不明，但卻分明迭有表現，此次對選舉法的"修改"，就是一個。

就我所知，周先生的上述文章，是他的長篇研究成果《中國選舉法修改的研究報告》的一個部分。那個報告還有《中國選舉法究竟存在什麼問題》和《應當如何完善中國現行的選舉法》兩個部分，那後一個部分甚至字斟句酌地提出了一份選舉法建議稿。它雖然離"完善"尚有距離，但是卻是一份要使選舉認真的文獻，它和妨礙認真選舉的現行法律，絕對不是前後文本的關係。不改掉有關人員的"恐選證"，怎麼"修改"也只能令周先生和他一心系之的中國選民失望。

2006年1月16日於深圳

2007

追問"搖籃慘案"

——跋《五八劫》

處心積慮,撒餌下套,一個政府對自己治下的小孩子下毒手,把他們扼殺在搖籃裏。

沒有抵抗,沒有哭泣,整個社會默默地看著自己的兒女被"自己的"政府在搖籃裏謀殺。

這就是本書敘述的一個又一個真實的故事。它就發生在我們這塊有幾千年文明歷史的華夏大地上,具有鮮明的中國特色,確係典型的"史無前例"!

是的,這是一場有組織有領導的對未成年人的政治迫害,它直接間接導致若干幼小生命的終結,更奪走了成千上萬孩子至少二十年最寶貴的青春,其性質正如對搖籃中的嬰兒實行集體謀殺。

是的,這是中華民族歷史上最可悲最可恥的一次投降,面對自己兒女滅頂的命運,沒有一個大人進行一絲抵抗發出一聲嘆息。此情此境,只有千百個赤裸的母親懷抱自己的嬰兒默默走進納粹的毒氣室,可與相比。

相信讀者讀罷本書,翻到本頁的時候,對於五十年前四川當局針對少年學生的所謂"社會主義教育運動"的真相,可以同意以上概括。

掩卷沉思,我們應當追問,究竟是何原因,造就本書敘述的慘案?

是恐懼。

孩子們和他們父母的恐懼是當然的。生活在一個公開以"專政"自詡的體制底下,身家性命包括孩子都是"公家"的,生殺予奪,權在領導;領導生氣,百姓自然失去"免於恐懼的自由",只有戰慄，不敢出聲了。

事情的詭譎之處，還在這個慘案的主動一方，其作案動機依然是恐懼：害怕孩子，害怕孩子長大，害怕自己的"專政"經不住長大了的孩子們搖晃。原來當年引誘民主人士知識份子上鉤入甕的"反右派"運動，中間出現過一段插曲，不在導演腳本之內。那就是一些大學生忽然從半路殺出來，也要"幫助黨整風"。他們以偉大的"五四"兒女自命，堅決捍衛公民的憲法權利，堅決"向一切法西斯蒂開火，叫一切不民主的制度死亡"（這是執政黨在全國執政以前教給青年傳唱的一首歌曲的名句），並且以為這正是執行了黨的召喚響應了領袖的號召，所以毫無顧忌所向披靡，差一點打亂了領袖的戰略部署拆穿了領袖收拾預定敵人的"陽謀"。於是反右立即"擴大"，橫掃全國大專學校的優秀學生。橫掃之後總結教訓，知道有獨立思想的大學生對於專政十分可怕，而不准可能思想獨立的少年進大學，就邏輯地成為當局的一大要務。這才設下種種計策，誘騙中學生中的"假想敵"自投羅網，不僅把他們排除在大學之外，而且拋進社會底層淪為政治賤民剝奪政治生命，以保持專政制度長治久安，保證專政領袖永遠放心。此即四川省"高五八級社會主義教育運動"即"五八劫"的由來。

原來那些整人的人也會害怕。原來在專制體制下，連專制者自己，也沒有"免於恐懼的自由"啊！

"五八劫"距今半個世紀了。當年的受害者和加害者，或死或老，人也事也或可都算"俱往矣"。現在的高校，大約不會把考生預先政治排隊或迎或拒了，政府也不在少年中間製造"反社會主義份子"加以扼殺了。這總是時代的進步，政治的進步。不過根據種種歷史教訓包括本書故事的教訓，只要政治不進步到實現民主廢除專制，那麼社會的兩端，治人者和治於人者之間的互相恐懼，就是不可避免的，"五八劫"的再來一次兩次多次甚至利用最新技術真正從搖籃裏去甄別可疑份子加以剷除，都不是不可能的。就憑這一點，當局現在申言的"政治體制改革作為我國全面改革的重要組成部分，必須隨著經濟社會發展而不斷深化"，"堅定不移走改革開放之路"，"只會前進，不會倒退"，"不可逆轉"等等，就是絕對必要的，就是絕對不許說了不算中途變卦的。

"五八劫"的執行機關之一,是共青團成都市委。案件發生前我正是該委員會的常委兼宣傳部部長,按照職責,例該恭臨前線,去"劫"本書裏面的弟弟妹妹們。只是由於我已先於他們陷入"五七劫"中,被反成了"資產階級右派份子",撤銷一切職務,自然也撤銷了作案的可能。那以後我被送去農村和礦山監督改造,對於少年們的受難甚至毫無所聞。直至娶了一位"五八劫"落難的姑娘為妻,才從她那裏知道一點當年的消息。可惜她蒙難時年紀實在太小,只有十六歲,別人叫她站起來接受批判,她嚇得哭,批判的什麼一句也沒聽進去。黨把她劃為三類("落後分子"),她還逞能報考清華大學,結果是以高考高分被送到鐵礦當工人,結識了我這個右派份子。所以於公於私,我都該以在"五八劫"以前被劃成右派份子為幸。也由於這樣的淵源,我覺得還有臉接受本書編者王建軍先生的邀請,以我的讀後感為本書跋。

2007 年 10 月 26 日于成都不設防居

附註:"搖籃慘案"發生六十年後的 2018 年,重慶市又復辟當年"政審"孩子的政策。作者在某媒體重新發表此文以示警告,並附有以下的前言:

重慶在抗日戰爭期間,曾經是中華民國的"陪都",使它倍增榮耀。一個甲子以後在薄熙來統治期間,又成為屬行"唱紅打黑"反對改革開放復辟"前三十年"的另一種"陪都",沉渣為害至今。日前在全國帶頭恢復當年殘害少年的"高考政審",就是其最近的驚人表現。

查以"政治審查"為手段剝奪一大批活潑天真勤學好思的孩子們接受高等教育的憲法權利並且把其中最有才華者投入"專政對象"牢籠中的災難,最先出現於四川省(當時即轄重慶)。時為"反右運動"後期的 1957 年末到 1958 年初,中共四川省委決定以在高中應屆畢業生中進行"社會主義思想教育運動"之名,效法反右"陽謀"的手段,號召孩子們向親愛的黨貢獻自己的批評建議,然後對他們的"思想"進行政治分類：一類進步分子，二類中間分子，三類落後分子，四類反動分子；對占全部學生25%的三四類分子的"反黨反社會主義思想"進行批判鬥爭和"嚴肅處理"，處理的辦法是一律不准進大學：三類的可以報考，但"不予錄取"，四類則根本取消高考資格。於是，這批聰慧可愛的孩子從此淪入社會最底層，受到連右派都不如的待遇。自此以後，現在重慶當局重新宣布的"不錄取思想政治考核不合格的考生"就已在全國推行了。直到"前三十年"過去，四川的這些孩子中的幸存人士才得以申述那永難彌補的青春苦難。本文是為其中之一的集體著作《五八劫》寫的跋文，現在重新發表，既為喚醒忘記苦難的朋友們的記憶，也供那時也許尚未出生的重慶當權者們和他們的上級參考。

2018年10月26日補記于成都不設防居

從青年團"三大"看"陽謀"

一

半個世紀以前的"反右派運動",是一場有組織有計劃有綱領有路線的"陽謀",史有定論,主其事者也坦然承認。不過對於該謀的動因,尚在討論之中。就它與其前奏"整風運動"的關係而言,大致可分"整風失控"說和"整風就是陽謀"說。前者大體源於中共《關於建國以來黨的若干歷史問題的決議》,大意是黨確是誠心誠意自己整風的,只因中途殺出了"極少數"右派份子"向黨進攻",才定下讓毒草大長特長從而鏟除之的計策即"陽謀",可惜擴大化了,造成了不幸的後果。這種說法已經在兩個方面成為笑柄:

一是一個有理性的政權或政治家怎麼會為"極少數"的幾個人不中聽的話去開展涉及億萬國人、傷害百萬精英的"運動",而且幾十年後還嘴硬,堅持它是"完全必要"的?

二是從時間上計算,從1957年5月1日公開發佈整風決議向國人宣布整風開始起,到5月8日中共命令黨報"在一個期間內不登或少登正面意見,對錯誤意見不作反批評",以便"讓魑魅魍魎,牛鬼蛇神'大鳴大放',讓毒草大長特長",其時一週又一天;一週一天之內,就從誠心誠意整風驟至死心塌地整人,變化何其速也!何況當天正是中共中央統戰部召開的民主黨派和黨外人士的系列座談會"歡迎鳴放"的第一天,後來所謂"右派進攻"種種言論的出現,無一不遠在這天以後。此時如有所謂"右派進攻",那就僅僅存在於"陽謀"的策劃中了。陽謀與陰謀並舉,整風與整人同一,應該就是當年那樁公案的寫照。

筆者於那個風聲鶴唳的春夏之交,正作為代表在北京參加青年團第三次全國代表大會,得以從這個會議的特殊角度觀察"陽謀"

的出籠和運行，從而看到它較已被揭示的也許更為陰狠的面目。

先請看我們的會議和"整風"或"陽謀"兩者在時間上的重合：

1957 年 4 月 27 日　中共中央政治局通過《關於整風運動的指示》，5 月 1 日由全國各報和電臺發表；

5 月 4 日　中共中央發出《關於請黨外人士幫助整風的指示》；

5 月 5 日　青年團第三次全國代表大會預備會議開始舉行；

5 月 8 日起　中共中央統戰部陸續在民主黨派和工商界人士中召開座談會，聽取他們"鳴放"。黨報實施"對錯誤意見不作反批評"的內部指示。全國各地在此前後也紛紛舉行類似座談會；

同日起　青年團二屆五中全會召開，14 日結束，完成"三大"的準備。11 日，中共中央政治局討論並批准團的"三大"文件；

5 月 14 日　中共中央發出《關於報導當前黨外人士對黨政各方面工作的批評的指示》，要求"原樣地、不加粉飾地報導""右傾份子、反共份子"的言論；

5 月 15 日　青年團"三大"正式召開，毛澤東等中央領導人參加開幕式；

同日，毛澤東撰寫反右派的綱領性文件《事情正在起變化》；

5 月 19 日　北大學生貼大字報參加"鳴放"，從此形成席卷首都及各大城市高校的學運風潮；

5 月 25 日　青年團"三大"閉幕，毛澤東接見代表並發表講話。

這個時間表表明，共產黨"整風"，青年團開會，都在同一時段。由於黨團有著類似父子的親密關係，所以黨的大事必為團的大事。而對於我本人，這兩件事的關係又更為密切。因為一則我是那次大會的代表，在上述時間內（從 5 月 2 日起）都在北京開會；二則我是 50 年代初期入黨的新黨員，十分羨慕那些曾經參加過延安整風得到馬克思主義深刻教育的老幹部，所以對於這次在"全黨重新進行"的"普遍的、深入的"整風，心向往之切矣，準備積極參加。身在會議而心在整風，對於"整風"和"開會"兩者間關係的任何征兆，也就十分注意。五十年後回憶起來，深感有兩樁事件，對於解讀當年有名的"陽謀"陰霧，甚有幫助，值得加以記述。

——第一件是，這次會議從籌備起就並不准備甚至堅決拒絕"幫助黨整風"。

——第二件是，毛澤東接見會議代表，發表了有名的講話，即若干論者後來所謂"反右派的公開動員令"。可是其關鍵部分的最後一句話，當天當時並無其言，是事後倒填上去的。

以後事件的發展說明，這兩件事情，對於當年那場冤獄，都甚有關係。本文擬對它們稍加述評；其中尚有至今"不明真相"的內幕，也將疑問提供時賢和後來的史家辨證。

二

按照中共黨章和青年團團章，青年團是"黨的助手和後備軍"。作為黨的助手，動員和組織青年參加黨在各個時期的中心工作，是青年團第一位的任務。中共在全國執政以來，作為它的中心工作的歷次政治運動，從減租退押、清匪反霸、鎮壓反革命，到土地改革"三反""五反"思想改造到批武訓批胡適批胡風，到互助合作農業集體化私營工商業改造，無一不同時成為青年團的中心工作，全團組織無不動員青年積極響應緊密配合。唯一的例外就是這次"整風運動"。

根據中央發佈的指示，這個運動是"以正確處理人民內部矛盾為主題，以反對官僚主義、宗派主義和主觀主義為內容的整風運動"，它無疑正是中共在當時的中心工作，可是卻並未對它的助手提出任何"助"的要求。青年團的這次代表大會，儘管從籌備到舉行均與整風運動同步，並且也極受中共中央重視，除總書記鄧小平代表中共中央向大會致祝詞的例行程序外，毛澤東、劉少奇、朱德、周恩來等最高領導人還一同參加了大會的開幕式，又在會議結束時一同接見了全體代表。可是無論鄧小平的祝詞，還是團中央書記處書記、大會主席胡耀邦所做《團結全國青年建設社會主義新中國》的主題報告以及大會的相關決議，都無一字提到團員和青年在這次"提高全黨的馬克思主義的思想水平"的整風運動中哪怕僅僅是學習點什麼提高點水平，更無論怎麼當助手了。

這種奇怪的現象當時就曾引起疑問。會議期間，《中國青年報》記者部主任王亞生在團中央機關貼出大字報加以批評，題目就是《當前的團代會和整風精神相距（去？）十萬八千里》，並要求把它刊載在《中國青年報》上。我所在的四川代表團中，有八位團地委書記聯合發言，根據"整風精神"就改進黨對團的領導問題提出若干批評和建議。這些微弱的聲音，一點也沒有影響大會的既定方向。儘管外面"鳴放"意見如潮，大會代表依然按照中共中央政治局事先批准的主題"勞動，團結，學習"認真討論認真學習。而對於上述批評和要求，唯一可以作為官方在會上的回應者，是中央政治局候補委員、中央宣傳部長陸定一向大會作的報告。他告誡代表說，不能說到了社會主義社會，一切就會風平浪靜了：

> 我們現在就是在思想的政治的風浪之中。現在的'大鳴大放'，人們對很多問題正在提出各種各樣的意見。我們黨內也有人提出了各種各樣的意見。這裏就發生了爭論。在爭論中，有人表現很好，不愧為馬克思主義者。有的人就變成了右傾機會主義者或者'左'傾機會主義者。有的人犯了錯誤，改過來了，有的人犯了錯誤就不改。所以說，在社會主義裏有政治上的思想上的風浪。這種風浪以後還會有甚至還可能有更大的風浪。……您們配不配得上共產主義者的光榮稱號，就要看您們在風浪中能否站穩共產主義者的立場，是否相信共產主義，相信共產黨。
>
> ——陸定一：《在風浪裏站穩共產主義者的立場》
> 1957年5月23日《人民日報》

事後看來，這裏已經把整風等同於"思想的政治的風浪"，警告代表不得插手了。 只是他是以"老共青團員"的身份來講話的，大會的一項重要議程就是把團名"新民主主義青年團"改為

"共產主義青年團",我們把它當做革命理想和任務的教育,不過"萬里長征第一步"的意思,"警告"的深意,當成耳邊風了。

從 4 月底起到青年團開會,按照官方後來的解釋,經歷了黨提出整風——虛心邀請黨外人士幫助黨整風——各界的幫助意見之"百分之九十以上,對於我黨整風,改正缺點錯誤,大有利益"——"極少數右派份子"實行搗亂——從而使黨決心反右的種種歷程。可是無論是在哪一個階段,躬逢其勝的青年團代表大會以至整個"黨的助手"青年團,都被拒絕參加。這種現象,只有那個"整風運動"從問世的第一天起就是引蛇出洞暴露右派的"陽謀",無須青年團幫忙,才是可以理解的。如果這樣說還屬推論,那麼以下一位後任的共青團中央書記處書記對於 1957 年青年團"三大"的回顧,應當是它的權威佐證了:

> 這次大會在黨中央領導下堅決頂住了那股妄想和社會上的右派呼應,在團代會上搞"鳴放"的歪風,做到了旗幟鮮明。
>
> ——王照華:《建國以來共青團的一些情況——在共青團省市自治區委負責人會議上的講話》,1978 年 5 月 2 日

王照華所說的"妄想……歪風",當指前述王亞生等對會議的批評。這就從另一個方面證明,王亞生所批評的團代會"和整風精神相距十萬八千里",正是這個會議"在黨中央領導下"實施的既定方針。體現這個方針的大會工作報告,其草案於 5 月 11 日經中共中央政治局討論批准後即發給參加預備會的全體代表,它和 5 月 15 日大會正式開會時由胡耀邦宣讀的文本基本上沒有區別,都不涉及黨的整風。共產黨整風邀請黨外人士幫忙,而把自己的"助手"撇在一邊,這只能說明並無"整風",只有"陽謀";它的實施應該早在毛澤東後來承認的 5 月 8 日,或者更早;蓋某翁之意不在整風,而在"引蛇出洞"也。其時"社會上的右派"正應中共中央邀請,逐日到會客客氣氣地宣讀發言稿"搞'鳴放'的歪風";中央也在按部就班地邀請各界人士魚貫入甕,不動聲色地"讓他們走到頂點",得心應手地玩他們於股掌之上。假使不出現意外情況,青年團看來真是幫不上什麼忙的。

自然，推論起來，不准青年團代表幫助黨整風，還可以有另外的原因，一個是照顧"政治影響"：黨外客人對自己放肆批評甚至"猖狂進攻"，都表示主人的雅量並為下一步反擊埋下伏筆，而自己的孩子胡鬧起來，就屬家醜外揚了；特別是大會上還坐著蘇聯東歐各國共青團的外賓，更不好胡鬧給"外國同志"看笑話。再者，也不排除以胡耀邦為首的青年團中央有意保護從 2300 萬團員中選拔出來的這近一千五百名代表，免得他們"犯錯誤"。但是無論哪種原因，都須以"幫助黨整風"不是好事而是壞事為前提。"黨的助手"是不允許幹壞事的。

三

　　上文所說的"意外情況"出現在 5 月 19 日早晨，北京大學學生的第一張大字報貼上了牆，內容碰巧就是質問本校參加正在召開的全國團代會的代表是怎樣"選"出來的。這樣的問題對於校方來說，自然不含歌頌和表揚的意思，所以校黨委副書記崔雄崑（他正是幾年以前青年團川西區和成都市工委書記，我的頂頭上司）在當晚的團員大會上吞吞吐吐地表態說，對於大字報"我們不提倡也不反對"，回答甚不得體，引來更多的大字報，迫使黨委書記、副校長江隆基出面駁他副手的面子，表示黨委"完全支持大字報"。從此以後，繼大鳴大放之後面世的新式武器大字報風起雲湧，"幫助黨整風"的批評範圍越來越廣泛，內容越來越尖銳，且如星火燎原，立即傳染首都及各地高校，史稱"五一九運動"。

　　從當局此前的不准青年團"幫助黨整風"，可知"陽謀"初訂時所謀對象，並不包括青年。雖然自頭年的波匈事件以還，毛澤東對於青年特別是大學生早已心懷警惕，在年初的省市委書記會議上，講"學生中間跟我們對立的人也不少。現在大學生大多數是剝削階級家庭出生的，其中有反對我們的人，毫不奇怪。"只是自 2 月他在擴大的第十一次最高國務會議上發表正確處理人民內部矛盾的講話以來，眼睛盯著的是引為心腹之患的民主人士和大學教授，青年學生一時不在他的"陽謀"靶心上了。近有研究者指出，當時的另一目標或最先的目標是日益坐大的政府官僚，首先是 1956 年指揮"反冒進"的劉少奇周恩來等人，或者同時是上述兩種人。這也還沒有包括青年學生。在毛澤東於四天以前的 5 月 15 日寫的反右重頭文章《事情正在起變化》裏，他還認為右派要號召起學生跟他們走，"則是做夢"呢。

問題的確出在青年學生自己身上。如前所述，他們並未被要求"幫助黨整風"，是"自己跳出來"的。從"五一九運動"開始的首都高校大字報運動，其勢可謂暴風驟雨，迅猛異常。極有意思的是，青年們所以如此熱心如此執著向黨提意見，其原因又在他們天真地接受了黨的教育，以偉大的"五四"兒女自命，以追求民主追求科學為榮，以專制獨裁奴顏婢膝為恥，無所顧忌地討伐"官僚主義主觀主義宗派主義"以及他們所看到的一切時弊史弊理論弊，指點江山激揚文字，比他們的老師們長輩們更不知深淺更不留情面更無顧忌更認死理。我由於在每天會後常去看望家鄉成都在清華大學念書的朋友，有幸旁觀了學子們"幫助黨整風"的熱烈場面，那情景被他們的副校長錢偉長形容為好像到了"五四"運動前夕。錢先生是過來人，想來他說得也有依據。但是就我個人的觀察，覺得至少有一點和"五四"不同，就是他們對於批評鋒芒所指的對象，儘管言辭尖銳但卻無限信任，把他們虛心納諫的話當了真。1956 年以來中共提倡的科學和藝術領域裏的"百家爭鳴，百花齊放"的方針，此時已經合乎邏輯地擴展到政治領域，時稱"大鳴大放"，因而使剛制定就遭踐踏的中華人民共和國憲法所賦予公民的權利，首先是言論自由的權利，第一次有了實現的前景。而對於這種前景抱著最真誠的信任的，正是這些滿腔熱血滿腔熱情的青年學生。我們一直聽說，我們的黨是鄭重的黨我們的政府是負責任的政府，這個表述的被採信度被擁護度，我以為在 1957 年春季首都的這幾所大學裏，是達到空前絕後的"頂峰"的。學生們當年在校園裏的一切作為，貼大字報，開"自由論壇"，乃至集會結社，無一不是基於對於毛澤東、對於中共一再的表態和共和國憲法的極端信任。看著那些年輕弟妹們"大鳴大放"慷慨激昂的面孔和挾著大字報來去匆匆的身影，我心裏總是升起無限的感動，而怎麼也沒有把他們和團代會上聽來的"更大的風浪"（陸定一）聯繫起來。我真笨啊！

揣想起來，面對"五一九運動"以來大學裏的奔騰風潮，那位正在運籌帷幄指揮"陽謀"的領袖一定另有一番感情。看著自己為敵人精心布置十面埋伏的陣地上，忽然蹦出一群無知娃娃，手挾大字報在"言論自由""結社自由"的鮮花綠草之間奔跑跳躍，隨時可能踩響埋藏的地雷，他會有何反應呢？可以想象的反應是朝他們大喝一聲：娃娃們快滾開，這裏不是你們玩鬧的地方，把他們轟走。或者如果心術壞到底，那也須喝住他們，勿使提前撞入雷區，等到敵人主力入甕，再把老的少的一網打盡，無情殲滅。

不管哪種選擇，都需"大喝一聲"。這一聲果然來了。這就是後來廣為流傳的毛澤東接見團代會代表發表的講話。

5月25日，團代會閉幕，全體代表進入中南海，在懷仁堂旁的草坪上站大半個圓圈，由新當選的中國共產主義青年團中央第一書記胡耀邦陪同毛澤東、劉少奇、周恩來、朱德、鄧小平等領導人接見。次日的報紙刊載新華社通稿，報道了毛澤東接見時發表的講話：

> 你們的會議開得很好。希望你們團結起來，作為全國青年的領導核心。
>
> 中國共產黨是全中國人民的領導核心。沒有這樣一個核心，社會主義事業就不能勝利。
>
> 你們這個會議是一個團結的會議，對全中國青年會有很大影響，我對你們表示祝賀。
>
> 同志們，團結起來，堅決地勇敢地為社會主義的偉大事業而奮鬥。一切離開社會主義的言論和行動是完全錯誤的。

這一篇講話，後來多被稱為"針對右派份子進攻"的"反右派的公開動員令"，我看其實只是臨時應付學生意外撞入伏擊圈的警告：不准小孩子攪亂戰略部署，壞了大事。因為歷史事實是，所謂"公開動員令"，確須等到更要緊的"毒草"例如章乃器的"定息不是剝削"（5月31日）、儲安平的"黨天下"（6月1日）以及命李維漢"不斷擴大規模"從各地招徠的工商界頭面人物等的言論出籠以後，才從容發出的。那就是6月8日的《人民日報》社論《這是為什麼》了。

　　這裏還有一件眾所鮮知的事,就是上引毛澤東接見代表的講話,那關鍵性的最後一句:"一切離開社會主義的言論和行動是完全錯誤的",他其實並沒有講!我們這些被接見的代表,那天懷著無比幸福的心情恭聽他的講話,並且掏出事先準備好的小本子逐句記錄。他講得甚慢,很易記錄。接見結束以後我們彼此核對筆記,基本相同。只是到了次日早晨,在剛來的《人民日報》上發現多了那最後的一句話,這多出的話並且成了新聞的副題,我們面面相覷,莫名其妙。毛澤東的這句"講話",究竟何時何地何因何人補上去,至今未得確證;推測起來,大學裏面的事態正在"走到頂點"應該是其主因。在那一個星期之中,北大自"五一九"(星期日)以來,有5月21日(星期二)對胡風案件的質疑(我在清華也看到赫然有標語大書"公審胡風!"),5月23日(星期四)人民大學學生程海果(林希翎)又去抖出了在中國絕對秘密的蘇共二十大上赫魯曉夫的秘密報告,5月25日(星期六)毛澤東向青年團代表發表講話的同時,北大學生正舉行"三害控訴會",把黨教給他們的鬥爭形式用來控訴肅反冤案。這些動作特別是當天事件的情報,是否就是必須補充一句把話挑明的原因,尚待當時的知情者坦誠公布或史家探幽發微。但是筆者認為必須向後來的讀者說明,這是一句補栽上去的"非講話",以杜絕當著當事人的面(而不等他們死絕以後)就造出一條顧頡剛氏所謂"層疊"歷史即偽歷史來。

　　大學裏的年輕弟妹們沒有親臨毛澤東講話現場,他們連這點隱情都處於"不明真相"的狀態,自然更把他的那些話當作一般的祝詞看待了。對於青年團員來說,這樣看待他的話也並非沒有道理。分析起來,他的講話(包括事後倒填上去的)一共四段八句,除了祝賀會議以外,就是兩個意思,一是保證黨的領導,一是堅持社會主義;前者是青年團任何時候的第一要務,後者則正值本次大會決定把新民主主義青年團更名為共產主義青年團,堅持擁護共產主義初級階段的社會主義自然是團員應有的義務了。而這些正在大學裏大鳴大放的孩子們,無不認為自己是在"堅決地勇敢地為社會主義的偉大事業而奮鬥"。時賢有把他們的行為讚為"起義"的,那麼它也是在社會主義旗幟下反對專制復辟反對法西斯復辟的起義。就在毛澤東講話發表以後，北京大學學生陳愛文的一篇呼籲社會主義民主的大字報(以後被判為右派言論)就明明白白地寫道："我們擁護毛主席的指示——一切離開社會主義的言論和行動都是錯誤的。"他的同學張元勛等所主編、中途流產了的大型刊物《廣場》的發刊詞更宣稱該刊"是一切不脫離社會主義的言論的講壇"。多麼可愛又多麼可恨的冥頑不靈啊！時人對於偉大人物做蠢事壞事，常用"悲劇論"表示惋惜，例如評說斯大林"甚至在他犯錯誤的時候，他的悲劇也在於：他相信那是捍衛勞動者的利益不受敵人侵害所必須的。" 政論家總是和政治家心連心的，可是如果他們也鑽進1957年春夏之交的這些活躍在校園裏不懂政治卻大講政治的小人物心裏去，他們應該看到另一種更真實更廣泛的悲劇：甚至在被黨目為配合大右派呼風喚雨合搞"黑雲亂翻"又不聽招呼，終於注定要被失去耐心的領袖一網打盡的時候，小右派們卻認為自己的言行是實踐熱愛黨貼近黨真誠地向黨披肝瀝膽所必須的。其結果就是，在真正的反右動員令發佈的6月8日，另有一道發給黨內的動員令《關於組織力量準備反擊右派份子進攻的指示》，首次把他們列為殲滅對象了："高等學校組織教授座談，向黨提意見，盡量使右派吐出一切毒素來，登在報上。可以讓他們向學生講演，讓學生自由表示態度。最好讓反動的教授、講師、助教及學生大吐毒素，暢所欲言。" 然後在他們中間抓右派。這就把學生們擢舉到和他們的老師甚至章伯鈞羅隆基一類心腹之患同等的地位，而且由於事前有了據稱是接見代表的那句"動員令"，也算有言在先，不是不教而誅了。

關於當年的"右派進攻"，官方後來有一個經典的解釋："知識份子隊伍中極少數人對社會主義抱有敵對情緒，這是黨本來清醒估計到的並且多次指出過的。但是，他們這時發動猖狂進攻，則是黨沒有預料到的。"[2] 可是，從右派"猖狂進攻"尚未出籠，內部已定引蛇出洞的事實看來，這是一句謙辭，自我評價顯然過低。當時真正出現的"黨沒有預料到的"事情，倒是青年學生的上述表現。那時各報從從容容大登特登黨外人士的種種尖銳言論，但對大學裏

---

[2] 中共中央黨史研究室：《中國共產黨的七十年》，中共黨史出版社1991年版，357頁。

的動靜卻保持沉默不著一辭；毛澤東幾乎天天派人到高校看大字報，甚至"問身邊工作人員：'你看共產黨的江山能不能坐得穩？'"[3] 再加上他在 5 月 25 日講話意圖制止青年攪局，講了以後又倒填時間無中生有補充最要緊的話，只能理解為高層在大學生面前表現出某種程度的慌了手腳，亂了方寸。這個警告不起作用以後或者就在警告的同時，決定一並聚殲青年右派，這才真是所謂"反右擴大化"的確解：把本來不在催命簿上的青年學生擴大進了"陽謀"的伏擊圈裏了。

四

青年進入伏擊圈，共青團就須要"幫助黨整風"即捉拿青年右派了。

按照 6 月 8 日的那個黨內文件，不僅須要對已經在部分高校"幫助黨整風"的小右派們實行討伐，而且更須在全國範圍對一切正在專心求學的大學生重演故伎，動員他們"大吐毒素，暢所欲言"，然後治罪。這就成了各地團組織的中心任務，"陸續領導團員和青年參加反右派鬥爭。" 全國反出的青年右派份子究竟有多少，目前未見公開報賬。以下只是筆者所知家鄉四川省的點滴情況，而它是極端驚人的。

1957 年 6 月 30 日，共青團四川省委發出《關於團的組織參加黨的整風的幾點意見》，堂堂正正宣布要"參加黨的整風"了。不過這一次是按照 5 月 8 日那個黨內指示在青年中搞反右派運動，協助各地和各個黨委大捉青年右派份子。據次年統計，全川共劃青年右派份子約 53700 人，這個數字竟比 1979 年以後官方核實的全川老少右派份子總數 50279 人多了三千多人！形成這個"部分大於整體"的奇異數據的原因，不外 1979 年公布的"全體"右派數遠非全體，或者 1958 年統計的青年右派有些最後沒有戴上"右派帽子"，受到其它處分。即使如此，與同為 1979 年公布的全川在反右

---

[3] 中共中央文獻研究室：《毛澤東傳（1949-1976）》，中央文獻出版社 2003 年版，第 696 頁。

派運動中受到各種處分的總人數 64724 人相比，這 53700 個青年，也占 83%！也就是說，一個中老年右派被"坑"，就須四個青年去陪綁殉葬。與國內青年受到如此眷顧大體同時，毛澤東在莫斯科動情地對彼地留學生說："世界是你們的，也是我們的，但是歸根結底是你們的。你們青年人朝氣蓬勃，好像早上八、九點鐘的太陽，希望寄托在你們身上！""世界是屬於你們的，中國的前途是屬於你們的。"[4] 真是奇怪的對比啊！

這種對比其實是可以理解的。青年所以蒙"希望寄托"於自己身上，是因為年紀輕活得長有條件在寄托者身後掌握"中國的前途"；可是這個條件又使受托者有可能改變這個前途而使寄托者在天堂或地獄裏乾瞪眼乾著急，所以懷疑也寄托在青年身上，必須把他們中的可疑份子"扼殺在搖籃裏"才放心。而且邏輯地講，既然青年活得長有可疑的一面須預加處置，那麼活得更長的少年兒童就更加危險了更須處置了。不是筆者在這裏瞎猜，這是當年殘酷的事實。以下就是該事實的四川部分。

1957 年 12 月，中共四川省委指示於寒假期間在全省集訓高中應屆畢業生和全部中等專業學校學生，開展"社會主義教育運動"，採用鳴放、爭辯、貼大字報的方式，對學生放出來的"反動言論"，進行典型的思想批判，但"不進行反右派鬥爭"，而把他們的政治思想狀況作為評定學生操行的主要內容，把操行評定和鳴放中的重要材料歸入檔案，"作為這個學生升學就業的審查材料"。這個"不進行反右派鬥爭"的鬥爭除了名字與反右派有別外，還有一樣重要的不同。那就是對於成人右派雖然也施誘敵深入之計，別人總因有話要說才"自己跳出來"；而對於這些只有十六七歲、平時沉溺於做題背書打球跳繩踢毽子的孩子，要他們"放出反動言論"，哪有那麼容易！必須施以欺騙誘惑挑逗暗示誤導唆使等全套功夫，生拉活扯拖人下水。

省會成都市在這方面先走一步，於 1 月 25 日起集中全部高中應屆畢業生 2980 人，分三個學部進行為期三個多星期的集訓，事先對孩子們"按進步、中間、落後、反動四類進行政治排隊"（並不斷在"學習"過程中調整隊列），然後大會報告小會動員個別談

---

[4] 人民日報，1957 年 11 月 18 日

心，宣布"這次社會主義教育的性質，是屬於人民內部矛盾，不是反右"，"黨給青年指出了前進的方向，黨從來沒有讓青年去上當"，"不反右，不抓右派，不扣帽子，不打棍子，不抓辮子，不裝檔案，說錯了經過爭論改過來就行了。"千方百計教唆他們特別是預先排為三四類的孩子"解除怕當右派的顧慮"，"大膽地放，堅決地放，徹底地放"。還安排"有思想基礎的團員帶頭，引導三、四類學生深入鳴放"，對後兩類學生"重點培養典型，個別發動"，"對方針、政策、政治生活方面的意見加以鼓勵。"培養、發動、鼓勵的辦法繁多，從提供方便書寫和張貼大字報，編印快報傳播鳴放動態和大字報摘要，一直到各學部為"典型"學生組織講演會，讓他們登臺批評"方針、政策、政治生活"，還給以全場熱烈鼓掌的優待。其結果是孩子們挖空心思搜索枯腸，像做課外作業那樣到處查資料剪報紙，連夜趕寫大字報和發言提綱，揀大人愛聽的"大膽地放"，越放越高興、越高興越放。據當時的內部簡報記載，幾天之後就造出"黑雲亂翻，邪氣上升，學生思想混亂，四類份子的反動面目更加暴露"的局面，一類二類學生也紛紛倒戈，替他們喝彩鼓掌，使學習以前的"排隊"發生重大變化：四類即"堅決反對黨的領導、反對社會主義"的"反動學生"竟從 75 人上升到 233 人；三類即"對黨不滿，對社會主義懷疑、在重大政策問題上持有相反的觀點和立場"的"落後學生"（兩個學部統計）也從 336 人上升到 519 人。而三、四類學生（缺一個學部三類學生的數字）竟從 411 人躍升至 682 人，佔學生總數 1/4 強！造就了這麼多三四類學生以後，大人臉色一變，召開大會小會"專題鳴放"，組織尚未倒戈的一類學生並親自出場作報告對早已記錄在案的"反動言論""作典型思想批判"兼批鬥"反動份子"。被批判的孩子一臉惶惑請問大人說，你們不是說不扣帽子嗎？回答說我們說的是不"亂"扣帽子；帽子有何可怕？只要扣得合適！小孩自然無法反駁，只得規規矩矩地交出自己的花樣年華玫瑰美夢，去迎接歷代少年從未經歷過的集體災難。中等專業學校由於按規定全校學生參加運動，受難學生的起碼年齡就更小了。全川各地的辦法與成都略同。

　　據後來統計，劃為三、四類的少年超過 3200 人，占當年全省高中和中專應屆畢業生的30%以上，有一個縣甚至把運動擴大到初中學生，造出了全川最年幼的"反黨份子"——年 13 歲！落難的孩子們的確得到"不戴右派帽子"的待遇，卻被加上更加奇怪的帽子，除"三類生""四類生"以外，還有"這那生"、"社會基礎"，——分別是"有這樣那樣的問題的學生"和"反革命復辟的社會基礎"之簡稱！所有少年"四類生"都被剝奪了升學資格，有的甚至被逮捕"勞教"，多數在社會上接受"群眾專政"二十餘年；絕大部分"三類生"無論高考成績如何優秀，均因檔案上記載"操行 3 分"（當時學生成績實行五分制）並在報考表格上蓋上"該生不宜錄取"的印章，而被拒絕錄取。這些被拒絕升學的學生，除送勞教和回鄉管制的以外，一律送到生產勞動前線"當個勞動力"，並且特別規定不能當幹部，延長試用期，還不得稱"工人"，只叫"試用人員"。其實這兩類學生中的絕大部分，正是校內誠實正直聰明好學的少年才俊，把他們網入"陽謀"之內加以殘酷迫害，把民族的未來扼殺在搖籃裏，這才是反人民反國家反民族之罪，罪在不赦啊！

這批揹負著各種賤名的少年，並未自我解除他們所揹負的民族的希望。他們依然像石頭下面的種子一樣拼命趨光掙扎向上，為國家社會盡一份公民的綿力，他們中的佼佼者並以被迫早熟的智慧在各自的群體中脫穎而出。1978 年以後走上文壇的知名小說家周克芹和雜文家賀星寒，分別是當年四川省農業專科學校和成都市第九中學的優秀學生，也是這兩個學校製造的"壞份子"和"反社會主義份子"，周克芹被送回農村"監督勞動"、賀星寒流落大西北當"盲流"各二十餘年。他們由於遭受長期的摧殘，不幸在創作旺盛的中年相繼早逝，"祖國的花朵"的過早雕零，令人無比痛心！

負責執行中共四川省委這項指示的機關，乃是各地青年團委和政府教育局。半年以前被拒絕幫助黨整風的青年團，此時卻負責幫助黨整人，還整孩子，真是匪夷所思！筆者本人恰在那時於青年團成都市委宣傳部長的任上被劃成右派份子，得以免除這項髒活，當屬萬幸。但是仍以未能對一向天真地信任我們這些青年工作者的小弟弟小妹妹們一伸援助之手，心懷歉疚，不安至今！

四川當局借反右之機對未成年人的誘騙迫害，究竟只是地方性的土政策，還是全國大同小異，筆者尚無其它材料。時任省委書記主宰四川政局的，是體會毛澤東思想最深刻執行毛澤東路線最堅決的李井泉。現在所知上述收拾少年學生的指示，就是來自他本人；據當時接受指示的官員後來回憶，其中關鍵者一為指示"高中畢業生、中專、中師學生都要搞大鳴大放"，一為"對於'反社會主義份子'的反動言論，要列入政治操行評定內，作為考核內容。"這兩項指示都被忠實執行了，致使三千巴蜀少年罹此飛來橫禍。但是，如此重大的部署，是否真可由一個封疆大吏自出心裁自作決斷，且暫存疑。 如果這個計策來自更高層，或者在更高層默許下各省都以四川為榜樣，那麼遭殃的就不止幾千少年了。

五

因為毛澤東接見團代會代表的那段"講話"，特別是最後那句現場沒有說出口，後來倒栽上去的"非講話"，還引起另一樁公案，把和團代會毫不相干的上海《文匯報》推到了為"陽謀"祭旗開刀的斷頭臺上。

"反右派"的公開發動雖以毛澤東執筆的《人民日報》6月8日社論《這是為什麼》為標誌，但是這篇社論和兩天以後的另一篇《工人說話了》，都還沒有指名道姓地向敵方叫陣，在第二篇社論裏甚至還說"工人階級完全可以不同意別人的意見，別人也可以不同意工人階級的意見。在憲法和法律的範圍內，誰也沒有妨礙誰。"還真像"我不贊成你的意見，但我……保衛你發言的權利"，真要講憲法講道理似的。四天以後，《人民日報》就改"誰也沒有妨礙誰"之口，說有人大大"妨礙"它了。它以"本報評論員"的署名刊載毛澤東執筆的《文匯報在一個時期的資產階級方向》，不由分說地點出了時由民主黨派負責的《文匯報》和《光明日報》，說它們"在一個時間內利用'百家爭鳴'這個口號和共產黨的整風運動，發表了大量表現資產階級觀點而並不準備批判的文章和帶煽動性的報導，這是有報可查的。這兩個報紙的一部分人對於報紙的觀點犯了一個大錯誤，他們混淆資本主義國家的報紙和社會主義國家的報紙的原則區別。"到7月1日，毛氏的另一重頭文章《文匯報的資產階級方向應該批判》，更直接坐實存在"文匯報的這樣一個民盟右派系統"，該報就臨滅頂之災了。

《文匯報》受到如此待遇的由頭，則是一篇抨擊它對毛澤東接見團代會代表講話報道版面安排的文章，它的作者就是以後冉冉上升的政治新星姚文元。上引毛澤東的《文匯報在一個時期的資產階級方向》，就是為《人民日報》轉載姚文而寫的。它推薦姚文說：

> 姚文元的文章只是含蓄地指出《文匯報》的資產階級方向，看到了《文匯報》的一些人站在資產階級立場上向無產階級進行階級鬥爭的一個明顯的和有害的傾向，是一篇好文章，故轉載於此。並且借這個由頭，向我們的同業——《文匯報》和《光明日報》說出我們的觀點，以供考慮。

姚文元的這篇置"我們的同業"《文匯報》於死地的"由頭"，題為《錄以備考》，最初登在 6 月 10 日的《文匯報》上，它對於《文匯報》的指責，事實部分如下：

> 前幾天毛主席在接見共青團代表時發表了講話。講話雖短，含意卻極深遠。《解放日報》用特別巨大的鉛字和醒目的標題放在第一條新聞，《人民日報》排在當中，標題比《解放日報》要小些，也突出了"團結起來，堅決地勇敢地為社會主義的偉大事業而奮鬥。一切離開社會主義的言論行動都是錯誤的"（如本文第三部分所引，後一句話當時各報發表以及後來收入《毛澤東選集》第五卷的原文是"一切離開社會主義的言論和行動是完全錯誤的。"——黃註）。但《文匯報》呢，卻縮小到簡直使粗枝大葉的人找不到的地步，或者看了也覺得這是無足輕重的新聞。其全部地位，大約只有《解放日報》標題用的二個鉛字那麼大。

把毛澤東接見共青團代表發表的"含意深遠"的講話，縮小到"二個鉛字那麼大"，這是《文匯報》抓在姚文元手裏的辮子，也是他"含蓄地"射出的彈藥。不過前已指出，它的深遠含義，實際上是在最後一句話裏面：在當時各界對於黨政當局批評甚多的情況下，黨的最高領導人在公開場合一反此前多次讓人暢所欲言，實行言者無罪的表態，宣布出現了"離開社會主義的言論和行動"並且表明堅決反對的態度，無論其"含意"還是含義都是深遠的，並且也的確傳達了毛澤東準備動手收拾右派的信息。所以，姚氏的這個指責，應是十分到位的。

但是這要以毛澤東那天的確如此"講話"為前提。前已介紹，毛氏當時並未把話講完，最後一句最關鍵的話沒有講。對於這點，遠在上海的姚文元和近在京畿的大學生們一樣，都屬"不明真相的廣大群眾"。但是姚氏卻和粗心的學生不同，從那沒講的最後一句話裏面悟出了殺機，所以據此向《文匯報》開炮了。

可是《文匯報》卻不可能"不明真相"。當時國內大報均派有記者採訪團代會，現場的記者們都該知道那最後的一句話是倒填時間栽上去的。作為佐證，我謹舉出浙江大學新聞傳播系張允若教授近年來的一篇回憶文章《事實為政治服務的不良先例》，它也追敘當年的同一事件，然後說：

> 我的一個朋友作為《解放日報》的記者採訪了這次大會，他當時就對這種做法表示不解，因為新聞報道只能如實反映已經發生的事情，這是新聞學的基本常識，對於毛澤東昨天沒有說過的話，怎麼能作為說過的話來報道呢？

這個《解放日報》，正是姚文元在他的文章中特別表揚的典型。它的現場採訪記者"表示不解"的問題"對於毛澤東沒有講過的話，怎麼能作為講過的話來報道呢"，到了報社，看來就成為"毛澤東沒有講過的話，作為講過的話來報道有何深意呢"而令人悉心揣摩，揣摩的結果就是"用特別巨大的鉛字和醒目的標題放在第一條新聞"，實行張氏所謂"事實為政治服務"了。而與《解放日報》同在上海開辦但更加具有全國影響力，並且在京還專門設有辦事處的《文匯報》，不會反而沒有記者採訪這次會議，所以對當天的情形應當同樣知悉。不過，上述令《解放日報》那位記者不解的問題，到了《文匯報》的編輯部，卻得到另樣的解決。他們在不得不照刊新華社的通稿的同時，堅持"新聞學的基本常識"，堅持新聞工作者的基本職業道德，拒絕對那句無中生有的"不實之辭"

在版面上著意渲染大肆炒作。這個舉措是中國新聞工作者對讀者對歷史的負責交待，是中國新聞史上值得大書特書的華彩篇章。自然在當時，這就犯了天條，致勞御駕親征，終罹殺身之禍。兩張報紙遇到同樣的問題，作出不同的答案，遭遇不同的下場：堅持原則者遭難，曲意阿上者受獎。僅此一事，就可見"陽謀"時代是怎樣的是非顛倒黑白混淆了。

上文已經指出，當年姚文元抓住上述編排事件棒打《文匯報》的時候，和全國絕大多數不明真相的讀者一樣，受了第二天見報的新華社通稿的蒙蔽，並不明白其間的隱情。但是姚氏此舉卻歪打正著，居然蒙此蒙蔽之賜，舞拳弄棒大獲毛澤東的獎掖；此後青雲直上，一直爬到"四人幫"的高位，然後又爬進秦城監獄。幸乎不幸，一言難盡了。至於利用姚的文章來收拾《文匯報》的毛澤東，自然清楚地知道他本人那句姚氏所謂"含意……深遠"的話是怎樣一回事。拿著自己並未講過的話去責備別人沒有突出宣傳它，直至判決別人在鬧"資產階級方向"，無論出自什麼樣的政治考慮，總是有傷厚道的吧。這種倒填時間擅改講話無中生有棒打無辜的計策，就此案而論，受害者究竟只及於一張報紙（其直接損失是它的6名編委15名編輯記者們被劃為右派，社長辦公室秘書梅煥藻遭受圍攻，步出會場即跳樓自殺）；而他在同一時期的另一發揮，即在五六月間大段修改2月27日自己在最高國務會議關於正確處理人民內部矛盾的講話達二十多處，憑空添加若干根本未講甚至和講話原意相反的內容，且令各地黨組織按照後一文本（變本即公開發行本）在熱情擁護且認真執行前一文本（原本即錄音記錄稿）的人們中捉右派份子，那就禍延海內，流毒無窮了。

2007年3月16日初稿，4月8日改定

2008

專政壓倒一切

——跋一本小人物的受難史，
兼迎中華"人民共和"國建立六十週年

名文《論人民民主專政》對於專政和民主有以下的界定：

> 人民……在工人階級和共產黨的領導之下，團結起來，組成自己的國家，選舉自己的政府，向著帝國主義的走狗即地主階級和官僚資產階級以及代表這些階級的國民黨反動派及其幫兇們實行專政，實行獨裁，壓迫這些人，只准他們規規矩矩，不許他們亂說亂動。如要亂說亂動，立即取締，予以制裁。對於人民內部，則實行民主制度，人民有言論集會結社等項的自由權。選舉權，只給人民，不給反動派。

這就是說，在人民"自己的國家"裏，有兩件法寶，一是民主，一是專政。民主歸人民享用，是"胡蘿蔔"；專政的大棒則用來鎮壓"反動派"。此言一出，海內賓服。因為概而言之，居住在"海內"者，都是"中國人民"，新政權許諾"人民有言論集會結社等項的自由權"，還有選舉權，選舉自己滿意的政府，都吃胡蘿蔔，哪能不表歡迎！至於持干戈以對抗新政權的"反動派"，多數跑到海峽那邊，不曾跑或跑不掉者，多數又根據《中國人民解放軍布告》即當時通稱的"約法八章"而向人民政府投降。"約法八章"第五條規定："除怙惡不悛的戰爭罪犯和罪大惡極的反革命份子以外，凡不持槍抵抗，不陰謀破壞的國民黨各級政權組織的一切人員，一律不加俘虜，不加逮捕，不加侮辱。"不僅應屬歸順新朝，毋須領受大棒，而且甚有希望參加人民的隊伍，一起向海峽對面的國民黨政權"專政"呢。

此文發表半年之後,中國人民果然"組成自己的國家",於今將近一個甲子了。在此期間,"民主制度"實行得如何,只須看執政黨近年以來不斷宣布須要"推進民主"、"擴大民主","民主"一詞在去年召開的全國黨代表大會的主旨報告中居然出現五六十次,就可知它在六十年來還是尚待落實的迫切任務。或者更直接地說,人民的胡蘿蔔還沒有吃進嘴!另一方面,專政的大棒倒是橫掃天下,"反動派"掃出一批又一批,"國民黨殘渣餘孽"掃出去了,地主富農資本家也相繼掃除了,理由是他們"人還在,心不死";到他們槍斃的槍斃了,老死的老死了,人不在了,又掃他們的兒子孫子,以及和他們毫無關係的"新生的反動派"。如此掃蕩遍於域中近三十年,各種被專政的"份子"與時俱增,"人民"本人及其親友未受專政者日見稀缺,這才開始全國大平反;平反之遍於域中雄辯地說明了冤獄遍於域中。本來說民主是給絕大多數人而專政只是對付"一小撮"的,怎麼幾乎絕大多數都挨了大棒而民主的權利"只給"了……一小撮?

這本《回眸一笑》,就以作者楊澤泉先生的自身經歷為例,向我們講述了一個本應飽餐胡蘿蔔的少年"人民",怎樣在當局製造的"三年(不)自然災害"中,由於饑餓難當,別出心裁造個證明去購買(是購買而非偷竊更非詐騙!)果腹之物,以後又由於主人翁責任感的驅使,主動向"自己的國家"承認錯誤,而於瞬息之間被打入挨大棒的隊伍,從此誤落"敵網"中,一去就差點回不來的故事。他以壓在專政下面的眼睛,替我們觀察到,在這個實行"人民民主專政"的國家裏,要坐穩人民的位子,是怎樣難得;當穩人民還要享受民主,更是如何難上加難;而要變成"帝國主義的走狗即地主階級和官僚資產階級以及代表這些階級的國民黨反動派及其幫兇們"去領受專政,卻又如何如探囊取物,不費吹灰之力!

原來冤頭債主就在這個"專政"上。專政這個東西,按照列寧的解釋,就是"直接憑藉暴力而不受任何法律限制的政權"。憑槍桿子上臺的革命政權,要對付同樣揮舞槍桿子反革命的政權,"直接憑藉暴力"事屬當然,但是須以存在這樣的暴力反革命為前提。在"反動派、被打倒,帝國主義夾著尾巴逃跑了"、國家統一且還還立了憲法以後，也就是早已過了馬克思所設想必須實行無產階級專政的"過渡時期"以後，還要"堅持無產階級（先稱"人民民主"）專政"的"可持續發展"，就必須設計和製造出"堅持"承受這個專政暴力的接班人。這個任務，同樣是由專政自己來完成的。上述那些已經向新政權投降或輸誠的"不持槍抵抗，不陰謀破壞的國民黨各級政權組織"的人員，自然是現成的第一批入選的犧牲，叫做"歷史反革命份子"，直接接了跑到臺灣去的"繼續反革命份子"的班，享受或殺或關或管的專政；第二批人是按照經濟地位入選的，就是地主富農資本家；然後開展各種政治運動，主要依照思想狀況言論表現製造更多的"份子"：胡風份子右派份子反社會主義份子右傾機會主義份子修正主義份子叛徒特務走資派份子。然後再及於所有上述人員的親屬子弟，在他們臉上烙以罪惡"出身"的印記，理論上暫時雖然仍在（"可以教育好的"）"人民的隊伍"，實際上成為後補專政對象，隨時可以入列，以保證專政對象的"子子孫孫永無窮盡"。

少年楊澤泉就是以這最後一類人、身兼人民和後補專政對象之身走進本書的。他的父親、歷史學家吳天墀先生，本來就算"資產階級知識份子"，不幸又在國共內戰前夜當了國民黨的小兄弟青年黨的"中央檢審委員"，從而成了新政權下人民民主專政的第一批對象，並使他這位哲嗣的身份從小時候起就在專政對象界限的內外遊移，最後走向專政深淵，直到在勞改營裏被誣告說了一句對專政最高主宰大不敬的話："都餓得打'偏偏'了，還要喊毛主席萬歲"，為這捏造出的15個字，差點被專政掉腦袋，並且實實在在地被專政15年。本書所述他在這個過程中所認識所交往的難友，絕大多數都屬於上述專政對象序列，顯示著這個所謂"人民民主專政"怎樣從人民的隊伍裏不斷製造專政的對象，專政怎樣壓倒了人民。

本書以主要的篇幅，忠實地記載了那些被壓倒了的人民即非人民進入專政機關的掌控以後，經過怎樣的煉獄，達到了專政的目標，變成"只准規規矩矩，不准亂說亂動"的非人。這些過程看過一次就夠受用一生，茲不在此再度驚嚇讀者。我只補充說，專政不僅壓倒人民，而且首先就嚇倒人民。因為專政的對象就是在人民隊伍裏不斷制造的，入了網（不是人民了）的自然倒霉，沒有入網的（暫時還屬於人民）也得如臨深淵如履薄冰，生怕一不小心就被專了政。作者初進勞改營時，看見那麼多黨的"基本群眾"也淪為罪犯，曾經驚問"咋搞的，他們不都是憲法中的領導階級嗎，怎麼都湧到勞改隊裏來了？"書中講了一個最小的勞改犯從人民堆裏被制造進來的故事：

  我得識了一個從川北農村來的家門——楊光前。那娃兒年齡不大；但囚齡卻長。不足 18 歲的他已坐了近 4 年的牢了。不知何故，臨到接近滿刑，還將他往涼山送。他所犯之"罪"，聽來頗有些蹊蹺：在大躍進中，作為農民的父母被趕去大煉鋼鐵了。屋內只有他和一個只有三四歲的弟弟。弟弟太小，夜晚常常哭鬧。弄得也是娃兒的他實在無法。只有嚇唬說："你再哭，山上的'野貓'（當地對老虎的稱謂）就會下來把你吃了！"並不時溜出門外裝老虎叫。哪知這樣一來，那些日夜被驅趕著"戰天鬥地"的社員……便托故說山上出現了"野貓"，不願再出工"挑燈夜戰"。上頭一聽，這地方何時出現過老虎？馬上便將其定成一樁政治事件。後來一查，"野貓"竟是這個楊光前，便將其以"破壞大躍進"的罪名拿獲歸案，念其年幼，只判了 5 年刑，也算是為當地政府保住了一方平安。但可憐的是，他連"反革命"是啥東西也搞不清楚。一問他的案情，他的回答都是：裝野貓叫進來的。

小孩不小心尚且如此，大人還有什麼"民主權利"可言！小孩學一聲"野貓叫"都會入獄五年，大人還敢爭什麼"言論集會結社等項的自由權"！

前引列寧的定義，說專政不受任何法律限制，可是在中國，至少在有些時間，它還穿了一件法律的衣服，這就使得它除了殘暴以外還加上可恥了。作者自己遭受的"法律審判"就是這樣的一幕：

  ……當時並不知道要弄一個人去勞改，究竟要走哪些過場。正在此時，中間那個男人發話了："被告盧嘯風，楊澤泉，今天我們代表成都市西城區人民法院，將對你們偽造證明套購食品一案進行庭審宣判。我是審判員×××，"說著又指著左右和條桌後的女子，"這是人民陪審員×××，這是人民陪審員×××，書記員×××。"

他所報的那些人名，……我是一個也沒聽明白，但自稱是審判員的男人在略為停頓一下之後卻說："你對本法庭的組成有意見嗎？"

有什麼意見？素昧平生。既已到此，又能有什麼意見？當然只有搖頭。

"好，那現在就開始宣判。"審判員說。

於是，一直站立著的我此時看見，坐著的四位也都起立了，靜聽中間那位宣讀判決書。

嚴格說起訴之後，未對我們實施過法庭調查，就這樣直接宣判了。這法律總不會僅僅是為懲處被告而擬就的條文吧。

……

待判決書一讀畢，審判員又問："你還有什麼要說的嗎？"當然這是例行公事，好像他已在翻撿下一位仁兄的檔案卷宗，剩下的只不過是要我們戳手印罷了。

……

我被送回木工車間，一看鐘，前後才不過半小時。這真是無產階級專政的速戰速決吧。22年的長刑就這麼輕易地釘在我們頭上了。

專政在這裏，就不僅壓倒法律，而是強奸法律。又要搞專政，又要玩法律，對旁觀者這是搞笑，是荒誕，對親歷者就是永世的劫難了。直至"撥亂反正"三十年以後的今天，當局依然在表示決心"依法治國"的同時，還不放棄"繼續堅持無產階級專政"；在"繼續堅持無產階級專政"的同時，又再二再三地向人民許諾民主權利，居然還那麼一本正經，一點兒不覺得滑稽呢！

現在囬到篇首所舉的那篇名文。名文所推薦的專政在中國大地實施以來,究竟如何地橫掃華夏大地,可以記述者車載斗量不知凡幾,楊澤泉先生這本書就是其一。比較起那篇經典理論的淵博宏大來,楊氏的書不過是小小一滴淚珠,所記所述區區一隅的小人物小事件小悲劇小(人物的)生死,距黨國大業世界前途不可以道里計;不過這滴淚珠卻有真實反映外界事物的本領,它絕無虛飾地映照出那宏大理論在實踐中的真相。當今的中國闊起來了,看來什麼都不缺,所缺者唯真相耳。此即這滴淚珠的價值所在。再過幾天,中華"人民共和"國建立六十週年的 2009 年就要到來了,在可以預料即將問世的粉飾六十年歷史的大量謊言堆裏,我謹希望也有幾本楊氏這樣的真相記錄勇敢地立在那裏,使我們這一代人在萬世子孫眼裏,不會全都被看成可恥的騙子。

2008 年 12 月 26 日於成都不設防居

2009

這個黨 20 年前就被坦克碾碎了

——對《爭鳴》特約記者談《趙紫陽錄音講話》

　　成都作家黃一龍強調：中共從來就不止這一派。趙紫陽所代表的是黨內最真誠為中國的民主化奮鬥的健康力量。他的遺言也許就是這一派聲音在黨內的絕響。因為懷抱這樣動機入黨的人，本來就未必很多，進來以後經過歷次整肅，所餘已經寥寥，而且早已邊沿化，現在則快死完了。至於這個黨，已經早在二十年前就被坦克碾碎了。當今的統治者們本來和坦克沒有直接關係，卻積極熱情地接過作案人的衣缽，繼續他們未竟的事業，掩蓋歷史，迫害冤民，直接和當年廣大青年反專制反腐敗的訴求對著幹，把專制腐敗推向高潮進行到底，還把自己的總書記幽禁到死，生怕自己和作案者捆不到一起。蠢透了！

2009 年 5 月 30 日

嚴重的問題是教育官員

——《五八劫續篇》序

記述"陽謀"末期執政當局迫害未成年人痛史的《五八劫》，至今在大陸沒有找到敢於出版的單位，書稿卻已在海內外廣泛流傳。這"廣泛"泛來泛去，一直泛回我所供職的單位，大大增加了我對這部書稿之吸引力的認識。

時在今年某月某日，本單位的老幹處長約我去見"一位同志"，到後始知這位同志乃是本單位首長。我已退休多年，單位首長來來去去，我多不留心，也無緣拜識。見面之後，他照例寒暄如儀，說些久仰之類，同時捧來一杯香茶。我想這就是所謂"請喝茶"了。乃正襟危坐，等待下文。

下文就是——《五八劫》。

他問：聽說有本書叫《五八劫》？

我答：是的。只是嚴格說來它還不能叫"書"，不過是一本書稿的"印刷品"，講的是半個世紀前的舊事。我順便請教他的貴庚，從而知道"五八劫"時他似乎還沒上小學。在看出他對"過去的事情"甚為茫然以後，我熱情地介紹本書的內容，並且建議他一定找來好好看看。

他遲遲疑疑地表示，聽有人議論說，好像我和"這本書"有點關係；他希望知道詳細一點的情況。原來不是和我暢談讀書，而是查問我和本書的"關係"。——我乃記起此刻是在"喝茶"，不是參加學術講座。於是端正態度，如實匯報說我和它真有好些關係。第一我認識他的主編；第二我介紹他們訪問了當年在成都主持整學生的市委宣傳部副部長（後任市委副書記）蕭菊人，承他對那次運動作了深入的回顧和深刻的批判，那次訪問的記錄成了該書的重要內容；第三更重要，那本書涉及的那個事件，按我當時在成都市所任的團市委宣傳部長的職務，注定該成為涉案的兇手之一，幸好我被及時地劃為右派，才擺脫了這一段"歷史問題"；所以我自願地為該書寫了一篇跋文。說到這裏，我又忍不住建議他找向他"議論"此書的人士借來讀讀這本好書。

稍事沉默以後，他告訴我，其實呢，也不是下面什麼同志的議論……

我說不是下面的，就是上面的咯？上面是誰？宣傳部？麻煩你轉告一下這個部，我早就對他們有一肚子意見了，這幾年總是東一個電話西一個電話禁書禁報的，我勸他們把要禁的東西看完把查禁的理由準備充分，要"執法"也該正式下個文件嘛。——他的開場白中建議我們"私下敞開談談"，我就這樣如約敞開了。

可是他卻止住我的話頭，說其實呢，不瞞你說吧，也不是宣傳部。哈，我親愛的老同行，這次錯怪你們啦，真對不起。不過也就猜到是什麼部門吃飽了沒事幹，管起不該他們管的事來了。我向這位領導建議，不管是什麼部門關心這本書和我本人，請你讓他們把書送他看看，看它對於成都對於四川對於中國對於世界的安全究竟有什麼違礙，值得他們興師動官呢？

後面的那兩段話雖然有失"喝茶"的身份，算是"茶餘"的贅言吧，不過分明不是沖著這位領導的，臨別我還友好地再度向他推薦，說《五八劫》真是一本難得的奇書，你一定要讓他們給你看看。他表示十分感謝，喝茶雙方在友好的氣氛中分手再見。

辭別回來，遇見一撥放學回家的中學生，嘻嘻哈哈，說說笑笑，青春的氣息撲面而來，可是我心中卻浮起淡淡的哀思。《五八劫》的作者們，當年不正是這個樣子嗎？當年不正是這種群體裏最優秀的一群嗎？當年的領袖一面使盡招數把這一群優秀分子踩在腳下，不肯把這美麗的世界留一只角給他們、留一天給他們；卻走出國門對青年說"世界……歸根結底是你們的"，而從當局手裏一茬一茬繼承著"世界"的官員們，至今卻連當年發生的這些罪行茫然無知，茫然無知還一聽有不合"輝煌歷史"之宣傳口徑的真相出現就睜大眼睛豎起耳朵以為洪水猛獸之已至，忙著檢查調查喝茶，忙著禁書封網捉人。《五八劫》啊《五八劫》，你在官府的眼裏真有這麼可怕麼？

老人們記錄歷史，都說是要為後代留下歷史真相，以免重蹈先人覆轍。根據這次喝茶的教育，我以為"後代"裏面最重要的是"後代官員"。因為根據中國特色，至少在可以預測的未來，有資格由於不明歷史教訓或者甚至歪曲歷史真相因而帶著國家"重蹈覆轍"的，主要是，首先是，或者只能是各級後代官員。嚴重的問題是教育官員啊！

《五八劫》問世以後，又有更多的"五八劫"後餘生的朋友提供了更多的史料，揭露當年那場根本違背憲法破壞法治戕害少年顛覆人民的運動的真相，寫成這本"續篇"。聽說其他省市也在醞釀這類續篇的編寫。我想對於被掩蓋了的歷史真相，"五八劫"以及其它劫，都該不斷寫出各種"續篇"予以揭露，首先用作各級官員的教材，教育他們認清前事，辦好後事。真正認知了歷史真相，"可以教育好的官員"一定會是大多數，這點信心還是應該有的。

2009年8月22日，於成都不設防居

2010

隱瞞真相才是要害
——"歪曲和醜化黨的歷史"析

"堅決反對任何歪曲和醜化黨的歷史的錯誤傾向。"這是黨國高官習近平在中共全國黨史工作會議上提出的一項政治任務。儘管按通常理解,接受這個任務的對象中共"黨史工作者",應當屬於歷史學家,研究的是歷史科學,而科學是無所謂"醜化""美化"的,例如沒有"醜化地理學""醜化天文學""醜化社會學""醜化經濟學",例當也不存在"醜化黨史學"。"醜化黨的歷史"說的是一種政治傾向而不是學術規範,歷史已經發生了,科學的任務是再現它的本來面目並且研究它來源和後果,為世代後來者守護先人們種種真實的經歷,提供繼續前進的借鑒。而對它歪曲和醜化,通常是政治家們的政治行為,在場聆訓的"黨史工作者"們應不預焉,自然也無領受政治任務的資格,除非其中把自己和"科學"研究一並蠆賣給了政治家去"為政治服務"的人士。這後一種人實行的倒真是"歪曲"黨史,因而須要"堅決反對"了。

習氏講話以後,多有論者指出,對黨史的歪曲,非僅醜化一端,還有美化的另一端。我以為他當時如果多說一句"也反對歪曲和美化黨的歷史",自然更好;不過不說也無大礙。因為中共一向自詡為戰鬥的黨,直到現在都時刻高度警惕地與內外"敵對勢力"週旋。所以所謂醜化黨史,不過醜化黨內外鬥爭中的某一方,同時也是美化其對立方。中共領袖人物陳獨秀張聞天彭德懷以及高崗劉少奇的被歪曲和醜化,同時也是對於毛澤東的歪曲和美化乃至神化,可以說後者簡直是以前者為前提的。試查大陸的任何圖書館裏面的"黨史"收藏,美化毛澤東及其親自發動和領導的種種害人運動的"黨史",從蘇區肅反、延安搶救、反胡風、反右派的偉大成就到"三面紅旗萬歲"到"文化大革命就是好"的歪曲美化文書,何止車載斗量;而其中沒有一項不是以歪曲醜化其對立面,"AB

團""托派漢奸""胡風反革命集團""反黨反社會主義右派份子""反黨反社會主義右傾機會主義份子""資產階級反動學術權威""走資本主義道路的當權派"為前提的。其後為了歪曲和醜化胡耀邦趙紫陽所領導的改革開放，也陸續出現過歪曲和美化"反自由化"、"反精神污染"、"平定反革命暴亂"種種歷史的輿論。所以，"反對歪曲醜化黨的歷史"這個口號，儘管不甚完備，但主旨無疑是正確的。只要認真反對了對於黨史的歪曲醜化，一定也就反對了對黨史的歪曲美化。

對於歷史的一切醜化或美化的前提，乃是歪曲，而歪曲的前提，乃是隱瞞真相。所以"堅決反對歪曲"之法，應該是堅決反對隱瞞真相。不過稍稍涉獵中共黨史的人都知道，這"反對隱瞞真相"的任務，該是何等艱巨。中共建黨凡九十年，執政超過六十年，大量的黨史資料，包括會議記錄、調查報告、申訴檢舉、密告密報、對外密約、對內家規等等，大都列為黨國機密，被嚴密封鎖起來；即使有了檔案法規定的解密期限，要害的東西依然難得示眾。黨史上有名的1959年廬山會議，中共中央在那一個半月中舉行的兩次正式會議（政治局擴大會議和八屆八中全會），作出過決定全國人民生死存亡的重大決定，居然至今未見一本正式記錄，如果不是會議的列席人員李銳在自己的黑皮本子上詳加記載，會議的內幕至今也不會為人知曉，自然也有利於有心人們加以歪曲和這化那化了。我以小人之心度之，總懷疑那時真無記錄呢，還是繼續保密起來了，還是給銷毀了。隱瞞了種種真相以後的"黨史"，就是一本隨著當權人物的"核心價值觀"變化而不斷歪曲變化的動畫片了。官方"黨史"如此，民間追求真相的難度更大。當事人的記載，常被打入"敏感"領域，不得見人；實行調查訪問，搜集史料史證，更有心懷叵測的嫌疑，輕則封堵重則判刑。看來，執行習氏提出的任務，反對歪曲黨史，還原黨史真相，真還任重而道遠呢！

以上是說政治家為了政治的目的對真實的歷史進行歪曲，從而醜化之或美化之。而對於黨史科學家，不經歪曲的黨史，也確有其價值判斷的層面，這就是所謂黨的路線政策之正確與否了。這種判斷自然可以因人而異，不過鑒於"黨史工作者"們都是"體制內"的精英，他們對於史實的價值評價，即何為美史何為醜史，想來也會抱有和中共公布的"為人民服務"宗旨認同，即凡是有利於人民者美之，有害於人民者醜之，都是按照歷史的本來面目反映歷史的是非，是其正確並不是歪曲美化，非其錯誤也不是歪曲醜化，此理至明。可是，此理卻很難為好些政治家所贊成。常見的是，說黨正確易，說黨錯誤難，多說黨的錯誤難上加難，而專說黨的錯誤就要被打成"歪曲和醜化黨的歷史"了。

這裏得向這樣的政治家推薦一點黨史 ABC：中共歷史上兩次嚴肅的黨史研究和決議，都是以研究和糾正黨的錯誤傾向為重點的。第一次的中共六屆七中全會（1945 年）討論通過的《關於若干歷史問題的決議》，著重點在"對這十年（1927-1937 年——黃註）內若干黨內歷史問題，尤其是六屆四中全會至遵義會議期間中央的領導路線問題，作出正式結論"。而這個"正式結論"批評的是十年間"'左'右傾的偏向"，而不是誰誰對它們的"醜化"。第二次的中共十一屆六中全會（1981 年）《關於建國以來若干歷史問題的決議》，其重點也放在探討兩個十年（1956-1966 年和 1966-1976 年）間毛澤東和黨中央指導思想的左傾錯誤和毛澤東發動和指導的文化大革命"給黨、國家和各族人民帶來嚴重災難的內亂"的原因和教訓，特別鮮明地駁斥了種種歪曲美化文化大革命、"在一系列重大理論和政策問題上混淆了是非"的胡說。現在看來，兩次會議的決議未必都正確週全，但卻表現了中共作為對人民對歷史負責、力求按照她的導師恩格斯所謂"偉大的階級，正如偉大的民族一樣，無論從哪方面學習都不如從自己所犯錯誤的後果中學習來得快"的教導，認真從"所犯錯誤的後果"中吸取教訓的態度。准此，只要不事歪曲，黨的錯誤是可以而且應該大說特說的，大說特說也絕不至於"醜化"黨的。當然，如果中共真有內部規矩，自封永遠偉大光榮正確，凡是質疑它者就是"歪曲和醜化黨的歷史"，這才會開啟一道大門，不須經過任何歪曲，自己就穩準狠地做到醜化自己。這就沒治了。

2010 年 7 月 31 日於成都不設防居

2011

"跟蹤趙紫陽"

——親密接觸一本"民史"側記

這本書記載的對象，曾經是中國最大的官；而它的作者們，多數也是離休官退休官。所以叫它"民史"，乃因第一，它"拒絕穿靴戴帽，告別新老八股"（引自《主編的話》），不打官腔說官話，沒有目前出版的官史《中國共產黨歷史（第二卷）》自稱必遵的"一定要跟中央文件、中央領導人的講話和精神保持一致"一類規矩，　而只講事實說人話，只跟歷史保持一致；第二，它不由官方立項授意批准，不經首長審查修改通過，不花公款一元一毛一分，不用公物一筆一墨一紙，所有策劃、採訪、組稿、錄製、編輯、印刷、出版、發行概由民間自理。而我所以能"親密接觸"它，乃因我是本書的特約編輯，對這本約五十萬字篇幅、五十四位作者的五十六篇文稿的每句每字每個標點，半年以來"親密接觸"三至五次，算是它的首批"親密讀者"吧。

本書是紀實文集，叫《趙紫陽在四川》[5]，記錄趙紫陽於1975年至1980年間，怎樣在四川和全省人民一道突破高度集權體制的約束，在全國開創改革開放的事業。今年4月公開出版。

為了交代我和它為何有緣建立這樣親密的關係，茲摘引本書主編蔡文彬先生撰《主編的話》如下：

……我於是下決心組織編寫這本《趙紫陽在四川》，並通過朋友的介紹，找到研究四川當代史的黃一龍先生，邀他協助編輯。作為曾經參加多項四川當代史編研項目的專職人員，一龍先生常戚戚於修纂"官史"時"一字之立層層請示，一事之隱抱憾終生"；在參與編寫《當代中國叢書‧當代中國的四

---

[5] 蔡文彬主編：《趙紫陽在四川》，（香港）新世紀出版社2011年4月初版

川》時，曾遭嚴令禁止趙紫陽見於印刷品，他雖經與同事一道力爭得以勉強破例保留幾處，依然遠遠未能反映趙在四川領導和支持群眾銳意改革的歷史，繼而抱憾退休。由於這個原因，還因感動於我對於捍衛歷史真相的執著，乃欣然接受我的邀請，算是"一拍即合"了。我們共同商定了本書的大綱，分工我負責選題組稿，他負責文字編纂。

我於是在"文字編撰"的過程中深深受到感動，其情有不得不寫下來者，冀與讀者分享。

1975年至1980年間，趙紫陽任中共四川省委第一書記。本書的作者們都歸他領導，絕大多數還任職於黨政機關，為本地方的第一首長寫回憶錄評功擺好，自然並不罕見；可是當這個首長已經離任，還群起主動說他的好話，在中國當代史上已不多見。而當這個離任的首長已經"犯錯誤"被革職為民乃至被囚禁至死，事情就完全不同了。只要回溯彭德懷當年在中共八屆八中全會上遭他親愛的生死戰友們捶胸頓足義憤填膺地批鬥、劉少奇在中共八屆十二中全會上被他"馴服"的下屬們（除一人而外）一致舉手通過戴上"叛徒、內奸、工賊"的帽子，就可知道黨內國內規矩之大概了。而蔡文彬在為本書組稿中，先後訪問了177位當事人，卻是"除一人外"都對傳主讚揚備至、對編寫這樣一部記載他的業績的著作表示熱情支持。固然，本書的內容都是趙紫陽作為省委書記在當時的中央眼皮底下進行的工作，所言所行都在光天化日之下，沒有什麼見不得人的機密，所以本書的採訪和組稿，也不回避任何機關法團。只是有的部門總把凡不屬"領導指示"、"組織批准"的行動視為非法或者至少可疑，所以有些應約撰稿者就陸續接到這裏那裏的招呼，受到或明或暗的壓力。可是多數作者並無畏懼，或爽快地接受採訪，或認真地寫出文稿，披露被掩蓋的真相，發出遭禁止的聲音。一個"封疆大吏"，在他失勢和逝世多年以後，在他的姓名依然成為官場最大忌諱的時候，還在"封疆"當地普遍受到如此衷心如此勇敢的公開讚揚，至少在當代中國，可稱史無前例。

這個"史無前例"，是就本書傳主受到作者們以及全川人民的超常尊重和愛護而言，其實它正來源於另一個"史無前例"，就是川人空前有幸地得到過這樣一個領導人,領導他們在當代四川乃至當代中國的歷史上,首次摒棄了那條"同社會生產力發展要求不相適應的僵化的模式"(幾年後《中共中央關於經濟體制改革的決定》用語)的道路,從而開始把全川乃至全國引出瀕臨盡頭的"死路一條"(鄧小平語),為社會生產力的發展開闢了新的天地。回顧起來,對於那種"僵化的模式"即高度集中的體制,川民苦之久矣。從五十年代的被合作化公社化,到三年人為災害時期為"顧全大局"枵腹繳糧餓死千萬,到年年月月天天大講階級鬥爭大割"資本主義尾巴",人們迫切地盼望掙脫這種不把人當人的鐐銬,或者正面地說,"群眾中蘊藏著巨大的改革的積極性"。

多年以來,佔四川人口大多數的農民群眾試圖規避舊體制的努力此伏彼起,在有的時候甚至得到一些中層黨政負責幹部的支持和領導。其中著名的有 1959 年瀘州地委書記鄧自力在全地區解散人民公社的"公共食堂"、讓農民自己決定如何煮飯,和 1959 年至 1960 年江津地委書記張鳳伍在全地區支持"包產到組""包產到戶"、讓農民自己決定如何種地,涉及人口數百萬。只是這些奮鬥先是在舊體制的忠實代表、統治四川 17 年(含 50 年代初期的川西區 3 年)的李井泉的鎮壓下一一失敗,後又在文化大革命一再左傾的高壓下趨於沉寂。

當趙紫陽於 1975 年奉命主持川政的時候,四川已經再一次淪入捧著"天府之國"的金飯碗餓肚子的境地。按照黨國的慣例,像他這個由中央派出的封疆大吏,自然首先是中央——以及中央所建立的那套管理體制——的代表,如同他的前任們然。然而他卻一屁股坐到嗷嗷待哺的農民的田坎上茅屋裏,不是對著聚光燈照相機攝像機而是對著農民的心,體察他們的願望,傾聽他們的呼聲,按照他們的心願,動手解除束縛他們手腳的體制性桎梏,把被那個體制"集中"走了的自由權利不動聲色地一樣一樣還給他們。——這個做法,日後叫做"改革",其實此前還有一個更加響亮的名字:"解放"!中共自詡已經把人民從"三座大山"的壓迫下解放出來,應當沒有任何理由再造任何大山把他們壓下去,所以趙紫陽支持和領導人民的解放運動,正是他作為一個忠誠的共產黨人的正常行為,而與那些打著解放人民旗幟實則變著法兒欺壓人民的種種花樣相對立。在當時的中國，這自然是一個極端勇敢的行動，他和他領導下的、包括本書作者們在內的全川（包括當時屬於四川的重慶）官民，正是通過堅持這樣的行動，挽救了四川，並且順理成章地成為中國改革的大江大河之"清澈與淩冽"（借用吳國光先生所撰本書導言的比喻）的源頭。本書五十六篇文稿，正是這段動人心弦的歷史的或全景、或片段、或特寫、或白描的生動再現，勢必讓今天讀者的心和當年追隨趙紫陽尋求自我解放道路的巴蜀兒女的一起跳動。

以上兩方面的"史無前例"，也使 1975 至 1980 年間四川的官民之間、黨群之間和上下之間出現了一種從未有過的平等和和諧的關係。在本書俯拾即是的這類歷史畫面裏，有一個叫《小鄉長三頂趙紫陽》的鏡頭，它的作者、當年安岳縣的"小鄉長"羅毅先生，在趙紫陽兩次下來檢查工作中，居然三次頂撞他。其中的一次是關於貫徹有名的"水路不通走旱路"，省裏對縣上派了工作組，一個公社去一個工作隊員，層層分配放乾冬水田任務，完不成任務者就地免職。於是在匯報會上，發生了大書記和小鄉長的矛盾：

> 下午召開座談會議，省委工作組向趙書記匯報了情況，反映各鄉鎮都完不成放冬水田的任務，下邊的計劃與省委要求差距很大。趙書記聽了以後說，上午看了現場，一熟變兩熟三熟不是都很好嗎？為什麼放冬水田任務難度那麼大？他第一個叫我發言。我發言說："報告趙書記，龍臺鄉放冬水田的任務我只能完成水稻面積的 45%，最多 50%，你上午看到的都是有水源保證的才敢放，你看到的都分布在小河兩邊，沒有水源保證的不敢放。你說的'水路不通走旱路'是對的，水路通走旱路是錯誤的，硬要這樣全部放乾，必然勞民傷財，得不償失，所得到的是以粗糧換細糧。你派來的工作組和縣委強制我們要完成任務，把水稻田全部放完，其後果不堪設想，肯定失敗。"……趙書記問我為什麼？我答，今年放乾了，種上小麥，小麥產量低，畝產不到水稻的一半，明年小麥收後無水栽秧，改種旱糧，必須是玉米、紅苕。用玉米、紅苕換水稻不劃算，而且很難保證水稻田改種的玉米、紅苕有收成。趙書記深

思了片刻說，安岳縣最多一年下雨 1100 毫米，怎麼還缺水？我答他說：我太佩服你了，你一個省委書記，安岳縣下多少雨你都知道。但是你知道安岳縣每年 900—1100 毫米的雨是怎麼下的嗎？下雨時空分配不均，……這時趙書記插話說：你有河、有埝、有塘把水蓄起來呀！我告訴趙書記，我鄉有多少條河，有幾節石河埝，有多少山平塘，總蓄水多少，水稻田全放乾了，我鄉的塘、河、埝蓄的水只能保人畜用水和育秧用水，無水整乾田栽秧。只有保留 50—60% 的冬水田，而且關深水，一畝冬水田保一畝乾田整治用水。只有這樣才能保證我鄉的水稻滿栽滿插，確保全年糧食總產。沒有大的水源保證，安岳縣冬水田是不能放完的。

年輕的人們可能覺得這點頂撞並不稀奇，可是對於三四十年以前生活在四川的人來說，卻又是一件"史無前例"的事件了。如果碰上前述那位在文革中被冤冤枉枉打成"反毛主席"份子實為堅定的擁毛主席份子的李井泉，小鄉長就得遭滅頂之災了。在李井泉的治下，沒有幹部敢於在他面前說個不字，即使背著他提出一點批評或勸告，運動一來，"攻擊省委"、"反黨集團"的帽子是一定賴不掉的（順便說，筆者本人也是這樣的犧牲，雖然當年"攻擊省委"的話比小鄉長委婉多了）。

而那天一個釘子一個眼的對攻以後，

……座談會結束時，出乎我意外，他站起來握著我的手說：小羅，我每年來看你一次。我很激動（讀到這裏，我也很意外很激動，並且流淚了。——黃註），目送著他上車去了。後來縣委書記告訴我，紫陽書記表揚你，他一上車就對我說：小羅不錯，有文化，有知識。

幾天以後，工作組撤走，硬性指標撤銷，"水路不通走旱路"的宣傳後面，加了一條"要因地制宜"！

這就是在四川的趙紫陽。這也是走出四川的趙紫陽。他帶著在巴山蜀水間開創的改革事業，和胡耀邦一起在全國進行改造舊體制、創造新生活的事業，一起締造了上個世紀 80 年代改革開放的燦爛春天。

就是這樣的趙紫陽，一個晚上忽然被踢下臺去，幽禁至死。當年在他領導下和他一起戰鬥的、他的千百萬戰友們，會怎麼想！？

所以，本書《主編的話》在提到本書的作者們排除干擾勇敢地提供歷史真相的熱情時寫道：

> ……他們的熱情來自紫陽的偉大人格力量的感召，來自對他真誠的熱愛、感激和懷念；也是四川民意對於多年來自己熱愛的前省委書記、黨和國家前主要領導人趙紫陽受到長期不公正對待以至非法軟禁的當然反應。

我相信，這樣的熱情，同樣會感染本書的萬千讀者。本書最年長的作者、老作家馬識途先生文章的題目叫《跟蹤趙紫陽》，記的是他當年一段難忘的經歷，我謹借用來作本文的題目，祝願本書的讀者們也和她的作者們一起，滿懷熱情地"跟蹤趙紫陽"，——在這本書裏，在這本書外。

2011 年 4 月 26 日，於成都不設防居

回味名言

言而成名,總有深意。可是我常惑於其名,囫圇吞棗,只顧點頭,忘了味道。如今有閑回想,偶覺別有滋味。以下就是幾則,請與讀者同饗。

誰是"我們"

"誰是我們的敵人?誰是我們的朋友?這個問題是革命的首要問題。"這是《毛澤東選集》第一卷第一文第一句話。這篇題為《中國社會各階級的分析》的文章發表於 1925 年(據《毛澤東年譜》及《中共黨史大事年表》,而《毛選》誤指為 1926 年),至今已有八十多年了。就我見聞所及,八十多年間無人對此"首要問題"提出過問題,所以成為無可懷疑的名言了。

不過毛氏是十分注重"認識對社會實踐的依賴關係"(《實踐論》)的,上述認識經過八十多年的社會實踐,人們該有可能依照實踐的結果再來審視它了。

按照革命的邏輯,在你死我活的戰場上,不是"我們的朋友",就是"我們的敵人";"誰不和我們一起歌唱,我們就叫他滅亡。"(馬雅可夫斯基)非友即敵,幾十年來都是這樣做的。不過回顧那些硝煙彌漫的戰場,卻可知敵友之外一定還有也許未必出場、但是更加重要的主角,就是"我們的敵人""我們的朋友"裏那個"我們"!所謂敵友,都是"我們"的;沒有"我們",哪來敵友!所以"誰是我們"應該更是"革命的首要問題",而在作者看來,似乎已經"不成問題",無須介紹,只在分析了"中國社會各階級"的狀況以後,最後一段"綜上所述",簡單說了一句"工業無產階級是我們革命的領導力量",似乎它就該是"我們"了吧?

可是不然。本文首段就明白規定"革命黨是群眾的向導",應該由它去"團結真正的朋友,以攻擊真正的敵人。"原來按照中共所奉行的列寧建黨學說,那個"工業無產階級"之"向導"革命,必須"通過共產黨"去實行。然則真正的"我們"乃是已成立幾年的中國共產黨了。謹按 1925 年中共舉行第四次全國代表大會時,共有黨員 994 名,那麼"我們"就該是這近千名的同志了?那也不然。按照中共"民主集中制"的精髓原則"全黨服從中央",千名黨員又必須服從當時的"中央執行委員會",此會又必須服從陳獨秀、張國燾、彭述之、蔡和森、瞿秋白組成的中央局。那麼本文所說的"我們",應該就是這五個人再加上作者本人(這是自然的,不然就成不了"我"們)了。

把"我們"坐實到具體的人,這篇文章"對社會實踐的依賴關係"就出現新面貌了。請看 1925 年此文發表時的"我們",到後來發生了多大的變化啊!先是陳獨秀和彭述之因為反對斯大林和組織"托派"、然後又是張國燾因為投奔國民黨,陸續變成了"我們的敵人";蔡和森和瞿秋白儘管都犧牲在國民黨的屠刀下,但瞿氏卻因在監獄裏說(寫)了"多餘的話",揹了好久"叛徒"惡名,也成"我們的敵人"了。六名"我們",只剩下作者一人,繼續和後來的中央領導組成新的我們,直到他本人也於九年以後由中共六屆五中全會正式選入政治局成為中央領導,其"我們"身份也就得到全黨的法定認同。再到以後,和他一起的"我們",又陸續有王明、高崗、彭德懷、賀龍、張聞天、劉少奇和林彪變成"我們的敵人"。與這些有頭有臉的人物的角色轉變相適應,"中國社會各階級"裏面,頻添了多少"敵人"的品種:托派、叛徒、反黨份子、右派份子、右傾機會主義份子、走資派和叛國集團甚至"土匪",並在掌握政權以後的每次政治運動中次第受到殲滅,每次的人數都占全國人口的百分之五,已經大約十倍百倍於《中國社會各階級的分析》發表稿(不是《毛選》上的那個)所計算的 100 萬至 500 萬人了。這裏還沒有算進毛澤東身後從他最後的"我們"變成"我們的敵人"的毛夫人江青女士和她的朋友們。

由此可見,"我們"的種種變化,其實是涉及整個國家整個民族命運的大事,而其中的一大秘密,就是這兩個字裏只是"們"在變,"我"即作者毛澤東自己是始終不變的,即使那些到他身後才變為"我們的敵人"的江女士一夥，其罪名也是"利用毛澤東同志的錯誤，背著他進行了大量禍國殃民的罪惡活動"（中共中央《關於建國以來若干歷史問題的決議》）。所以所謂"我們的敵人""我們的朋友"也者，"我的敵人""我的朋友"也。這隱藏在變和不變後面的規律，被文化大革命中年輕娃娃紅衛兵的一句口號所捅破："誰反對毛主席就砸爛誰的狗頭！"以毛主席的是非為是非，以毛主席的敵友為敵友，這就是回味毛澤東選集首卷首文首問告訴我們的秘密。

什麼是社會主義

鄧小平說："社會主義是什麼，馬克思主義是什麼，過去我們並沒有完全清楚。"（《鄧小平文選》第三卷，第 137 頁）他說這句話時在 1985 年，上距中共中央發佈《為動員一切力量把我國建設成為一個偉大的社會主義國家而鬥爭——關於黨在過渡時期的總路線的學習和宣傳提綱》，在中國大地上開始實施社會主義改造，過了 32 年。32 年間，政府在厲行社會主義的同時，批判、打擊、關押、誅殺了多少"反社會主義份子"，到作者行文的今天，"反社會主義"依然是刑事重罪的罪名。剎那間主事者卻聲明對這個主義究竟"是什麼"都還不清楚，真叫人後怕呢！

可是偏偏就有人"最知道什麼是社會主義"！

請看今年 106 歲的智者周有光先生所著的《朝聞道集》，其中在敘及蘇聯社會主義垮臺事說，對此"唯獨蘇聯人民保持冷靜！有 74 年的親身經歷，他們最知道什麼是社會主義！"（第 31 頁）

細細琢磨，這並不表明中國鄧公沒有蘇聯人民及中國周公高明，而是兩造所說"社會主義"的涵義不同：前者說的是理想，後者說的是現實；前者說的是社會主義應該怎麼樣，後者說的是社會主義已經怎樣了。

社會主義應該怎麼樣，可以由思想家們、理論家門、預言家們以及抒情詩人慢慢編慢慢想慢慢商量，十年百年千秋萬代都不嫌長。而直接關係小民生活的須由我們天天應付的，倒是現實的主義。在這一點上，我們中國人也不比蘇聯人傻，到今年也有 58 年身受其福身受其禍的"親身經歷"了，知道它就是統購統銷計劃經濟工業化合作化公社化軍事化，就是鎮反肅反反右派反右傾反走資派實行無產階級專政下的繼續革命，當然也是以經濟建設為中心堅持四項基本原則堅持改革開放三個代表科學發展反精神污染反和平演變要搞舉國體制不搞西方那一套，以至唱紅打黑拆遷截訪城管執法武裝維穩造護城河築防火墻……，儘管它們之間彼此矛盾你來我去反反覆覆興興替替，可是其中任何一種在與我們親密接觸的當時當地，一定是絕對正確不容懷疑更不容反對的社會主義。

這就是我們生活中的社會主義，我們自然最知道它是什麼。所以無論它怎麼變化，我們都會和北方的前老大哥一樣："保持冷靜"。

誰是"探索"者

上引鄧小平講話發表六年以後，1991年出版了由胡繩主編、中共中央黨史研究室著的黨史專著《中國共產黨的七十年》。它的第七章（涵蓋1956年至1965年）的題目是"社會主義建設在探索中曲折發展"，首次以"探索"與蘇聯不同的道路來概括十年間黨的歷史。對那段歷史的說法，在此書以前的《建國以來黨的若干歷史問題的決議》（1981年）是"開始全面建設社會主義的十年"，而此書以後的《中華人民共和國史簡編》（1997年，它是受全國高等院校國史教育專業委員會等官方機構委託"給廣大幹部和青年學生提供""進行愛國主義教育的最新教材"）則是"全面建設社會主義的最初探索及其曲折（第三章）"、"探索中國自己的社會主義建設道路的開端（第三章第一節）"、"探索有中國特色社會主義道路的重大突破（第八章第三節）"了。即至日前出版的《中國共產黨歷史第二卷（1949—1978）》，主持編輯者則聲明，該書的主線"就是黨帶領全國人民在馬克思主義指導下，努力探索適合國情的社會主義道路"。那就把"文化大革命"的十年也包括進"探索"的範圍了。聽說，"探索"一辭的發明，是史官們得意的"出彩"之筆呢。

所謂"探索"，自然是尚不明白"社會主義是什麼"的邏輯延伸。對於未知的事物要想知道要想獲得，除了探索也別無辦法。不過探索的要義第一是尋找，第二是選擇。按鄧公對這個詞的通俗定義"摸著石頭過河"，就是一要動手動腳去摸索哪裏有石頭，二要選擇一條鋪向對岸平安而快捷的路徑。兩者都要求給探索者以選擇權和報告權甚至決定權，以便從多種可能性裏去求得最佳方案。可是回顧"全國人民"對於"中國特色社會主義"的探索史，是這樣的嗎？

按照黨史，這種"探索"開始於1956年。不到一年，反右派運動就把第一批探索者五十幾萬踢進河裏，原因正是他們所摸石頭和所報水情不幸和領袖願意聽到的不同。緊接著億萬人民就按領袖的意願高舉"三面紅旗"勇猛淌水過河，一腳踏進深淵裏，淹死三千七百萬。而繼續老實摸石頭報水情的彭德懷等百萬"右傾機會主義份子"的下場，仍是批判鬥爭踢下河去，不得好活不得好死。然後就是文化大革命，把所有曾經不按領袖意旨"探索"的人，是幹部打成走資派，是平民打成反革命。——有這樣的"探索"嗎？

或曰這種質疑是對探索主體的誤讀。試看各種實驗室裏所作的生物實驗，坐在顯微鏡前"探索"的科學家只是一個，按照他的種種設想種種方案作為探索工具乃至直接"被探索"的小老鼠小兔子成百上千，實驗無論成功或失敗，老鼠兔子都得"服從大局"，悲壯犧牲，可謂"成，鼠兔苦；敗，兔鼠苦"也。

那主持探索的科學家是誰呢？難道不是本文開篇的"我們"嗎？這樣的探索，真還值得誇耀和提倡嗎？

何謂先進文化的前進方向

先進文化的前進方向自然是先進文化往前行進的方向。可是往這個方向"前進"的就是"先進文化"嗎？

先進是對後進而言的。你在前面走，先進；他在後面跟，後進或者"落後"。假使沒有後面跟著的，進則進矣，"先"在哪裏？

然則跟在先進後面的後進文化或落後文化，不是也都面向先進者的屁股，一樣"朝著勝利的方向"嗎？

那麼這個口號也就等於"先進文化後進文化落後文化前進的方

向"了。

　　那麼說"先進文化的前進方向"和說"落後文化的前進方向"還有什麼區別嗎？

忠於誰和屬於誰

　　"人民軍隊忠於黨"！這好像不是什麼名人發明的名言，但是在大陸是到處使用天天使用的口號了。

　　這個口號的矛盾是顯然的，人民軍隊的所有權自然屬於人民，屬於人民的軍隊卻去忠於另外的主體，這件事情在民法上就會造成所有權糾紛。

　　要是說，這是究竟屬於軍隊國家化的問題，而中共已經明確予以拒絕，所以暫且不說也罷。那麼以下的問題，卻是明白寫上中華人民共和國憲法的問題了：

　　"中華人民共和國的一切權力屬於人民。"這是《憲法》上的莊嚴規定。試問莊嚴規定的這個"權力"，究竟是誰的？

　　不是明白說它是"屬於人民"的嗎？

　　可是為何它又是"中華人民共和國的"呢？能夠說A的老婆屬於B嗎？這樣規定了，婚姻關係不是亂套了嗎？

　　原來這裏遇到有名的"使用權和所有權分離"了。中華人民共和國的代表是各級長官，中華人民共和國的人民把屬於自己的權力交給他們使用即"執法"。所有權歸人民，使用（執法）權歸長官。"權力"一僕，伺候二主。

　　那麼這個僕人怎麼伺候兩個主人呢？僅舉一例：

　　成都市金牛區有個"城管執法（！）局"，執法局有個局長鐘昌林，他於2009年11月12日凌晨5時左右，帶隊前去公民唐福珍家"執法"，拆除後者已經合法居住十幾年的"違章建築"，受到堅決抵抗。抗衡雙方的態勢如下：鐘局長代表國家，擁有執法權（並且他本人就領導"執法局"）；唐福珍是中國人民，擁有"中華人民共和國的一切權力"，包括保衛自己財產的權力和鐘局長的"城管執法"權力。簡而言之，鐘局長的權力屬於唐福珍。其時權力執行者樓下圍困萬千重，權力所有者爬上樓頂把汽油澆在……自己身上！結果如何，全球都知道了。鐘局長的行為是"執法"，唐女士的行為是"抗法"！人民的所有權鬥不過長官的使用權啊。

所以那條無比莊重的憲法條款還賦予我們一條同樣莊重的憲政任務：必須使所有權能夠管得住使用權，不要給人民只留下自焚權了。

所謂政治改革，不過如此，對不對？

2011年春夏之交，於成都不設防居

2012

花落重慶

重慶出了事,令人想到"天下未亂蜀先亂"。對於這條據說始自明代的古諺,我是早有懷疑的,因為在那以前,蜀(以及巴)發生的動亂可以帶動全國一起亂者,沒有一件。倒是明末那個有名的農民革命領袖張獻忠進來亂了一陣,進而葬送了大明的江山。可是他是陝西人,巴蜀百姓被他和他的南下革命家們屠戮殆盡,不是自己在作亂。而以後的川渝居民,更因此與古蜀人沒有血緣關係,不攜帶他們或有的作亂 DNA 了。

不過巴蜀真正率先起事影響全國者,卻真在以後出現過兩次。一次是清末的保路運動促成了辛亥革命,葬送了中國的千年帝制;一是趙紫陽在四川帶頭還權於民,讓莊戶人家自己決定如何種莊稼,帶動了全國進行體制改革走向復興。不過即使把這兩次事件說成"亂",那也是國家已經到了不得不"亂"的地步,"天下欲亂",不得不爾,四川闖到前面罷了。

現在說重慶。重慶的這件事比起前兩件,就其對全國的意義而言,並不遜色。它也發生在"天下欲亂"的時代,它也啟動著全國進一步的"亂"即變動。概自 1989 年以來,中國的改革步入了一個荒謬的時代,即中共曾經領導人民力圖走出的那個"官僚資本主義"時代,官民矛盾、貧富矛盾日益尖銳,以維穩為綱的政策難以為繼;官府斂財無度、貪腐公行,"天下欲亂(變)"久矣,連最高層都不斷呼籲政治改革。此時重慶冒出一大員,稟賦無知兼無畏,手握重權和重金,忽悠群眾唱紅懷舊,踐踏法制打黑斂金,一時響動劇烈,勢或燎原;卻因亂營黑幕森嚴亂主手段殘忍,連心腹鷹犬都怕活不下去,從而發生內訌,暴露出美麗謊言背後的無恥陰謀,終至樹倒猴散眾叛親離。此為重慶事件。

事件雖然如此短命,可是意義的確非凡。第一是"天下"真的不得不變了,重慶事件所以能夠一時裹挾萬千群眾,鮮明地反映了現在的體制實在不得人心,須加銳意改革了。第二是"變"或改革的方向是極端要緊的。前進和倒退都是變，前進是朝人類文明的方向靠攏，接受世人都承認的普適價值；倒退呢，我嘗為文解釋諸葛亮諫劉禪的"親賢臣遠小人"的意思就是常識"要吃飯不要吃屎"，惜乎世間確有絕對不搞常識那一套、絕不吃普世皆吃的飯而另搞模式偏去吃屎的人。這就是重慶的模式，屎路一條或死路一條。第三，重慶之亂，責任不在重慶人民，不是"蜀（巴）亂"，而是那裏的首長亂。早有時賢根據當代中國歷史指出，真正可怕的是"領導鬧事"；重慶之亂就是典型的領導鬧事。而我們的維穩政策，恰恰不管領導鬧事，所以統轄四百萬之眾的警力，居然差點治不住幾個野心家的即興遊戲。可羞啊！

網上有言論說，當局是在"抱著定時炸彈擊鼓傳花"，這倒正好解釋重慶事件。現在鼓聲乍停，花落重慶，綻放於鮮艷的膿瘡之上。如何收拾局面，以策安全，政治家們猶豫的時間不多了。

2012 年 3 月 30 日於成都不設防居

"領導鬧事"三部曲

我在《花落重慶》文中，曾借一位時賢的話，指稱薄熙來在重慶的胡鬧乃是"領導鬧事"。感謝編輯先生特別看重這個意思，把它排進了該文的提要。不過因為這四個字是借來的，所以我想對它的出處稍做介紹，順便再加申論。

這位"時賢"乃是邵燕祥先生。他在 1988 年 8 月 9 日的《人民日報》上發表大作《大題小做》，其中一題說：

"群眾鬧事"，多少會影響社會秩序。

細察 30 年來的歷史，國之禍，民之殃，安定團結的破壞，倒大抵來自"領導鬧事"的多。

"領導鬧事"於前，"群眾鬧事"於後。……

他說的是自 1949 年以後"30 年的歷史"，謹按其間禍國殃民的典型情況大體是，一個或者至多幾個最高領導心血來潮鬧事於前，搞起批這批那反右派反右傾四清文化大革命；千百萬群眾跟著鬧事於後，每次都對一小撮（據說是百分之五）階級敵人實行無產階級專政，鬧得冤獄遍地餓殍遍野天怒人怨民窮財盡，最後以帶頭鬧事的領導退出歷史舞臺而告一段落。

邵氏此文發表不到一年以後，他的這段總結又成為新一輪領導鬧事的準確預言，不過那鬧事的規模和性質更大大變化了。其時他所在的京城發生了天大的鬧事，坦克開進去，殺人不償命，這樣的事，領導不鬧誰能鬧得出來！鬧出這樣的大事以後，領導空前神氣起來，甚至有臉公開宣稱"絕不搞"對自己的權力進行監督制約"那一套"，貪污腐敗乃在眾多領導裏面大泛濫，以致淹沒不止一個黨和國家領導人；官府也空前神氣起來，恃權斂財乃在各級機關裏面大擴散，一直爛到科股級鄉村級辦事員級。因此，"鬧事於前"的領導千百倍於前一階段了。不過其時已進信息時代，領導已經無法壟斷信息忽悠群眾，隨著他們鬧事而來的 "群眾鬧事"，就不是在領導指揮下殺向一小撮"階級敵人"，而是掉過頭來，在貪腐官僚面前保護自己的正當權益，掀起節節高漲的"群體事件"了。於是"官民矛盾"日益激化：群眾要申訴，領導要截訪；群眾要保命，領導要"護城"；群眾要維權，領導要維穩，廣大群眾自己倒成了官府的"敵對勢力"即過去的"階級敵人"了！其結果是槍口對外變成槍口對內，國防不及"民防"要緊，防的就是"群眾鬧事於後"。這就屬於"30年"以後的歷史，領導鬧事進入新階段、第二階段。

不過，一個社會一個國家，它所以需要養著一群"領導"，自然不是請他們來鬧事，無論是領導群眾鬧事還是對著人民鬧事，而是要他們做事。做什麼事？做給他們傭金雇他們幹活的主子們的公共事務。這個舉世承認的公理，本來也是當今執政黨公開宣布的理念，還把國家命名為"人民共和"國，在每個官府前刻個"為人民服務"的招牌。可惜這些東西從問世起就只是"招牌"。關於這段歷史，有段描述它的有名紅歌唱道："我們唱著東方紅，當家做主站起來"，正是它的準確寫照。"我們""當家做主"，自然相當於"共和"，相當於享受"服務"；可是它的前提卻是"唱著東方紅"，感恩於"大救星"，為本該服務於自己的領導人領導黨趨前跑後拼命服務，從一開始就把關係搞顛倒，人民一旦如此"站起來"，就再也不得坐下了。這就搭建了幾十年來在我們這塊大地上領導同志們可以隨意鬧事的平臺。薄某則是在這平臺上表演的最近一位甚有創意的演員，並且於官民在臺上"打成一片"難分難捨之際，開創了領導鬧事的第三階段。

第三階段的演出，看來意在綜合一二階段的特色且避免其"缺點"，鬧得更有板眼。群眾不滿領導麼，那是因為少了真正的救世主，所以"唱著東方紅"是必須的，不管花多少時間多少錢，都要年年唱月月唱天天唱，唱出一個救星來；群眾苦於貧困麼，那是因為富人的殘酷剝削，那麼就在資本家裏厲行"打黑"沒收錢財，窮人雖然未必能夠立竿見影分羹吃糖，出口氣總是可能的。妙計一施幾年，官員的貪腐未見遏制，鬧事的成本上升到天文數字不知該誰買單，但群眾的怨氣倒真的掉轉了方向，薄某本人（據傳也是巨貪）倒從而成了青天大老爺救世主，積攢了進京鬧更大的事的更大本錢。清醒過來的人們這才想到，所有這些招招式式，無一不是三十多年以前的老玩意兒，甚至還有七八十年前打土豪分浮財的舊法寶，如果它們真能救國救民——或者僅僅救那些尚未喪盡天良的領導，那就乾脆"把無產階級文化大革命進行到底"算了，還費心費力去搞改革開放做什麼！所以溫家寶總理直指那裏的鬧事違背中共《關於建國以來黨的若干歷史問題的決議》，違背"解放思想、實事求是的思想路線和黨的基本路線"，違背"改革開放這一決定中國命運和前途的重大抉擇"，旨哉斯言！

　　語云事不過三，幾十年間領導鬧事已經鬧了三個階段，一個跟著一個上演，一個跟著一個破產，套套禍國殃民的鬧事把戲總該玩夠了，是徹底拆除"鬧事平臺"的時候了。——這自然不是"拆除"政府即"顛覆國家"的意思，而是讓我們的國家機關回到建立時期慎重昭示海內外的承諾上來，成為由人民當家、為人民服務的共和政府。

　　這就是國家總理許諾多次的"政治體制改革"了。我國現有各級領導人數該上千萬了吧？我相信千萬領導人員裏面，職業鬧事人員究竟不多，多數還是不願鬧事而願做事的。值此多事之春，願他們抓住時機，認真做起政治改革之事來，這才是正經。

2012 年 5 月 1 日於成都不設防居

耀邦去世前的一段插曲

23年前的4月15日,胡耀邦因心臟病在醫院逝世。不過他的發病既不在醫院,也不在辦公室或家裏,而是在政治局會議上。在政治局會議上發病的情況,當時和以後曾有一些傳言,只因官方沒有文告,說者和聽者又都不在現場,所以也不過傳言而已。去年我應邀編輯《趙紫陽在四川》一書,在所選文稿中讀到傳主下臺後和他過去的僚屬聊天的記載裏,有他對當天主持政治局會議時發生的這個事件的回憶。這該算得第一手資料了。當我接觸到這個資料時,受到極大震撼,想不到本黨高層竟會發生這樣的事;所以一字不改地編入了,意在保存這段不可思議的史料。不料該書出版近一年來,儘管讀者好評不少,卻似乎無人注意到這個故事。為使它不致淹沒,特借耀邦23週年忌日,再把此事重提一次。

1997年3月21日,獲准到四川旅行的趙紫陽,接見他在四川的幾位僚屬。他們的話題無關政治,只講養生。講養生就講到預防心臟病,於是引出他以下一段話:

"……有一次我們政治局開會,我發現有一個同志在那裏很不自在,他又不說。我注意到了,就問他:你有病嗎?他說沒有什麼。怕說自己有心臟病。過了一會,我看見他不對,老是那樣動來動去的,很不自在,頭上汗也出來了。我趕緊問:誰有心臟病急救藥?誰有硝酸甘油?但都沒有人說有。帶有心臟病急救藥的同志,也不願意把急救藥拿出來,怕別人說他有心臟病。我又問了幾次,後來有一位同志才拿出了他帶在身上的這種藥,趕緊叫那位同志含化,同時馬上叫來了醫生急救。這就好了,沒有出問題!如果那次急救不及時,那就完了!這位同志住進醫院後又發病了,沒有搶救過來,去世了!"

——陳文書:《看望在金牛賓館的趙紫陽》,載《趙紫陽在

四川》，新世紀出版社 2011 年版，439 頁

　　我黨最高層級的會上親密戰友之中有人犯病，居然會出現"不願把急救藥拿出來"以免別人誤會自己不健康的一幕，實在匪夷所思！不過這位當年是另一位省委書記的秘書、後任省黨史研究室主任的轉述者，可能由於職業習慣，隱去了不便實指的有關人士的姓名，只說"這位同志""那位同志"的，比較費解。好在該書還收有另一位當天看望趙紫陽的在場者、一位地委副秘書長楊達明的敘述，他也記載趙紫陽的那次談話，那就更加生動具體了：

　　"……耀邦同志發心臟病的時候，正在開政治局會議。會前他感冒了。那天我見他精神很不安定，一會兒動一會兒動，又出汗，就問他是不是心臟不好，他說還是感冒，還沒有好。過了一陣，他臉色也變了，我就想到可能是心臟病，就問大家誰帶了硝酸甘油，都沒有開腔。我沒有心臟病，什麼病也沒有，平時也帶了硝酸甘油，但那天沒帶。江澤民同志那時是上海市委書記，他帶了，開始沒開腔，大概是想人家會說他，你沒有心臟病帶硝酸甘油幹什麼。後來我又問，他說他帶了。馬上給耀邦同志吃，緩過來了。一會兒醫生也來了。耀邦同志是住進醫院後又發病，沒搶救過來去世的。"

　　——楊達明：《同紫陽憶舊聊天》，同上書，431-432 頁

　　看了這一段，看來就不必再加任何評論了。不過我還是想說，心臟病發作以後被耽擱的分分秒秒，對於病人的救治都是不可替代的。儘管趙紫陽很寬厚地對僚屬們說政治局的那一幕是以耀邦"緩過來了"結束的。

2012 年 5 月 2 日于成都不設防居

王立軍該當何罪

"王立軍該當何罪"的問題，不該我們百姓回答，它是法院的專利。只是王薄事件發生快四月了，政府說要"給人民以回答"，我們在等待回答期間，難免猜東猜西。加以小道消息不斷，有的是謠言，有的今天是"謠言"隔夜就長成真的了。日前又有消息說王立軍案快要開審了，還預告說給他定的是"叛國罪"云云，這就更吊出懸念了。

在我所聽說的所有大小道消息裏，王某所犯種種罪行，貪腐竊聽酷刑妄殺，都並不新鮮；而最勾眼球的卻正是這個"叛國罪"，即刑法裏的"危害國家安全罪"。我們已知，王某於今年 2 月 6 日"進入美國駐成都總領事館，滯留 1 天後離開"，正屬刑法第 109 條所指"國家機關工作人員在履行公務期間，擅離崗位，叛逃境外或者在境外叛逃"的行為：美國領事館自然相當於"境外"，而 2 月 6 日星期一，是他這個"國家機關工作人員"副市長的"履行公務期間"，他居然溜進那裏，儘管"滯留一天"據說只是為了逃命，滯留以後的"離開"又是停止逃竄"自動"回國，那數十小時內"叛"的罪名總是賴不掉的。何況這個"109 條"尚是"危害國家安全罪"裏最輕的罪狀，"叛"是叛了，對國家安全的"危害"則未見；危害了國家的則有另外的條目分別規定，其最重要的是 102 條："勾結外國，危害中華人民共和國的主權、領土完整和安全"。從中央極端重視並迅速查處此案，並且在調查中間就把它定性為"在國內外造成惡劣影響的嚴重政治事件"，可見王某"叛"期的動向可能就涉及這些罪行，這就十分嚴重而且進入我們尚不知情的領域，其罪就不是逃生保命的行為可比了。所以，如果能夠"經受住法律和歷史的檢驗"的調查結果主要是（或只是）這樣的叛國罪，我們就可以期待從政府那裏獲知此位直轄市副市長如何在中華人民共和國國土之內的"境外"，勾結美國密謀篡奪我國主權霸占我國領土的故事了。這顯然是一場驚心動魄的大戲。

我所擔心的是，假使那個王立軍沒有那樣大的膽量，或者在逃命中還沒有來得及向美方提出接管我國主權占領我國領土的戰略藍圖，因而最後調查不出國家安全被他們危害了的跡象；甚至查來查去不過仍如事件發生後當局的首次的通報所指，王某是因"找薄熙來同志通報有關重要案件與薄的家人有關（按即薄熙來的太太涉嫌謀殺一個英國人的案件），由於辦案人員為此感到了壓力，已經接到辭職信，希望薄熙來同志予以重視，妥善處理。薄熙來同志對此十分不滿，……王立軍認為自己人身安全受到威脅，遂決定出走"，他的罪該怎麼定呢？只按109條，"叛"了國但沒"害"它，其刑罰一般不過"處五年以下有期徒刑、拘役、管制或者剝奪政治權利"，與我們聽說他的其他並不新鮮的罪行相比，例如侵犯公民人身權利、民主權利罪，貪污賄賂罪和瀆職罪等等，後者哪一種不比它嚴重，哪一種不比它面臨更重的刑罰！數罪相權，專罰其輕，這難道能夠"經受住法律和歷史的檢驗"嗎？

仔細梳理所傳王某的種種罪行之間的關係，我終於發現這個"叛國罪"和其他所有可能的罪行之間的區別。這個發現應當感謝外交部崔天凱副部長，他在事件發生後回答記者說：王的事件是"孤立事件"。——他說得真好："孤立事件"！儘管中國的高中低官"擅離崗位，叛逃境外"者已如過江之鯽，數不清了，但是王案確與它們不同，正是當局所謂"新中國成立以來，第一起省部級領導幹部私自進入外國領事館滯留"的"孤立事件"。我以為"孤立事件"之所以成為定罪王某的優選，乃是因為對於其它任何"非孤立"事件的追究，都極有可能由此及彼，由彼及眾，由近及遠，由遠及高，呼啦啦扯出一大串。就以王某的職務犯罪，在"打黑"中刑訊逼供、草菅人命來說，在三千多萬人口八萬方公里地域數十個行政區劃的直轄市內，偵訊部門能夠長期如此胡作非為，居然未被一個檢察部門發現、未被一次法院審理質疑，這就不得不扯出他的上司薄希來在全國人大會議向全球所公開誇耀的那樣，所有這些惡行，都是"公、檢、法、司、安全，再加上紀委""多家共同努力的結果，是由政法委協調的"，屬於各家衙門坐在一條板凳上的協同作案。而更大的問題還是，這種在"政法委協調"下公然破壞司法獨立的罪行，是重慶獨自悄悄幹的，還是存在更上層的背景和更廣泛的推行呢？大連有沒有？遼寧有沒有？其它地方有沒有？僅此一項，連類所及，追究起來就難於收拾；如果再加上貪腐瀆職等罪，認真一查證一梳理，哪裏是他王某一人擔得起的，後果將難逆料呢。所以對於調查和處理此案，當局的鐘情於"孤立事件"就是可以理解的：孤立事件，孤立處理，過後拉倒，完事大吉，歡歡喜喜迎接十八大去吧！

何況這件"孤立事件"的唯一不孤立之處，乃是把以駱家輝為大使的美國使團扯了進來。根據中國特色的習慣思維，無敵國外患者自己就危險，所以總給自己"樹立對立面"，一有機會就驚呼國內外反華勢力亡我之心不死；這次機會來了，正好找到了證明。何況那個駱家輝自己來華上任時只坐經濟艙，上街買東西常騎自行車，引起民間一片轟動，早被黨報斥為"新殖民主義"份子，"暴露了美國以華治華、煽動中國政治動亂的卑鄙用心。"[6] 現在他的使團和王立軍相"勾結"，更是其"以華治華"的鐵證了。

如果王案真正如此處理，為政府著想，也許是個甚妙的結局。不過這種"孤立處理"本身也難真正"孤立"，它的錘音甫定，勢必波及天下：所有貪贓枉法的份子定會額手稱慶，只要不跑外國使領館，即使一切都學王立軍，個個會依法平安的。而我們百姓呢，也只能繼續"依法"難保平安了。

2012 年 5 月 30 日於成都不設防居

---

[6] 光明網：《要警惕骆家辉带来的美国"新殖民主义"》，2011 年 8 月 15 日。

幸入右派

寫下這個題目,不是歌頌"反右"。那個公然施行陽謀詭計悍然迫害知識份子的運動,是一次反革命政變,把剛剛建立的人民共和國一巴掌打進專制獨裁的深淵,從此國禍民殃,貽禍至今。它的一大特徵,就是在全社會施行逆淘汰:所謂"卑賤者最聰明、高貴者最愚蠢",並非某公一時的囈語,而是他培養提拔心靈卑污智商低下之徒、迫害摧殘精神獨立思想自由之士的精心策劃,以保證這個史無前例的專制獨裁體制長治久安。所以,對於無力回天的個人來說,究竟甘當高貴的奴才,還是屈居卑賤的另類,不得不是一個"To be, or not to be"似的嚴肅問題。我得以進入後一序列,而免去與高貴的同志們為伍,自然也免去和他們一起繼續作案,——這就是"幸"了。

1957年我最主要的罪名,就是"對李井泉同志傳達今年二月中央省、市委書記會議精神的報告進行攻擊。"李井泉自然屬於知名高貴人物,不介紹了。我是他治下的一個小幹部,共青團成都市委宣傳部長,聽了他的傳達報告,認為它和毛澤東剛在最高國務會議上的有名講話相抵觸:他說大學裏多數是地富資本家子弟,他們的老子老於世故藏在後面,由兒子端出反動話來要殺幾千幾萬人;可是毛主席卻說現在國內階級鬥爭基本結束了。這不是和領袖對著幹嗎!我哪裏知道他傳達的是毛對黨內高幹講的私房話,我聽到的最高指示卻是講給民主人士聽的錄音稿,而且不久以後就被大修大改得和前一講話的精神毫無二致而公開發表了。所以面對批判我只好承認是我誣蔑了毛主席的好學生李井泉;原來他們兩位都毫無不折騰人民的意思啊。

那年年末,我所在的機關又承擔了李井泉親自布置的一個任務,組織全市中學的應屆畢業生開展"社會主義教育運動",把剛剛對付大人的那套陽謀拷貝下來去欺騙孩子們,鼓勵他們向黨交心,交出來以後將其中讓黨放心不下者打成"反社會主義份子"葬送一生，最輕的懲罰也是在高考材料上註明不得錄取，以免進了大學效法右派師兄師姐破壞安定。如果那時我未成為右派，注定會參加甚至參與主持這場迫害孩子的陰謀。而且更驚險的是，那些本來可能毀在我手中的犧牲裏，有一個後來竟成為我的親愛的妻子！讀者諸君，你們說險也不險，幸也不幸？

2012年6月14日於成都不設防居

尋找"重慶反思"

"現任重慶市委和市政府必須反思,並認真從王立軍事件中汲取教訓。"這是國務院總理溫家寶在今年的全國人大閉幕會後就王立軍事件與中外記者見面時發表的講話。"王立軍事件"發生於今年2月6日,當局高層在保持沉默一個月又九天以後的3月14日,終於由政府總理溫家寶發表了這番講話。他把向下級的布置向中外記者宣布,顯然說明那任務是極端嚴肅的,並非玩笑。任務布置以後,三個多月又在沉默當中過去了,那個被總理點名的"(中共)重慶市委"才於6月18日在它的代表大會上有了一點響動,看樣子像他們在"汲取教訓"作"反思"了。

於溫氏講話後銜命掌渝的張德江,代表成立於約五年前的當屆市委向大會作主旨報告,他說:

> 我們也要看到,重慶的發展和市委的工作還存在一些問題和不足。特別是王立軍事件、尼爾‧伍德死亡案件和薄熙來同志嚴重違紀問題,給黨和國家形象帶來很大損害,給重慶改革發展造成嚴重影響。市委先後召開常委會會議和常委專題民主生活會,認真學習貫徹中央指示精神,並進行了總結反思。大家認為,一方面,要把重慶近五年取得的成績和廣大幹部群眾付出的艱辛努力與王立軍事件、尼爾‧伍德死亡案件和薄熙來同志嚴重違紀問題嚴格區別開來;另一方面,要深刻汲取教訓,認真查找工作中的問題,切實改進工作。市委和全市廣大幹部群眾堅決擁護中央決定,決心在以胡錦濤同志為總書記的黨中央領導下,共同把重慶建設得更加美好。

這段講話自然是段大實話。第一,承認"特別是王立軍事件、尼爾‧伍德死亡案件和薄熙來同志嚴重違紀問題",屬於"市委的工作存在的問題和不足"；第二，宣布要把王、尼、薄案件和重慶的成績"嚴格區別開來"，就是說它們不算成績，此理本來自明，也未聽說誰講它們是成績，本報告中所講該市五年間六條"著力"的成績，也確未包括著力搞醜聞；第三，表示要"深刻汲取教訓"，又回到三個多月前中央的指示上來了。從"認真汲取教訓"出發，落實到"深刻汲取教訓"，繞了一個圓圈，究竟"教訓"是什麼？誰能看出半點新信息嗎？

不過這是大會開幕那天的講話，考慮到報告人新來乍到，內情未必詳知，甚至報告稿也是照念別人的，所有不足差可理解。好在大會要開好幾天，各級各界黨內代表的討論自然不離"反思"，我就等著後來的文獻吧。

大會開了五天，到了閉幕以後，前一報告的報告人、新當選的市委書記張德江向新的市委委員們發表講話，他"代表市委班子鄭重承諾"：

> 市委常委要做清正廉潔的表率，要求別人做到的，我們首先做到；要求別人不做的，我們堅決不做。全體市委委員都要帶頭管好自己，管好配偶、子女和身邊工作人員，做到心口如一、言行如一、表裏如一，以清正廉潔的良好形象和乾淨幹事的實際行動取信於民。

把這段"鄭重承諾"和"王、尼、薄"案件的"特別"醜聞聯繫起來觀察，不難從中看出講演者對它們反思後的所指。"要求別人不做的，我們堅決不做"，對應的反面人物首先是王立軍。一個政法首腦，專管對敵鬥爭，包括"要求別人"不得叛逃，怎麼自己跑到外國領館去了？此事"我們堅決不做"（根據當前國情，這句話其實講得很重，但願新委員們在任何情況下都能信守謹遵）！不過這句話和後面的心口、言行、表裏之"如一"，以及"清正廉潔乾淨幹事"的許諾，所對應的心口不一言行不一表裏不一實行貪污腐敗骯髒幹事等反例，除了王某以外，那位身負"嚴重違紀問題"的"薄熙來同志"怕也不會完全不沾、完全不給新的市委留下"教訓"吧。總之我所期待的反思教訓好像算是有了，深刻與否全面與否，倒是未可立刻苛責於局內人的。

可是那"管住配偶"四個字卻引起我新的疑惑。看來它是針對"尼案"而來，即薄熙來同志的夫人薄谷開來非同志涉嫌謀殺英商尼爾·伍德一案。它的意思顯然不是曾經在國內廣泛開展的"廉內助"運動，不是要求平民老婆管住當官男人，而是官男人管住官太太——自然也有少數是要求當官女人（十三位新市委常委裏面只有一位）管住她的男人，本文按大多數的情況稱呼並設論，請女官及其官夫原諒。我雖沒有做官，但有娶太太的經驗，想當年花前月下對她苦苦相求"嫁給我吧"，如果那時領受上級任務添加一句"但是我要管住你"，會是什麼結果！如果先不說它、等到生米煮成熟飯才變臉、厲行"管住配偶"的政策，又會是什麼結果！何況中國究竟還有一部規定"中華人民共和國公民在法律面前一律平等"的憲法，怎麼男人就有權"管住"老婆呢？中國共產黨自詡"先進文化的代表"，怎麼能把如此腐朽的"夫為妻綱"原則在堂堂的省級代表大會上公開宣揚呢？要是重慶市的新委員們通通回家對老婆宣布"我要管住你"，會鬧出多少家庭糾紛呢？發表這個講話的新書記是中央政治局委員，還有大學（金日成綜合大學）學歷，怎麼會講出這等無法無知的話來呢？

想得出來的一個理由，就是它是為薄熙來同志和薄谷開來非同志夫婦的醜聞度身定制的。那位非同志涉嫌殺了外國人，而據當局通報，"薄谷開來（薄熙來同志妻子）及其子同尼爾·伍德過去關係良好，後因經濟利益問題產生矛盾並不斷激化"，就是說夫妻兒子三人都與老外"矛盾……激化"，從而非同志就把同志攬進案子裏去了。這就需要對該同志的行為有個說法。他們反思出來的說法，就是他未"管好配偶"！

事實上，在中國大陸，如果官太太能夠在外稱王稱霸為非作歹漫天賺錢就地收贓，肯定不是憑她身為"太太"，而是憑太太所嫁的那個"官"；那些讓著她捧著她為她鞍前馬後奔走辦事的人兒，無非是沖著她家長官的權力。要是一次多次為太太效了力卻得不到長官的報償，那些奴才也就自動解散，她也就只有一般太太的能量了。所以，凡有官太太跋扈橫行所向披靡的情形，那一定是她受到權力無微不至的庇護的結果，絕非管不管的問題了。而權力能夠隨意庇護老婆（且不說庇護更了得的二奶三奶 N 奶）無法無天，乃是因為這個體制本來就放任權力無法無天，決不搞三權分立制衡權力那一套。重慶的反思思到薄谷開來非同志和薄熙來同志的醜聞時，就在這裏卡了殼，只好找個未能"管住配偶"的說辭來掩蓋呼之欲出的"管住權力"之要求了。

這才使我認識到，重慶之反思成果如此平平，並非受限於主事者們的水平和見識，而是"著力"於回避真正的教訓了。以這樣的視角再讀重慶黨代會的文獻，若干問題就有了新解。例如幾年以來令重慶聲名鵲起的"唱紅打黑"，為何在本會文獻中只字未見列入"著力"的成績，就在於這些成績實在無法和已陷醜聞的薄、王二氏"嚴格區別開來"；如果既肯定他們的成績又承認他們的醜聞，那無異是宣告他們的"唱紅打黑"，正為營造自己的醜聞所借重的無邊政治權力做貢獻；只要營造而不是制約政治權力，類似的醜聞還會繼續發生。這就把問題扯深沉了，好像也不是一個重慶市能夠對付的了的呢。

那麼所謂重慶的反思，也就思到"管住配偶"為止吧。至於它算不算得"給人民以回答，並且經受住法律和歷史的檢驗"，只好聽提出此要求並做出此承諾的溫總理來判定了。

2012 年 6 月 27 日於成都不設防居

沒有免費的"打左燈"

二十世紀後期，以消滅私有財產為目標的共產主義實踐，在各個自稱"社會主義"的國家，相繼遇到了大麻煩，於是出現不同的對策。一種是祖宗之法不可變，堅持既定方針不動搖。用開車的術語比喻，叫繼續堅持打左燈向左轉，轉入懸崖方罷休，羅馬尼亞即是一例，東鄰朝鮮還在途中。另一種是救命要緊，管不得先人了，徹底改弦易轍，融入世界潮流，打右燈向右轉，老大哥蘇聯已經垂範。兩種辦法不論成敗對錯，從交通規則上看，都屬中規中舉，可以理解。可是實踐起來，阻力不小：前者的下場已經屢見不鮮，後者呢，則難免遇到已從專制獨裁的左禍得益者的強烈抵抗。唯有我們中國擁有傳統的高超智慧，實行左右逢源的妙計：打左燈向右轉！雖然違反了交通規則，但是於既得利益同志有左燈安慰，於多數平民大眾得右轉實惠，各有所得了。這項出色的設計，就使它的倡導者鄧小平成為譽滿全球的"總設計師"。他一面批判"兩個凡是"，放開人民求生奔富的手腳，一面堅持"四項原則"，維護先王專政治國的法統，一時間要風得風要雨得雨，神州大地一片歡騰，環球左右交相贊譽。

這樣的設計還有一樁妙用，就是萬一右轉遇到困難不如己意，特別是發現行將駛入危及司機的深水區時，可以猛打方向盤，驅車回左，哪怕把乘客摔出去把路人碾斷氣。摔了碾了也是車輛打轉彎燈在先，你自己不坐好扶穩小心避讓，怪得誰來！此計曾經多次使用：工人呼籲實行"第五個現代化"即政治民主化了，學生要直選人大代表了，作家寫劇本叩問"你愛祖國，祖國愛你嗎"了，學者倡導人道主義研究"異化"怪論了，都是車輪淌進深水的征兆，馬上大反資產階級自由化清除精神污染抓人判刑殺一儆百，猛打方向盤駛回左岸。直到二十三年前的那場"風波"，乾脆實行機槍導航坦克開道，猛踩一腳向左狂奔，害得舉國震怒全球震驚，也喜得失意左公們一心以為左鶴之已至，摩拳擦掌大反其"和平演變"來。

這才使司機看到那粉碎自己"右傾翻案""右派政變"的屠刀高懸在前,剎車轉向脫離險境。

　　重提這段歷史,是為說明本文的題目:不講規則的任何"設計",即使是打左燈向右轉的聰明設計,即使出自天才的總設計師,也不可以不付沉重的代價。不過更多的證據還在後頭,在總設計師本人駕崩以後。

　　鄧公一去,大樹飄零。繼續開車的,一蟹難勝一蟹,只能鄧規江隨江規胡隨,毫無想象力了。只是左燈打得更加起勁,右轉轉得越發變味,直到最近十年,左左右右更無章法。發誓遵守憲法尊重人權,"江規"十四年前就簽署了的《公民權利和政治權利國際公約》,人大快換屆三次了,"胡隨"卻屆屆都不批准;提出"以人為本",維護公民權利,卻把自己的前任總書記非法幽囚至死,把諾貝爾和平獎得主判處長刑,哪裏還說得上普通公民的權利!大講堅持改革開放,卻公然擺出"毛澤東思想萬歲"方陣向全球示威,使那本來就針對"毛澤東思想"指導下建立之"高度集中體制"的改革喪失了目標。

　　至於日前由黨報社論欣然宣布的"十年奮進,十年輝煌"的種種輝煌:國進民退的"完善社會主義市場經濟體系"、"鄭重表明"實行五不搞六不搞的"中國特色的法律體系"、黨政不分以黨干政以黨代政的"行政體制改革"、嚴密控制人民生活的"創新社會管理"、規定全民以"核心價值體系"之是非為是非的"文化體制改革",都表明倒退左轉的趨勢明顯。最風光的成績是經濟總量世界第二,和國際大佬平起平坐,很有面子了。可是經濟成果大部落入權貴人物貪腐份子的腰包,大批貧民依然被固化於底層,於是出現不分左右的上訪潮抗議潮動亂潮,而因應手段卻是對人民廣築"護城河"(這倒是一大創新)、壓倒一切地維穩,耗資居然超過國防經費,不僅公然與民為敵,且把人民當成比外敵更可怕之敵,給了"和諧社會"一記響亮耳光。總之是左燈雪亮右轉敷衍,駕車的自己也不知走向何方了。

　　正是這種形勢,造就那個大野心家薄熙來。此人手段高超品格低下,托左燈右轉大環境之賜,處處為官處處貪腐,節節貪腐節節高升,升入中央當部長當政治局委員就在這最近十年;五年前主政重慶之後更是飛揚跋扈頻頻鬧事，不斷出招自樹神威，問鼎中央最高權力之心路人皆知。你們不是打左燈嗎，我就和你們比誰左：你歌頌毛澤東思想，我就乾脆歌頌毛澤東本人踐行毛澤東遺志唱紅歌發紅信塑紅像拜紅神，還要超越毛澤東，使治下的重慶從黨天下蛻變為家天下。在近日審訊他太太的官方文獻裏，有一含義微妙的細節，就是那個幫她行兇的張曉軍，在庭審開始時，查明的身份是"重慶市委辦公廳工作人員"，十天以後宣判，他變成了"重慶市委辦公廳原工作人員（其家中勤務人員）"。他自然不可能於庭審以後在拘留所裏辭去公職投奔薄家打工，只表示他這個"辦公廳工作人員"同時就是薄家的"家中勤務人員"。該案的整個案情透露，負責保衛三千多萬市民身家性命的重慶市公安局，幾個正副局長也只是他的家丁，太太要想殺人，一個電話就招來策劃，殺人以後又為主婦分工合作隱瞞罪行消除罪證，幹的全是黑店家丁的臟活兒。

　　其實整個重慶的黨政機關，莫非薄氏家產，整個重慶的機關幹部，莫非薄氏"家中勤務人員"。像這樣的"重慶模式"，居然一搞幾年，儘管民間物議紛紛，就是不被中央制止。所為何來？為的是中央一樣在唱紅打左燈，大家彼此彼此，所以不僅不予批評，倒有三分之二的最高領導接踵前去為他站臺張目。中央地方爭相唱紅，前者究竟囿於總設計師在天的面子，總體上也還只能維持左燈右轉的局面；而薄某卻是實實在在地打左燈向左轉，從交通規則上看，他是理直氣壯的，比那些打著左燈不知該向何處轉的官僚們更有底氣，也更能迷惑苦於眼前苛政的民眾。薄某憑著這個本錢，勝利進軍中央甚至奪取最高權力，把家天下的"重慶模式"推向全國貽禍天下，也許就是朝夕間事了。這就是幾十年來堅持唱紅打左燈的代價，可怕不可怕！好在他的刑罪案發，也好在本屆司機即將任滿。後繼的人們，左鑒不遠，就在跟前啊！

2012 年 10 月 4 日于成都不設防居

天機在前

——漫議十八大

全國唱紅歌，喜迎十八大。電視屏幕上，和那些行將與會的重要人物神秘人物暴富人物風流人物八竿子打不著邊的大爺大媽黃口小兒，歌聲朗朗喜氣洋洋。他們究竟喜從何來，我不知道，也沒人講。據我觀察，中共的這"大"那"大"，只是指的排場氣派和吃喝花銷，而對於影響國計國策決定民生民死種種大事的決定，則早在大會以前就於小而又小的範圍內決定了，"大會"的代表們不過討論學習通過如儀而已。而且那些大會文獻官話連篇套話連篇，真要尋找裏面有何真經，一般要等多時以後變成"物質力量"光臨自身了，平民百姓才知道自己從它哪個詞組哪個標點裏受了惠還是受了罪。這是多年的常規，中共進了紫禁城以後的歷次"大"會都是這樣辦的，實難看出特別該動感情的地方。至於聰明的學者，也有聰明得喜氣洋洋/怒不可遏的，總因早從某種跡象看出大會的機關，例如從日前中央政治局會議（這是最高小會）的公告裏發現少寫了十個字，大呼喜訊/噩耗來了，中央已把"馬克思主義毛澤東思想"刪掉了，要"非毛化"了！可是回家打開電視，大爺大媽黃口小兒正沖著他高唱"毛主席就是那金色的太陽"、"偉大的共產黨偉大的毛澤東"云云云云，如果那個最高小會真有"非毛"之意了，忠實傳播中央聲音的電視臺哪裏還敢如此放肆地對著幹！這才翻出五年前十七大前夕前屆中央政治局會議（小會）和中央全會（中會）的公告來，在那上面都同樣找不到這十個字。找不到這十個字並不妨礙十七大（大會）選出的中央領導別出心裁地擺出"毛澤東思想萬歲"遊行方陣向人民示威，把那個禍國殃民的總頭子捧上天去！——空歡喜/白生氣了吧。

不過，和往屆大會比較，這次大會以前的確出現若干異相。由"薄熙來同志"在重慶鬧事所引發的王立軍案薄太太案薄本人案，本來已經暴露出多年來背離改革路線倒行逆施的嚴重危機，等待這次大會（或大會以前的小會）認真對付，甚至使人以為可以就此扭轉"三千年未有之變局"，開啟政治改革之路，從而賦予它以十分莊嚴的使命，讓人牽腸掛肚，想入非非。可是經過幾個月來當局快刀斬亂麻般地把這些醜聞與任何政治路線"剝離"，把涉案人員匆匆化為鼠竊狗偷殺人越貨之徒，自然難擺上莊嚴大會的議題了。大員們近日忙的原來是這個，徒然錯過上天賜予的一大良機，不能不令人失望。

可是天不棄我，此時又來了希望。

就在大會行將召開之際，大洋那邊的《紐約時報》刊載一篇長文《總理家人隱秘的財富》，說據該報調查，中國總理"溫家寶擔任領導職務期間，他的很多親屬變得極為富有。……他們掌控了價值不低於 27 億美元（約合 170 億元人民幣）的資產。"一時又吸引了海內外眼球。由於溫家寶在最高領導人中公開呼籲監督公共權力實行政治改革最頻繁最堅決，也的確得到普通公民的衷心認同，所以輿論有指此文表現了"保守派十八大前的最後瘋狂"，"受打擊最大的是改革派。"我倒以為，這是上天借美國佬之手給中共十八大送來的一份厚禮。須知中國（我說的是大陸中國）官員的財產狀況一直處於嚴格保密之下，廣大民眾，左的也好右的也好改革派也好保守派也好，對它一無所知。現在有個老外報紙殫心竭慮替我們調查起來，無論這份材料的真假，它必然導致當事方的公開回應。儘管據《紐約時報》說該報曾"將調查發現交給了中國政府，並請求置評"，而外交部卻莫名其妙地"拒絕回答有關這些……問題"，輿論主管部門更愚蠢地立即封鎖紐約時報的中英文網站，好像自己真有難言之隱。倒是溫家寶本人做出反應了，據外電（又是外電！）報道，他除了否認所有指控，還特別給中央高層寫信，要求對上述傳言進行公開調查，或同意他立即公開自己的財產。

這就說到親愛的十八大了。十八大即將召開，十七屆中央的任期即將結束，而這個中央的一位主要領導人遭到如此嚴重的指責，無論依據正常法理還是當事人的請求，公開調查都是勢在必行的，否則倒真是有什麼勢力在背後力圖阻止溫家寶自辯以徹底抹黑他搞臭他了。這項調查的主持者，只能是中共新的權力機構十八次代表大會及它選出的新中央,這就賦予十八大以高層小會未及制定演出腳本的新議題了。這是上天賜給十八大從而賜給中共賜給中國(我說的是大陸中國)的又一次良機。因為這個議題不僅關係一個重要人物的毀譽,更關係一項重要制度的興替。在文明國家裏普遍實行、在中國(我說的是大陸中國)也醞釀多年的官員財產公示制度,由於必須對一位領導成員的財產進行調查和接受他的公開申報,總該被提上議程了。須知公開官員私產這個問題,正是目前國內多重矛盾的焦點,它實質上乃是對於公共權力黑箱運行的第一步限制,既體現了現代國家市場法制化、政治民主化、信息公開化的要求,又是中共踐行為人民服務的根本宗旨以重新取得人民信任的迫切需要。上述那些這化那化的詞語可以容易地在這次或次次代表大會的講壇上文件中反復表述,但是只要官員的財產狀況被列為國家機密,民眾不得過問不得知曉,他們就只好把一切官員都視為貪官,連最近一些網民為薄熙來的貪腐罪行辯護的理由,都是"你們哪個不貪?!"社會心理處於這樣的態勢,官民矛盾哪能不斷激化!維穩和不穩因此成為"國內主要矛盾",政權的目的因此只在保護自己,這還哪裏像個國家!所以,勇敢開啟和踏實踐行官員財產公示,打破官民之間的重大隔閡,也就抓住了破解當前各項矛盾的一個樞紐,一定勝過宣布一打綱領,勝過發表一打政治報告了。

以上是就黨國大局而言。就有關官員個人,這次大會也正是他們解除民眾誤解的理想平臺。溫家寶同志固然樂得在這裏向全國、向全球公布他家庭財產的真實狀況且接受質詢,以反擊《紐約時報》的調查結論,還順便使自己成為中國(我說的是大陸中國)第一個公布自己家庭財產的高級官員;聽說他本人曾經多次提議制定官員財產公開制度而多次受到多數同志的反對,這"多數同志"的態度現在恐怕也會改變。他們當初反對官員公布家產,即使並不為己而是出於什麼高尚的動機(我相信他們都會這樣說),現在卻已看到,它的後果可能首先就會害了自己。今天有《紐約時報》調查溫家寶,安知明天有無什麼時報日報週報調查胡家寶賈家寶李家寶吳家寶周家寶?一定到那個時候才去刪帖封網請律師發聲明並且天天面對億萬雙懷疑的眼睛,真何苦來!不久以前,中國的《北京日報》官網也曾發帖請美國的駱家輝大使公布財產,其意圖想來也和《紐約時報》不相軒輊,結果那駱先生還未動嘴,就有網民貼出他兩年前的財產申報詳表，調侃回答說"迫於壓力，駱家輝已經提前兩年公布了自己的財產。"可見能否主動晾出自己的家產，苦樂大有不同。有鑒於此，這些"多數同志"也極有可能主動或被動向十八大報告自己的私產，至少證明自己當初的反對公布私產並非害怕公布自己那一份，並不憚於和溫同志駱先生比美。如此這般，在事實上就促成了對於上屆最高層的公開離任審計，把他們的家產昭示天下。假使大會主席團還有足夠的勇氣，乾脆因勢利導，規定新一屆中央的所有候選人也必須填報私產（民間早已此要求），並在會後交由有關部門審計；再把這項制度推行到各級各屆黨代會並且通過法定程序推行於各級各屆人代會，則勢將開中國（我說的是大陸中國）曠古未有的官員公布私產之先河，也就使國家開始走上權力運行公開、權力接受監督的民主改革之路了。果能如此，那麼即將舉行的十八大即使另有再煩的繁文縟節，再多的廢話空話，再奢的吃喝消費，再蠢的禁這禁那，都無阻於它作為真正勝利的大會（我不說"團結的大會"，團結不會有大會只會有"大軍"）在國際共運史上的光輝。而溫家寶和他的那些敢於帶頭"吃螃蟹"的同事，無論他們公布的私產是多是少是假是真——那將由有關機關調查和審計，他們都會擁有民主道路開創者的美譽，進入歷史。

　　大洋對岸的美國人有句口頭禪："God Bless America!"（上帝保佑美國），其實上帝並不偏心，他也保佑中國。不到一年之內，他一次再次給中國（我說的還是大陸中國）以絕妙機遇，但願我們在痛失前機以後，不要再失天機。

2012 年 10 月 31 日於華陽逸翠谷

釜底抽薪

　　常委七位登臺，舉國一聲長嘆。多時以來對"十八大"的種種希望，瞬間付諸滾滾東流。理由不用多說，只看各人既有的言行，即使有個把有意改革的賢者側身其中，怕也只有繼續"仰望星空"的份。不過這種觀察，是從仰望明君的角度出發的，改革與否改革什麼，全賴君是否明、君怎麼想、君有多大力量。我以為這個角度其實不對，至少不全對。

　　改革自然不同於革命，不會自下而上搞造反。但是"自下"不造反並不等於無所作為，只能盼望好皇帝。查改革之所以必須、改革之所以困難，全在當下的體制阻礙了生產力的發展阻礙了人民的幸福，而把持那個體制的正是靠它以自肥的"既得利益集團"，政治權力正在他們手中。這種人當然可以有好有壞甚至可以有"共產主義理想"，可是即使是"共產主義燦爛遠景"，對於已經身居高位坐擁金山的他們，究竟會有多大的吸引力？！所以，排除自然會有的例外，作為一個處於專政體制頂端的群體，如果不是迫不得已，他們根本不會有改革的要求。十八大的名言"不走封閉僵化的老路，也不走改旗易幟的邪路"，正是他們滿足現狀摸準了石頭再不過河再不走路了的生動反映。不到不得已時，任何專制朝廷都不會滋生改革的積極性。

　　所謂不得已時，有兩種情形。一是內外交困、"不改革，死路一條"，關乎自身生死了。三十來年前的改革因此而起，此處不論，專論第二：專政體制運行不靈，缺乏支撐，不得不變了。猶如一鍋盛宴，火旺湯沸，吃得高興，忽報竈裏無人添柴，倒被抽走薪火，導致竈寒鍋冷，食客掃興，只得散席撤宴，另打主意了。這也是改革呢，而且我們正在經歷著。

　　還是說吃。當年的無產階級專政，手段甚多，"專"得連無產階級都規規矩矩。其最致命者，還不是理論書上說的軍隊警察監獄，而是扣飯！前者再厲害，總是只能收拾少數人，而後者就無人不怕了。概自糧食統購統銷以來，城市人民的口糧都需定量從政府領來，那"定量"也並不定，定多定少都由政府說了算；走出家門還須報告組織換取糧票，否則寸步難行。生產糧食的農民更淒慘，打下的糧食先交國家再交集體，剩下才該自己吃，交公數量也由政府規定，公家多收，自己少吃，公家收完，自己不吃。這就是大躍進期間餓死幾千萬人的制度根源。這時大大小小的領導，都對人民握有賞飯扣飯之權：最小的小隊長看誰不順眼，扣他的飯；最大的毛主席要作家"下去"深入生活，也宣布"不下去不開飯"！這些話真不是隨便說說嚇人的，請看當年得罪了領導的幾千夾邊溝右派們，儘管風流倜儻滿腹詩書，丟進溝裏天天餓飯，不出旬日就盡失風韻毫無人樣，連別人的嘔吐物都爭相舔食，須知慷慨赴死易，從容餓飯難啊！可以毫不誇張地說，當年掌握了扣飯權的一個小隊長，他在治下百姓面前的威風，勝過今天的"七常委"呢！可是曾幾何時，今天還有哪位領導能扣我們的飯？這樣的變化，顯然不是什麼聖主發了善心，而是一靠糧食生產者農民兄弟持續多年悄悄搞包產到戶，顯示出比所謂"社會主義集體化"無比優越性，二靠袁隆平大師長期培育推廣雜交水稻的結果！現在人民吃飽了，政府也"手中有糧心中不慌了"，只是失去了控制民眾的扣飯之權，人民首次可以在祖國大地上自由走來走去，還可以"脫離組織"自己找飯吃，自由度由此大增——這就是一大改革了，而且還是"政治改革"呢！

專政的竈裏還有另一種柴禾，如今也被抽得差不多了：信息獨占權。過去收拾百姓，陰謀陽謀策劃於密室；愚弄百姓，允知禁知取決於方寸，弄得全民渾渾噩噩，瀕臨絕境還高揚著"幸福指數"。而今仗科學之賜，互聯網網住幾億網民全國城鄉，世上任何大事都傳遍千家萬戶不過夜，儘管為此監獄裏面不斷關進傳播信息發表言論的"信息犯"，可是幾億網民他哪裏關得完！事實上為保住愚民優勢而動用的財力人力已經到達臨界，效果卻是換來民眾對官府真的假的都不相信。這種柴禾不僅無用，反倒礙事了。較之三十多年以前，民眾的知情權表達權不是大有進步了嗎！

"信息柴禾"到了民眾手裏，甚至還有更大作用。困擾中國政治幾十年的官場腐敗，幾十年間為了反掉其"長期性艱巨性"，立了一串"反貪"廟子：監委紀委反貪局預（防）貪局，不僅沒有治住貪腐，倒有這個那個"被貪腐"了進去，根本原因就是腐敗和反腐敗雙方都是"不受監督的權力"，它既生瑜又生亮，自己反自己，怎麼反得下去！而信息進入網絡，落入網民手中，形勢立刻大變，億萬網民手指一動，什麼烏龜王八頓現原形，勝過當局頒發幾十個"陽光條例"了。所謂行政改革，這算一個吧？

國家權力部門叫做"立法機關""執法機關"，"法"是它們竈裏最要緊的柴禾，尤其是依馬克思主義的解釋，法是"統治階級意志的體現"、"實行階級專政的工具"，是握在統治者手中的強大武器。可是法律一經制定，它對社會就有普遍的約束力，因此它遲早要和不受監督蠻橫自私的權力發生衝突，不斷地違法行政犯罪行政損害民眾的權利，由此引發的民眾維權行動，把護法的任務從立法執法的權力部門轉移到民眾手中，成為反抗專橫權力腐敗權力的工具。"執法"和"犯法"的主體翻了個個，法的柴禾不僅難以煮沸"統治階級"官員犯法的湯，還將延燒到所有的違法行政違憲行政，以民眾的護法護憲去糾正權力部門的違憲犯法，從而成為民眾對於權力的監督了。

所有這些，都是自下而上的改革，使舊體制的竈火一一熄滅的改革。可以預料，儘管當局為了堅持"一元化領導"而宣布這不准搞那不准搞，民眾對付統治權力的消解一定會新招百出，禁不勝禁。時賢有所謂"日拱一卒"的，此舉普及到尋常百姓手中，就是日拱億萬卒了。億萬消解專橫權力的小卒日日拱進，從有成有敗到多成少敗，直到"封閉僵化"的大鍋下面柴盡火滅之時。到那時或那以前，掌竈隊伍裏或有明白人士出來，和民眾一起總結成敗得失，做出通盤設計，"有組織有領導"地完成偉大祖國的改革大業——那自然是更理想的結果了。

2012 年 12 月 1 日於成都不設防居

大病入院

第一篇 "大病初愈"

2013

大赦人民

——兼議"大赦貪官"

本屆新官上任,頭把火就燒向貪腐份子。正為這個新班子的保守面目而沮喪的輿論,立即興奮起來。查懲治貪腐這一招,倒也的確是對付"不走老路又不走邪路"符咒的聰明之舉;偏去走那老路上邪路上任何嚴肅政權都會走的路;禁盜竊,反腐敗。在"中國特色"的環境下,它對老路留戀者不算邪路,對邪路向往者不算老路,博得皆大歡喜了。可見新班子裏究竟還有正常頭腦,歷練成熟了的"自家子弟"回家接班,真比一幫刻板循規敷衍塞責的看門家丁強點兒。

這下可苦了朝廷上下的貪腐諸公,他們不在"皆大歡喜"之列。剛剛吃下不走這路不走那路的定心丸,以為從此就在自己摸準了的石頭樂園上穩坐不走,貪貪腐腐過一生了,哪知雷聲未響暴雨驟至,真要面臨"世界末日"了。

此時忽來一道閃光:"大赦貪官"!像那刑場上傳下"刀下留人"的口令,旱天甘露般地注入千百萬貪腦腐心。這倒不是當局改了主意所發詔令,而是民間專家學者上遞的奏折策論,其作者們看來大都是正經人士,不像貪腐集團買通的五毛;他們的持論,也有理有據,並且從好幾年前就醞釀發端,只是如今不比往昔,那反腐的刀子的所指不是"星空"而是現實的腦袋,須得認真看待了。他們所據之理主要有二,一是"法不責眾"。中國官員裏腐敗份子的比重,早已從"一小撮""極少數"拔地而起,在民眾的眼裏近乎無官不貪,在專家的筆下也早占"縣處級幹部的 48%、廳局級的 40%、省部級的 33%"(據張維迎《反腐敗的兩難選擇》轉引胡星斗推算),雖然也還算"少數",但已接近"半邊天"了。以我國上千萬官員的龐大基數計,這幾百萬貪腐大軍在數量上就超過國防軍,何況剩下的另一"半邊天"也難說乾淨,依法嚴查起來,"能經得起查的沒有幾個人"（張維迎上文）。可是"中國目前的執法、司法系統承載力是每年審理 40 萬刑事犯罪"，"當人數超過執法、司法系統能夠承受的極限時，……執法、司法系統已經崩潰，無力維護法律了。"（李劍芒：《大赦貪官，改革必由之路》）這還僅說貪腐份子的數量。第二條理由說他們的質量：數量超過國防軍的貪腐軍個個都手握重權，這個全球最大的貪污犯罪團夥卻正是有責任有權力緝拿他們自己的力量，他們履行責任的邏輯推演就是運用手中的重權規避和打擊一切反腐的舉措以維護自己的生存，猶如手握新式武器的國防軍竟由"國外反華勢力"組成、打起仗來的情形一樣。"控制目前體制的恰恰就是那些要被懲罰的人們。這些將被懲罰的人們，為了保護自己，拼命阻止中國的體制改革，死死抓住體制的控制權，這使得中國的改革走進了死結。"（李劍芒上文）正是基於以上過硬理由，"大赦貪官"的策論才堂堂正正地出了臺。大赦的辦法各說小異，但都大同於"實行有條件的特赦，調動貪官污吏的積極性"（吳思：《特赦方式推動中國政改》）、規定某個時期例如十八大以後"不再貪腐的官員既往不咎。"（張維迎上文）從此與腐更始，貪污自然不戰而沒有了，大家都去共迎政治改革的美好春天。

看得出來這些學者們的設計確是動了腦筋的，持論平和中允，並不脫離實際；對於任何尋找應急手段追求任期效應的政客，可算錦囊妙計。可是，要是站在歷史高度為這個九秩高齡的世界第一大黨想想，"大赦"自己隊伍的竊賊這一舉措，究竟意味著什麼呢？

這個黨名叫共產黨，是以對於"產"即財富的特殊處置為目標而立的，它以消除世間財富占有的不公，建立人類共同富裕、全面發展的自由聯合體相號召，從而曾經得到全球甚多正直人士的認同和擁戴。可是中共自建政以來關於財富的種種措施，卻從未靠近過它的宗旨。它先以"剝奪剝奪者"的口號暴力剝奪了地主，"和平"剝奪了資本家，用產品剪刀差、糧食統購、集體化公社化次第剝奪農民的錢財、口糧以至幾千萬條生命，用長期低薪剝奪工人，用古今中外畸高的稅賦剝奪工商業者和全國民眾；幾十年間聚斂了巨大財富，說是為了什麼崇高的目的，卻僅僅造成幾百個幾千個暴富家庭的"自由聯合體"，已經成為全球笑柄。倘若再宣布認可自家兄弟合法占有已經偷盜的更大財富,向他們投降輸誠與他們沉瀣一氣,讓他們逍遙法外請他們咸與維新,這難道不是使這個組織完成對於國民財富的掠奪—聚斂—瓜分—漂洗的完整歷史過程,從而揹上有史以來最大盜竊團夥的千古罵名嗎?

其實對於貪腐團夥,除了以"大赦"向他們投降,也非別無出路。能不能把眼睛轉個向,對著黨所口口聲聲為之服務且全權代表的人民呢?不是說共產黨是在人民的支持下才取得政權的嗎?不是說歷史是人民創造的嗎?怎麼遇到"亡黨亡國"的緊要關頭,倒把自己最大的靠山自己真正的父母忘記了呢?貪腐份子數量多,就算有幾百萬幾千萬,多得過 13 億嗎?他們的權力大,大得過"權為民所賦"的"民"嗎?——或曰你這就說夢話了,中國人民何曾真正有權監督哪怕一個村長?!

這就說到本文的題目了。中國人民的權雖然並非沒有,可是它至今只還寫在憲法上。今天人民的實際身份,其實正是貪腐份子應該享有的:罪犯或疑犯。遠的不說,僅自執行"以維穩為綱"的路線以來,各界人民就成為當局維穩的對象。訪民不穩定,記者不穩定,網民不穩定,拆遷戶不穩定,農民工不穩定,買菜刀的不穩定,"打醬油的"也不穩定,更無論批評政府諷喻朝政遊行維權集會結社的人們了,雖然他們行使的都是自己的憲法權利,可是在當政者的眼裏一概不是良民,於是廣築護城河保自己,大興實名制查異端,黨政軍公檢法團結起來一致對敵——老百姓,對付內"敵"的花費居然超過對付外敵,完全忘記"與人民為敵"這條詛語的沉重分量和不祥殷鑒。其實,貪腐所以如此猖獗,根本原因就是執政當局顛倒了敵我,把以權謀私的罪犯當同志,把監督權力的人民當犯人,一意孤行於走上親痛仇快邪路的結果。只須把這種被顛倒的關係顛倒過來,從思想到理論到政策到法規徹頭徹尾徹裏徹外告別以民為犯與民為敵的邪路,變"大赦貪官"撫慰貪官為"大赦人民"依靠人民,立即可收撥亂反正之效。最直接的效果是,大量對付人民的警力,國安國保特警網警,加上無邊無際的維穩經費,盡善盡美的偵緝手段,轉向用於查貪反貪,那些鼠竊狗偷之輩哪裏是強大的執法司法系統的對手,更無論擠得它"崩潰"了!這還是最小的變化。等而上之,人民獲得解放了的政治潛力,如同三十來年以前他們獲得解放了的生產潛力一樣，將迸發出無比燦爛的光輝，其成就不是筆者這樣的腦袋可以逆料的。可以斷言的是，對於公共權力的監督，億眼所見億手所指，一定會使貪腐份子無所遁形。特別是在現代信息技術的支持下，任何黑暗的角落都會受到燭照，任何隱蔽的交易都難掩蓋馬腳。君不見某某官員抽包煙戴只表都可能被識破暗藏的機關，這還是民間力量受到權力打壓被捆住手腳的表現。一旦公共權力不是與民為敵而是與民友善進而為民所有，兩者都會如魚得水如虎添翼，相得益彰呢！

或問這不就是政治改革了嗎？謹答：是的。今天中國的事情，離開政治改革，其它都是邪路。即使只搞反貪污，也是繞不開它的。

2013 年元旦於深圳蛇口，1 月 3 日改定

中國特色到了喊自信的時候

人無信不立,那"信"是誠信的信。其實人無自信,也立不起來。初生嬰兒剛入媽媽懷抱,小嘴就沖著她的乳頭堅決勇敢地一口咬定吸入乳汁,而不計是否會挨巴掌或被鬥爭,否則他就長不大了。這就是自信,"吃奶自信"。人類從此開始,總是憑著生活自信而生活、憑著做事自信而做事。不過一如嬰兒一樣,從不先想先喊他自己很自信。人到了要先想先喊"我自信"的時候,大底情況不妙了。例如走路,如果"我們走在大路上",白日青天車水馬龍,一定無須想好更無須喊出他有"道路自信"才出門。只有到了月黑風高墳山重重荒煙野蔓荊棘縱橫的境地,才不由自已地默念或大喊"沒有鬼沒有鬼!我不怕我不怕!"這是常識。

眼下有人正在吶喊自信了。從去年底中共十八大起到今年初,"道路自信""理論自信""制度自信"的口號經卸任總書記向全體代表宣讀和新任總書記向新任中央委員佈置,立即獲得全國響應,自信之聲響徹朝野,我看實在不算好兆頭;說明黨國真的遇到了什麼,須要大喊自信了。

回顧歷史,中共建政六十幾年間,絕對值得自信的時候有兩次,但兩次都不僅不喊自信,而作相反的事。一次是 1949 年建立中華人民共和國時,全國上下意氣風發,甚至已有文人歡呼那時才算"時間開始了";而其時的聯合政府的"頂層設計"居然把警告"中華民族到了最危險的時候"的歌曲定為國歌,表現出勝利之師完全無須自吹自擂自我打氣的高度自信和高度警覺。另一次是粉粹五人幫以後到中共十一屆六中全會時期,中共依靠人民的力量獲得再生,也堅決摒棄某些文人對於"英明領袖"的肉麻吹捧,嚴肅認真地總結建政以來的嚴重挫折和深刻教訓,開始了針對"前三十年"的道路、理論和制度實行改革的歷史進程。與這兩個時期的表現相反,執政當局從上到下高喊自信則有三次,三次都是黨國面臨甚至陷入極大困境的時候。1956 年蘇共二十次大會揭露和批判斯大林主義，宣告中共堅持"一邊倒"全面奉行蘇聯模式的破產，到次年整風中引出全國知識份子對它的廣泛批評，當局乃於突然變臉發動反右派運動之際，天天播送"社會主義好，右派份子想反也反不掉"的自信歌曲，此為首次。第二次為1959年到1961年的三年人造災難時期，左傾冒進的"大躍進"造成三四千萬人民死於饑饉，為了死不認錯繼續堅持"三面紅旗"，就有"我們走在大路上，意氣風發鬥志昂揚……三面紅旗迎風飄揚"的歌曲傳唱全國。第三次則在文革後期，全面專政，天下無聲，百業離敝，民不聊生，朝野分崩離析，"親密戰友"跑了。此時就由"文化大革命就是好就是好呀就是好來就是好"近乎狂叫的紅歌宣示自信了。三次自信宣示，主觀上性質都同"沒有鬼！我不怕！"而客觀環境卻非虛幻的鬼影憧憧，而是貨真價實災難在前了。現在出現的第四次自信吶喊，應當就是它所指的"中國特色社會主義的道路、理論和制度"危機的反映吧。

在"三個自信"裏，最為新總書記看中的，是那個"道路自信"，他在一次講話裏特別指出它是關係"事業成敗的第一位的問題"。可是根據鄙人的經驗，認為那個所謂"第一位的"道路問題之上，還有更要緊的問題不可忽視。記得當年我首次進入大上海，某日想去南京東路外灘看熱鬧，也相信道路問題是第一位的問題，找準南京路才上公共汽車，不想它越走街景越荒涼，最後走到徐匯區。原來我的道路雖對，方向卻反了。現在我們無疑是在"中國特色"的道路上，可是方向對了嗎？須知自古以來所有的地域特色都形成於人類的彼此隔絕，隨著交往的擴大，"特色"的範圍也持續擴張，內容也不斷發展，包容著越來越多人群的制度風俗道德文化，從部落特色家族特色逐步發展，到中國特色也才是近百年的事——嚴格說現有的還不是"中國"特色，只是"中共特色"；中國還有臺灣和港澳，它們都是中國，但有各自的特色，與現在所謂中國特色毫不相干。不過這些特色互相交流取長補短的結果，形成真正的中國特色，則是遲早的事。這就是"特色"發展的方向、隨著人類交往的擴大而不斷取捨不斷揚棄不斷融合不斷進步的方向，也叫"世界潮流"。當今的困境不是我們在哪條路上或該為它取何名字，語云條條道路通羅馬嘛！而條條道路也可以告別羅馬永離羅馬，如果你背過身去的話；不巧我們正在背過身去，不斷強調特色加強特色，已經從百年前後的中國特色退到中共特色，同時開始突顯 A 總特色 B 老特色 C 家特色 D 部特色，全國上下每個"一元化領導"一把手都有自己的特色對付上下，從政令不出中南海到不出省府縣府鄉政府，那就不僅害民，也害執政當局了呢。"自信"加在這樣的方向上，我們真想回到部落特色叢林特色去嗎？真是餿主意啊！

還有一點題外的話，據說"三個自信"理論的發明者，乃是一位和新總書記有著同等學銜的中央編譯局局長衣俊卿博士。我也因此去找到並拜讀了他的那篇大作《堅定對中國特色社會主義的三個自信》。這篇發表在《中國社會科學報》上的文字雖是我到今天僅見的宣講"三個代表"的理論文字而非政治口號，但是其發表日期已在十八大以後的 2012 年 12 月 5 日，只能算對該口號的解讀吧。更有趣的是，衣博士此後的突然成名，還居然一點也不靠這幾個代表，而在與他的代表文章幾乎同時問世的一位女博士的長篇博文《一朝忽覺京夢醒，半世浮沉雨打萍》，真名實姓地揭露該博士和她自己的權色交易的全過程。該文雖然害得他很快就"因為生活作風問題不適合繼續在現崗位工作"而丟了官帽，卻因此名滿全球。在女博士的那篇長文中，收了一則衣博士為愉悅情婦而發的段子，寫得比他的策論好看多了，特分享如下：

> 丈夫在外打工，給留守的老婆寫信：親愛的老婆，全球經濟危機，收入受到影響，沒錢匯給你，就匯一百個吻吧。不久，妻子回信：親愛的老公，吻已收到，開支情況如下：1.給娃娃的校長 20 個，孩子上學不用交費了；2.給電工 10 個，家裏不再斷電了；3.給水管員 10 個，不交錢也可以用水了；4.給村長 10 個，村裏沒人敢來煩俺了；5.給隔壁鄰居，牛老大 10 個，他每天都來幫你犁田，還陪著你老婆開心！就說到這吧，就不吻別了，能省一個是一個，如今呀，用吻的地方還多著啦！哈哈週末愉快！（《用吻》）

究竟不愧是理論行家，一則黃段子就總結了國內外經濟形勢記錄了種種社會問題：農民工和留守家庭的困境，普遍徹底的權力通吃和權色交易，觸目驚心的道德危機，而這又正是他的學術論文所刻意回避的"中國特色社會主義道路、理論、制度"的現實成果。我想問他："您真對它自信嗎？哈哈週末愉快！"

2013 年 2 月 22 日於深圳蛇口，26 日改定

話語的真假、文野和吉兇

——聽講政治的人物講真話

　　政治家或政客講的是政治。講政治就須權衡利害、照顧影響、貫徹謀略、樹立形象，難得傾心吐肺講真話。所以對於他們，自然不可聽其言而信其行，甚至連聽其言而觀其行、以其言去促其行都是白費精神，只好當他沒有說吧。如果偶爾出現個把人物，不讀文稿，不說套話，直抒胸臆，口吐真言，總會引起轟動，並且感動。我以為轟動事屬必然，感動則須慎重。因為那些虛假不實的政治宣言，無論說好說壞，說了等於沒說，所以可以不聽。而掌握大權的政治人物說真話了，那可是立即化作物質力量的，關係著你我平民的禍兮福兮啊！所以，對於這樣的真話，必須認真學習領會，弄清它的意義，再來決定感動與否。

　　新上任的習近平總書記(黨)兼主席（國家）就對我們講了好多真話。上任講的就是反腐敗，老虎蒼蠅一起打，而且言出法隨，已經有老虎蒼蠅陸續落網了。這就是真話的物質力量。尚在網外的更多的老虎蒼蠅宜聽我的勸告，一改他們過去把領導的宣言只當"星空"看看就了事的故態，認真對待他的真話，準備好自己何去何從吧。

　　這是說真話的"正能量"，話既真實，又很正確，落實起來，人民之福，也是黨國之福。不過真話既然發自肺腑，它也必然反映講話人自身的經歷、學養、脾氣和這樣那樣的"夢"想。這就需要分析了。

　　話有文野之分。真話出自自己，未勞秘書班子智囊集團千錘百煉，自然難於十分講究文彩。這倒未必就是缺點，反而常常能收與平民拉近距離之效。不過因為講話者位高權重，有的話"野"到某種程度，也會產生負面影響。例如習氏發表於他當選當天會見記者的"打鐵先須自身硬"語錄,那立意想必不錯。可是仔細想想,他是要求誰的"自身硬"呢?——這不是老夫吹毛求疵,而是轉述此語從發表起就給翻譯界造成的困擾。且說當時官方的現場翻譯(英語)是這樣的:

> To be turned into iron, the metal itself must be strong.(直譯:要變成鐵,那金屬自身必須硬。)

好些外國媒體也跟著轉播,有的例如英國 BBC 也只在語序上作了調整,還是要求被打的鐵"自身硬"(The metal itself must be hard to be turned into iron,——金屬必須自身硬到能煉成鐵)。這些翻譯家們想來根本沒有見過打鐵;打鐵的前提恰恰是要把它加熱到"自身軟"的可塑狀態,以便鍛造成型。而且習氏這句話是說在必須解決黨內腐敗等問題之後,他自然不會要求被"打"的腐敗份子"自身硬"起來。也有動過腦筋的翻譯,英國《每日電訊報》就譯作:

> To forge iron, you need a strong hammer.(打鐵得有硬錘子。)

原來要硬的不是鐵,而是鐵錘,就是說反腐得有先進手段了。但是這是講話者的本意嗎?原來他接下來的一段話乃是"我們的責任,就是同全黨同志一道,堅持黨要管黨、從嚴治黨,切實解決自身存在的突出問題,切實改進工作作風,密切聯繫群眾",就是說,要求打鐵者自身手腳乾淨了。比較起來,還是美國佬了解總書記,CNN 和《紐約時報》的譯文都是:

> To forge iron, one must be strong(要打鐵,打鐵的人得強壯。)

和總書記的原意是符合了,但是遇到了邏輯問題。打鐵自然要求鐵匠身強力壯,可是要求主事者身強力壯的活動多矣,為何身體條件一定影響於打鐵而不影響打球打架打鞦韆呢?這個問題還是以新華社後來發佈的譯文把它敷衍過去:乾脆不說鐵匠打鐵,把它譯成——

> To address these problems, we must first of all conduct ourselves honorably..(為了解決這些問題,我們自己必須首先行為端正。)

其實所以造成這場翻譯風波,完全是因為習氏背錯了(或他家老人教錯了）一句民間諺語："打鐵還須砧碳硬"。不是說鐵匠，也不是說鐵錘，而是支持打鐵的那個鐵砧，必須堅牢。須知諺語雖然出自底層民間，卻是千百年間先民集體智慧的結晶，要理解和運用它是需要一點頭腦的，不可隨意。如果習氏真懂得這句話並且正確地引用了它，那麼它的意思應該是，要解決貪腐等等問題，不僅需要鐵匠即黨的領導硬、鐵錘即反腐手段硬，還要反腐的根本條件即制度過硬。但願他真是懂得這句諺語的深意，當時只不過口誤罷了。

為了一句可能的口誤，浪費這多筆墨，乃因看見不少吹捧總書記的話兒深入他心坎的肉麻文章，不得不指出他們是在把那"鐵匠"引入歧途，居心可疑。不過總書記還有另外的真話，就不能歸因於馬屁精的誤導了。例如在他上任國家副主席時指責"有些人吃飽了沒事幹"而專對我國說三道四的名言，那話說在他所指之"有的人"的大門口，也引起國內聲聲喝彩。那是一句發自內心的真話，也是一句民間諺語。可是那諺語產生的背景卻在我們民族最悲慘的時候，那時幾乎全民以吃飽飯不餓死為最高追求，吃飽了也就無所事事了。大面積出現這樣的心態，在我們民族的歷史上僅是特例，而非常例。作為一個全球第二經濟大國的領導人對自己的人民這樣看，已經自損尊嚴，還對一個歷來相信吃飽了飯以後還有自己的尊嚴自己的權利需要保衛還有別人利益需要尊重的民族說出這樣的話，以己之腹度人之心，不過增加國際笑柄罷了。近年來我們年年花費巨額經費去搞"大外宣"，領導人的這樣一句話，就可使天天在紐約時代廣場的燒錢表演付諸東流，可惜不可惜！

以上幾則，算是"質勝文"的例子，雖有瑕疵，影響總有限度，野就野一點吧。但是，有的真話就大大關係我們切身的利害了。以下是他南下深圳的談話，總結蘇聯解體教訓的：

> 蘇聯軍隊非政治化、非黨化、國家化，解除了黨的武裝。出來幾個還想挽救蘇聯的人，把戈爾巴喬夫弄起來，沒搞幾天又被反過去了，因為專政工具不在他們手中。葉利欽站在坦克上發表講話，軍隊完全無動於衷，保持所謂"中立"。

此處不評他對那個被"毛澤東思想"判決為"修正主義""社會帝國主義"敵國蘇聯的眷戀之情來自何處，只說這句話裏暗藏的重大機關，就是在總書記心裏，一是所有的政黨"手裏"都須有"黨的武裝"，絕對不能"非黨化""國家化"；二是它們的作用首先是（或只是）對內鎮壓的"專政工具"，絕對不能"非政治化"；三是有了這兩條，任你有多少人要求民主反對復辟如蘇聯人民在當年"八一九"後那樣，他都有辦法對付了。怎麼對付？黨內的上層的，把他"弄起來"，黨外的民間的，絕不"保持所謂的'中立'"，那就是重演離那時不久的天安門故事了。話已說得如此明白，哪裏還能期望他"平反六四"啊！至於他的深圳之行還講了蘇聯解體而人民不救"更無一個是男兒"的名言，因為和他最近訪俄的另一名言"鞋子合不合腳穿著才知道"明顯抵牾——他並無穿蘇聯"鞋子"的履歷，不會知道那鞋是否合那邊"男兒"的腳，所以前後必有一句不是真話，暫不置評吧。

或問那麼你怎麼看總書記首次接見記者那一段十分親民的話呢？難道那些不是他的真話嗎？——那段使得聽眾熱淚盈眶的話正是在說"打鐵"的話同時講的。請仔細再聽一遍：

> 我們的人民熱愛生活，期盼有更好的教育、更穩定的工作、更滿意的收入、更可靠的社會保障、更高水平的醫療衛生服務、更舒適的居住條件、更優美的環境，期盼著孩子們能成長得更好、工作得更好、生活得更好。人民對美好生活的向往，就是我們的奮鬥目標。

沒有理由認為這段話是假話。不過橫向一看，他對人民的所有這些許諾，美好的生活，滿意的收入，可靠的保障，高端的醫療，舒適的居所，優美的環境等等，很多優雅的主婦早已對她們的寵物一一兌現了，甚至也送它們上寵物學校接受"更好的教育"呢。人民的需要和貓狗的需要不同之處，就在——而且只在——前者還有他們自身的人格尊嚴和公民權利而後者沒有。習氏的奮鬥目標和主婦們的已遂恩賜都不包括那兩者，這應該不是偶然的一致。只要人民不在乎自己的尊嚴自己的權利而只管"吃飽了"，我相信總書記也不會運用他"手中"的專政工具去為難大家的。否則呢？他已經說過了。

　　分析講政治的人物講真話——以習近平為例——就析到這裏。要聲明的是即使如此，我還是愛聽政治家或政客講真話，而絕不相信那些口吐印刷體宣講政治話的人。真話即使最恐怖者例如"我要殺你"，至少可以令人有所警惕有所趨避，總比懷揣利刃卻與你稱兄道弟說我的權為你所用呀危險少些。

2013 年 4 月 1 日于成都不設防居

兩個女性，兩個代表

新任國家主席習近平首次出訪俄國。他的太太彭麗媛以"第一夫人"身份隨訪，聽說特別引起老外歡迎。這其實也不奇怪，她即使不仰仗夫婿的元首地位，作為一個專門唱歌的將軍走出去，那也一樣引起轟動。因為元首各國都有，唱歌將軍千古難尋，且兼她容顏姣好，舉止大方，到處獲彩是意料中事。

可是她一開口說話，"第一夫人"的口吻卻害了她：

> 當天(3月23日)，習近平夫人彭麗媛參觀了莫斯科利庫第15寄宿學校，該校專門接受孤兒和失去父母監護的兒童。彭麗媛參觀了教室和學生宿舍，在觀看了學生歌舞雜技表演後，彭麗媛對孩子們說，我代表中國千千萬萬個母親來看望你們，……(《中國日報網》)

作為一個母親，或"中國母親"，惦記著異國他鄉失掉了母親的孤兒，不遠萬里（即使只是順道）跑去看望，本來是件善事。問題出在她說自己"代表中國千千萬萬個母親"去的，這就涉及代表權問題了。依她現在的職務，作為將軍也許可代表一個軍事單位，作為全國文聯副主席，還可代表某某文藝單位什麼的，那代表權都是合法得自官家的；可是"代表中國千千萬萬個母親"，她憑什麼呢？憑"第一夫人"的身份嗎？查中國黨政機關群眾團體並無第幾夫人的編制設置，那頭銜不過屬於"西方那一套"的稱謂，只表明她是何人的太太，不是公職，更與"中國千千萬萬個母親"無關。何況"千千萬萬個中國母親"為兒女操心的事情多了，從尋找無毒奶粉無害空氣到攢積高額學費打聽不教說謊的學校，且無論那些"天安門母親"們日夜追尋的目標了，和她"代表"的表情相距十萬八千里呢。所以此言一出，聽眾大嘩，說是全球一兩百個"第一夫人"，此前還沒聽見一位敢聲言自己代表本國千千萬萬個母親的。當然，平心而論，鑒於中國官場的潛規則，一人得道雞犬升天，嫁了個元首一出口就代表全國，也是可以理解的不良習慣，從令人惡心的程度論，還遠不及說自己本來不想當什麼卻被"全國人民"強迫選上去呢。可是，有網文指出，她已經得到授權卻拒絕去代表的，倒真有一位她祖國的母親：

> 最近，安徽有一位名叫張安妮的十歲女童，只因為她的父親張林是一位民運和維權人士，便被剝奪了上學的權利。警察到學校把張安妮擄走，關進派出所單獨囚禁，不准她見自己的父親。沒有學校敢接收張安妮，安妮寫信給彭麗媛，稱她"彭奶奶"，要求她幫助自己上學讀書，彭麗媛一聲不吭。（程凱：《彭麗媛與中國母親》，載《中國人權雙週刊》）

此文沒有直接提到小安妮的母親，可是這孩子不得不寫信懇求"彭奶奶"了，想必已是多麼期待著這個面貌姣好歌聲清脆的奶奶給她以母親或母親的母親一樣的關懷而把自己救出苦境啊！比起萬里之外已經得到政府關照、並且此前對她一無所知的俄國"孤兒和失去父母監護的兒童"，她的同胞小安妮熱望著她的無助的眼睛，怎麼居然一點也不能打動她去代表她媽媽至少給孩子一聲安慰呢？

暫時不提她吧。且說另一個女性，另一個"代表"：

> 我代表北京街頭民主派來講話。從二月份起，我們共上街十二次，其中四次成功八次失敗。有人說，你不用上街，我們男人上。我說不是所有的男人都是男人，當中國男人上街時，我就退出。偌大中國，豈是無人？是的，我想對官員們說，亮媳婦不如亮財產！騙了我們六十四年，現在，我連你的標點符號都不信了！各國變法，無不從流血始，為民主做炮灰，乃我三生有幸！我們離亡國已經不遠了！我現在保證，我一週上一次街！我的想法很簡單，讓長輩前人，死而瞑目；讓子孫後代，生活在幸福之中！

口吐這段金石之聲的人名叫侯欣，北京青年報和中國經營報前記者、敦促中國高官公布私產活動的積極份子。她和她的同志：證券經紀人袁冬、汽車司機馬新立、佛教徒張寶成、律師丁家喜、人大代表民兼競選人趙常青、國際經貿仲裁員孫含會、會計師王永紅分別參與街頭呼籲高官公示私產的活動，從三月底起先後被警方以"非法集會罪"刑事拘留，侯欣本來有病，吃了獄醫開的藥片後突然心房纖顫，差點為"中國拘留所亡命錄"增加一種新死法，幸好送醫急救後保外就醫，而"罪名未變"。她的那番講話，發表於她被捕的當天，和許多老一代民主人士餐敘之際。她說完以後匆匆離席，和她的同伴又上街展示囑咐高官的條幅，然後被擄進高官們懲罰他們的牢獄。

以上兩位互不相識的人士，除了都是女性，都稱"代表"以外，她們的行動還在以下方面發生了交集：侯氏指名道姓要求公布私產的 205 名高官名單裏，彭氏的丈夫習近平赫然在冊；彭氏聲明自己代表的"中國千千萬萬個母親"裏，就有這些在她丈夫治下被非法關押的民族英雄們的母親。侯氏的呼籲究竟對於彭氏夫婿有無觸動有何反應，彭氏又將如何代表那些要求監督公權力而被非法拘禁的兒女們的、日夜依門望眼欲穿盼兒歸的母親，就成為天下關注的重大事件了。

不無巧合的是，彭麗媛的丈夫和侯欣還有一點共識：都對"不是男人"的男人表示相當的輕視。習近平失望於蘇共黨員不救該黨，貶斥他們"更無一個是男兒"；侯欣失望於甚多中國男人不敢起來和專制腐敗抗爭，斷言"不是所有的男人都是男人"。兩人政治指向各異，而對偽男人的美學取向相同，都對他們賜予鄙視。在兩人的語境裏，那些為萬民期待帶頭公示私產的 205 名高官也都面臨著是不是男人或"男兒"的考驗：連自己財產有了多少、怎麼來的，都不敢向國人公布，談何這個那個自信！哪裏還像個光明磊落敢作敢當的男兒！在這個方面，我倒覺得，彭麗媛將軍即使不肯去代表小安妮的母親，倒還有一個母親真該她去代表的，就是她夫婿的母親，她的婆婆。因為在中國，任何母親養兒一世，絕不希望養個人妖出來。所以彭氏亟宜代表他的婆婆，去勸誡那 205 分之一（和之首）的她的夫婿：如果你不肯公布財產反去打擊監督你們的民眾，你就成了偽男兒，那麼你媽媽會多麼傷心！——在自己的丈夫是否男兒這樣嚴峻的考驗面前，做妻子的能夠代表中國的一個母親勸丈夫做個真男兒好男兒，不僅是可以的，而且也是她的權利。對不對？

本文的題目講"兩個代表"，說說就說出"三個代表"了，而且涉及人家的家政。就此打住，不說了。

2013年4月26日於（美）聖路易斯

附識：

本文脫稿之際，看見網訊報道杭州律師王成於今天中午"突然遭到多名杭州市的警察上門傳喚，警察以涉嫌'非法集會'之由對王成傳喚並實施抄家，警方抄走了王成律師的一臺電腦、四個公民徽章等物品。"王成的"非法集會"，也是宣示官員公示財產的要求。用同一罪名在並非一地對這類公民實行鎮壓，顯示了這種"非男兒"的怯懦之舉的確來自甚高層或最高層了。我真為那位鄙薄非男兒的領導同志的性別擔憂。

至於這條為侯欣等義士度身定制的"非法集會罪"，我謹引用剛剛看到的浦志強律師的評論和讀者分享："我當事人馬新立等，在西單廣場扯橫幅演講要官員公布財產，這行為與所謂'非法集會'完全不搭界：形式上，與擺攤賣保險賣十三香的，與公園裏傳授太極拳領跳交誼舞的老太們，沒區別；內容上，官員公布財產是陽光政治和廉潔政府的當然之義，中共領袖也都擁護，不具有違法性。勞教不好用了，就胡扯胡說八道，安個罪名胡亂抓人。這樣做太不嚴肅了。"

旁觀少爺接班

新班子登基，好評和熱望齊飛，預測共夢想一色，說是要行新政了。我看來看去，看不出新在哪裏。說是新人要"實施"憲法了，十年前登基的舊人也曾鄭重宣布"必須在全社會進一步樹立憲法意識，維護憲法的權威，使憲法在全社會得到一體遵行。""遵行"該是恭恭敬敬"實施"的意思吧？卻並未阻止他們十年一貫違憲維穩，甚至把前總書記的憲法權利也予非法剝奪，把他幽囚致死。說是新人很親民了，十年前登基的舊人甚至深入薩斯病人中間親切慰問，也並未阻止他們十年迫害鎮壓親切上訪他們反映下情的訪民。說是新人要蒼蠅老虎一起打了，十年前登基的舊人已經每屆打下一個政治局委員大老虎並且不時宣布一次不管貪官職位多高都要嚴辦，卻並未防止更多的老虎蒼蠅腐敗橫行愈演愈烈，以致數十年間從舊到新的最高領導層連自己的財產都不敢公布，反倒動用警力非法抓捕責令官員公布私產的公民。新人比舊人，新在哪裏呢？

新在這次是少爺們回來接班當家了。接誰的班？不是接前任的班，而是接他們親生父輩老爺們的班。"老爺"就是所謂新中國的創立者、第一代二代革命家了。革命家們早已宣告，"革命的根本問題是政權問題"即打江山的問題，他們奮鬥幾十年就為這個根本目的，自稱打下江山花費了"千萬人頭"（算法不詳），就為這點成本也得坐穩江山千萬年。奈何人壽有限天不假人"再活五百年"，坐穩了的江山轉眼就得交出去。交給誰呢？還是自家子弟最放心，還是秦始皇計劃的那一套，二世三世以至萬世。所以自上世紀六十年代起就提出"培養革命事業接班人"的任務。於是"我們是共產主義接班人"的歌聲從此傳遍億萬少年兒童，平民娃娃們都自以為將來會當那個"接班人"了，而真正的少爺們卻心知肚明那班是該他們也只該他們接的。所以一到文革開始，就有少爺領頭打出"老子英雄兒好漢，老子反動兒混蛋"的旗幟，宣布"天下者我們的天下"，開始橫行天下，伸手接班了。只是時間太早了一點，少爺又太嫩了一點，最高領袖還有收拾走資派的妙計等著出臺，出臺以後絕大多數老爺突然"反動"了起來，少爺們乃十分迷惘地滾入"混蛋"的行列受了些委屈。不過處境雖變，血統依舊，一旦文革收場，爸爸媽媽叔叔伯伯重新掌權，少爺們的好日子就來了。原來和他們的同學同伴哥們兒姐們兒都在"同一起跑線上"，一旦跑入社會，各人步伐的跨度就有天壤之別了：經商的平民從走街串巷擺小攤起步，積攢蠅頭小利養家，少爺則坐在家裏打電話拉關係賣批文一步不出門盡收天下利。從政的平民從科員到科長到處長可能就要奮鬥終身或奮鬥終身而不達，少爺則從科員到縣長到廳長到部長一步一個腳印步步踏實步步高升；平民處長到達退休大限之時，少爺部長卻正值進入最高權力圈子的最佳年齡。於是當今第一夫人演唱過的名歌"打江山，坐江山"就完整地落實了。剛剛過去的中共十八大，就是完成這六字真言的第一次循回。——如果把權力傳承嚴格分"代"，從毛澤東到鄧小平都只能算打江山的一代，屬於"始皇帝"級別，中間有個過渡代，是由對打江山並"無尺寸之功"（李慎之語）又與打江山者無真正血緣關係的家丁看著門，直到正統的紅二代回來坐江山。以後自然是照此辦理，代代相傳。以至萬代……"堅持黨的領導"了！

如此"堅持黨的領導"，盡得秦始皇的家天下和現代所謂"黨天下"的全部好處而避免其缺點：既保證了江山只在"自家人"手裏，又免除總把一家一姓置於人人可望取而代之的風口浪尖，"集體接班"皆大歡喜；既把"支部建在連上"驅動幾千萬黨員為王前驅管理人民，又絕不把天下在全黨分配每員只得三兩家平民的供奉（那還有什麼意思！），這就是有中共特色的專制主義了。這樣的"頂層設計"，精妙絕倫！

不過這個接班的集體就有很多腦袋，很多腦袋就有很多見解。雖然專政體制的特點之一就是把某一種見解"植入"全民的腦袋，使人人腦往一處想勁往一處使夢按規定做，可是這規矩只管百姓不管少爺，少爺們裏面是可以隨便想隨便說分為這派那派的：從"犧牲西安以東所有城市"跟美國打核大戰的到恢復新民主主義到實行憲政民主的都有，而接了集體班的"集體總統"哪一派都不想得罪都得罪不起，都要代表他們。這就是新上任的大阿哥為何在不短的時間之內連續發表互相抵觸互相拆臺言論的根本原因。聽眾們如果把它當真，那就只會跟著它神魂顛倒。所以只好不怕他空談如何誤國，只看他實幹能否興邦了。

作為與接班無關的天下小民，雖然眼球也跟著少爺們轉了好一陣，對於他們"父權子繼"的既定方針除了無奈之外，也還握有最後一張王牌，就是那條方針的必要補償：父債子還。天下也江山也都是你們家打下來的，你們怎麼傳我們都莫奈何，但是你家老爺子欠下的債，總該"法定繼承人"付還，這無論在法理上道義上都該是"普世價值"吧？

且不說那打江山時期的"千萬人頭"了（他們應該是革命家們最老的債主，不過已經過世多年了；連"延安兒女"開會都不見這千萬後代的蹤影），只說老爺們坐定江山以後的債務。多年以來，政壇造出一個新詞"敏感詞"，據我的理解，它的準確釋義該是"長期欠下又不想付還的債務"。按照這個定義，我們且按時序回溯敏感詞：

敏感詞"六四屠殺"。動用幾十萬軍隊，屠殺手無寸鐵的青年，而原因正是他們促請政府反腐敗，"蒼蠅老虎一起打"。老爺們那時夥同蒼蠅老虎大打其人民，所欠血債當然也就遺傳給了集體接班的新貴。何況新貴們也宣稱要繼承"蒼蠅老虎一起打"，實現當年犧牲者未竟之業呢！

敏感詞"文革內亂"。毛澤東說他做了兩件大事，一是建立了新中國，二是發動了文革。周老有光就此歸納說他建立了新中國，他破壞了新中國。後一件事是欠了全國人民的債。欠債的頭子是毛澤東，本來多數打江山的老爺也是該事件的受害者，可是當他們重新掌權以後，又奉毛澤東為正朔，說那些債是他老婆欠下的。實際上，這些為他粉飾的老爺們已經接過了毛的債務，該他們的繼承者還賬了。

敏感詞"大饑荒"。那是毛澤東領導下老爺們集體犯下的反人類罪行，為了實現自己的"強國夢""強人夢"，從千萬農民口中搶奪糧食，把他們活活餓死，人數超過幾千年餓殍的總和。這幾千萬餓殍想來並未計入幫助老爺打天下的千萬人頭的成本之中，但確是新政權治下老老實實的支柱，為它貢獻土地貢獻糧食直至生命。而老爺們是再再允諾過為他們的"長遠利益"奮鬥的，奮鬥到現在農民還是下無立錐之地。其實當年已有老爺知道這樣的事情是"要上書"的，"上書"就是記入賬本，遲早是要還的。

敏感詞"反右派"。這件事情不是一般的冤假錯案，而是老爺們"打天下"後 的一次"反革命政變"。在此以前，"打天下"的目標口號都是為了人民的自由解放直至實現"自由人的聯合體"的大同世界。到了此時才亮出底牌，打天下就是要搞"黨天下"，青出於"舊社會"而勝於"舊社會"，徹底拋棄自由民主西方那一套，而為實現"集體家天下"的今日模式過渡。那麼對於那以前所有為了那些美麗口號而奮鬥的黨內外志士而不僅僅是幾十萬或幾百萬個右派份子，老爺們都是負了債的。

這樣追溯上去，自然還有其它。不過僅此四種，就夠坐江山的少爺們為他們的父輩費神了。讀者想必已經看出，這樣沉重的債務，要少爺們償還，當是苦人所難了：他們該怎樣還？他們還得起嗎？此事不該旁觀的平民操心，可以提醒他們一句的，就是成功還賬的少爺已有先例，請看蔣經國先生。

2013 年 5 月 2 日於（美）密蘇里州

壓垮中華民族的那根稻草

今上下令做夢，我就奉命入夢。可是很慚愧，作為中共黨員，我雖六十年前就已受過一切服從黨安排的訓練，但是一入夢境，就心不由黨，夢來夢去，都夢不到"中華民族的偉大復興"；在黨白天喊他夢見什麼晚上就做什麼夢的先進同志面前，我真無地自容。而且更加不好意思的是，多少個夜裏我總做噩夢，夢見的總是壓垮我們民族的最後那根稻草。本文就來說說它。

猶憶童稚時，父母帶我去看電影《風雲兒女》，首次聽得銀幕裏響起歌聲"起來，不願做奴隸的人們！""中華民族到了最危險的時候⋯⋯"，從此對它記憶深刻，直到它成為我們的國歌。在喊出"中華民族到了最危險的時候"的 1935 年，日寇早已侵占東北搞起偽滿洲國，和關內搞得熱鬧的兩個中國三分國土，苦難的中華民族真是面臨壓垮自己的"最後一根稻草"了。所幸三國中華兒女終於團結起來，趕走日本鬼子，躲過了那最危險的一劫。哪知最危險的此劫躲過，最最危險的彼劫又來：殺戮自己人，剝奪自己人，餓死自己人，批倒批臭自己人，勞改勞教自己人，實行階級鬥爭為綱，自外於世界民族之林；中華民族再再面臨那根要命的稻草，走到"崩潰的邊沿"。真可謂沒有"最危險"，只有"更危險"啊。好容易熬到了"改革開放"，只是真正準備實行對內改革集權專制對外融入現代文明的志士次第被收拾下去，屬行"少數人先富起來"和"穩定壓倒一切"為綱，國家倒是"崛起"了，崛起的乃是馬克思主義理論意義上的"國家機器"軍隊警察監獄，以及餵養這個機器和它的主人們的龐大經濟；至於它對於中華民族廣大子孫的意義，茲引官方喉舌CCTV裏少有的幾位憑良心說人話人士之一柴靜的警告如下：

> 30 年後大陸礦產資源、煤炭石油等能源挖光；所有河流高度污染；環境也破壞殆盡；沒資源、能源和廉價勞動力支

持，血汗工廠大量破產；外國資本大量撤離，關上門陸續逃亡殆盡；到處是殘破的鋼筋混凝土建築、爛房子；只剩下十億餓殍。以前日本鬼子跑了，我們還有資源，以後中國鬼子都跑了我們怎麼辦？

柴女士描述的是多年以來破壞性的"向自然開戰"和掠奪性的向民工開戰以榨取驚人財富實行先富起來的報應，還未涉及上下交爭利導致爾虞我詐巧取豪奪無貨不假無食不毒的千古未有之巨變，比起七八十年前的那亡國滅種的危險，中華民族今天面臨的危險已是亡人滅根了。"以後中國鬼子都跑了我們怎麼辦？"柴女士此問還是問得太天真了。"中國鬼子"倒是成堆成捆地把金錢財寶老婆孩子二三四奶六親八戚往美國送，但是他們自己不到內鬥失敗或民族滅亡那天，是一定還會堅持領導我們而不會"跑了"的。

本來，中國大陸環境的破壞毒品的橫行，應該也是趕跑他們自己的最後那根稻草，可是他們卻有專制制度裏一個無敵盾牌保護著：首長特供制度！善良的人們可能不會料到，正是這個不見經傳也從未立法的制度，保護著今天中國所有主人穩坐在廣大人民頭上不動搖。中南海不用說了，那裏多年以來就有類似蘇聯克里姆林宮的"小白樺"專用商店供應特別生產基地的"貢品"、絕對無毒無害的食品香煙乃至文具電器，當國民恐慌於毒奶粉而傾巢出動買貴全球奶粉的時候，後宮的皇子皇孫皇曾孫放心享用著特供乳品。推而廣之等而下之，幾乎所有飲食起居用品所有上下衙門莫不如是，保證了特別的人兒的特別安全。

除了食品，現在連空氣也弄得無法呼吸了，乃有公司宣稱他們的空氣淨化機"進駐中南海，為國家領導人淨化空氣"，"在胡錦濤主席、溫家寶總理和其他領導人居住及辦公的中南海，至少安裝了200臺空氣淨化機。"不是說要"把權力關進籠子裏"嗎？這就是中國特色的籠子呢。可以設想，假使沒有這種籠子設防，那些和所有主婦一樣為兒孫健康憂心如焚的官內助們首先就會揪著丈夫的耳朵去打擊偽劣淨化環境，至少做好這一件"實幹興邦"的事情，順便解民於倒懸了。所以，切不可小看這個特供制度；如果說，幾十年前無中生有的階級鬥爭（胡喬木語）把中華民族分裂為"敵人"

和人民兩個階級，今天的無所不在的特供制度則實實在在地把她分裂成為免毒階級和服毒階級，前者錦衣玉食胡吃海喝面不改色悠然自得而後者居然"開始琢磨他是否要像戒煙那樣戒除米飯"（《紐約時報》專訪）了。難道最後壓垮我們民族的，竟是這個"籠子"嗎？

不過要保證籠內階級的安全，也得籠外階級的配合，就是說要服毒階級安於接受免毒階級的指揮天天服毒吸毒毫無怨言地懷抱兒孫走向死亡，如同當年那些脫光衣服懷抱孩子默默走進納粹毒氣室的猶太婦女一樣。當年納粹靠的是黨衛軍武力專政，中國特色的是多了一套"思想工作"。只須領導要你怎麼想你就怎麼想要你夢什麼你就夢什麼，事情就成了大半："攻心為上"嘛，這就是名震中外的宣傳部的工作。這項工作的最大障礙，在內是人心隔肚皮知人知面不知心，在外是"負面信息"林林總總瞬息萬變難預防，怎麼使人只信領導的話就成為該部的最大課題。多年的實踐證明，要人相信 A 不如禁人相信非 A，要禁人相信非 A 不如禁人知道非 A。所以儘管宣傳工具天天塞滿"正面信息"，還不得不進行一次再次的思想批判；進行思想批判雖然取得極大威懾效果卻同時傳播了等量的"負面信息"因而終極效果等於零，所以最好的辦法是封鎖一切負面信息只剩 A 信息。

這個主意其實就是一切獨裁政權的法寶，只是由於改革開放初期一度受到胡耀邦趙紫陽（還有習仲勛）們的干擾而多少有所收斂，現在終於被聰明的宣傳主管徹底想明白了，於是就在多年修建防火牆嚴打說真話的基礎上，出臺驚世駭俗的"不講"令，不准向青年傳授的內容聽說多達七個方面；這一命令可以預計的效果是中華民族的絕大部分將在 30 年內徹底無知化弱智化傻瓜化，不懂普世價值不懂新聞自由不懂公民社會不懂公民權利不懂司法獨立不懂統治集團的歷史不懂他們的屬性，當然也就絕不計較資源匱乏山河殘破飲食要命空氣污濁也不計較少數人的"特供籠子"，從而徹底地從人類社會孤立出去成為另一物種，好像當年瑪雅民族一樣無聲無息地走向消亡。——瑪雅民族的消亡原因各說不一，而我們則將安然地坐擁莫名其妙的"七不核心價值觀"，死亡於"國在山河破"的毒食毒飲毒空氣裏了。然則將要壓垮中華民族的，最終將是這根"七不講"的稻草呢，可不懼乎！

　　以上推論只有一個缺點，就是沒有考慮到一個擁有幾千年文明歷史和十幾億英雄兒女的民族，一個無數次戰勝過死亡稻草威脅而獲得偉大振興的民族，可以毫無反抗地接受這種致命的馴化嗎？如果她也"可以說不"並且於某時某地實行說"不"，爆發出歌聲"醒來，不願被毒死的人們"，情況將會如何呢？那根力壓千鈞的稻草，最後將壓垮什麼東西（或根本"不是個東西"）呢？

2013 年 5 月 29 日於美聖路易斯

又聞姓社姓資

　　農村老太太養雞下蛋賣了換油鹽錢,二十多年間被嚴令禁止,因為它姓資,小農經濟自發地產生資本主義嘛。以後平反改姓姓社了,屬於"中國特色的社會主義"。此後陸續又有包產到戶、商品生產和商品經濟次第改姓社而把資姓帽子移交下一個倒霉鬼戴著,最後戴到"市場經濟"頭上,到那市場裏已經公開出售權力出賣二三四奶了,才改姓社。眾所週知,這一連串姓這姓那的折騰都是經鄧老爺子一錘消音:"說來說去就是怕資本主義的東西多了,走了資本主義道路。要害是姓'資'還是姓'社'的問題。"這段話後來多被簡述為"不問姓社姓資",如同他的"不管黑貓白貓"理論一樣。其實這裏還真有點誤會。他下面的話是"判斷的標準,應該主要看是否有利於發展社會主義社會的生產力,是否有利於增強社會主義國家的綜合國力,是否有利於提高人民的生活水平。"——既然"不問姓社姓資"了,三條標準裏面卻有兩條"社會主義",還是未脫姓氏學的窠臼:什麼好用什麼就姓社嘛!而且說有利於社會主義的就叫社會主義,在邏輯學上屬於循環論證,學究們聽了會搖頭的。不過當上面有老爺子這樣的權威人物一言九鼎隨便賜姓而且規定"不爭論"的時候,這條指示還真起作用,所以上述一系列受到質疑的東西都一一改姓,為"社"家效力,成績斐然。

　　可是鄧公一去,權威飄零,賜姓的章法開始失靈。於是懷念"前三十年"的朋友們紛紛動作,質疑改姓的野種家庭出身不純,要對他們的歷史問題較真了。特別是老爺子欽點的接班人陸續下班,新來當家的上任以後就要求"清楚什麼是真正的社會主義道路,什麼是資本主義道路的問題",他要的主義"是社會主義而不是其他什麼主義",回到"要害是姓資還是姓社的問題"了:"判斷的標準"不是對人民對國家的利害,而是是否合乎某種"原則"即姓什麼戴什麼帽子。此門一開,種種姓氏學的大作趕緊問世,紛紛給當局喜歡的和厭惡的事情賜姓:前者姓社,後者姓資,把所有嚴肅的國計民生疑難雜症，選個帽子一戴了之。於是堂堂中央理論刊物推出了禪讓姓社憲政姓資的高論。新高論自然引來新反駁，於是理論界熱鬧了起來。不過就我所見，爭論的重點似乎還在姓什麼上面打轉：你說他是資壞蛋，我偏喊他社先生！反之亦然。然後大家眼睛朝上看，看"中央"又有什麼說法。

我想冒昧地插問一個蠢問題：為什麼姓資的就是壞蛋，姓社的才是先生呢？答案想來會是舉出資本主義的萬惡和社會主義的優越，可是我想再問一句，你說的是哪裏的資本主義和哪裏的社會主義呢？

資本主義的"萬惡性"在生活中，是實在的事實；社會主義的優越性在書本裏，是美妙的理想。拿事實和理想相比較而捨前取後，好像捨塵世美女專找月宮嫦娥求愛，其愚不可及也，只配打光棍了。至於不是寫在書本裏也是活在近百年歷史中的"社會主義"，從列斯的蘇維埃社會主義到希特勒的國家社會主義到柬埔寨的波爾布特社會主義再到中國五十多次政治運動再加槍口向內屠殺人民維穩至上壓倒人民的社會主義，其帶給人類的災難，哪裏是萬惡的資本主義可比！以致現在那些揭露資本主義"萬惡性"的文章裏所舉的罪惡，鎮壓人民剝削勞動民主虛假貪腐橫行，樣樣都像嘲諷現實生活中的"社會主義"。一定要爭個姓社的帽子戴上而洋洋自得，其智商也難超過那僅向嫦娥小姐發短信的光棍啊。

何況那些揭露資本主義萬惡的文章，所舉事例大多出自百多年前恩格斯的經典著作《英國工人階級狀況》"根據親身經歷和可靠材料"記述的當時資本主義。其實就在我們當代，就在我們國家，還有另一根據親身經歷做出評價的當代"英國工人階級狀況"，其作者乃是久經考驗的無產階級革命家（而絕非所謂漢奸右派帶路黨）王震將軍。他在上世紀七十年代末出訪資本主義英國，專門去訪貧問苦查看失業工人苦難的家庭，到走出那人的獨立房（single house，我們莫名其妙地把它稱作"別墅"）後，卻大發感慨說："我看英國搞得不錯，物質極大豐富，三大差別基本消滅，社會公正、社會福利也受重視，如果加上共產黨執政，英國就是我們理想中的共產主義社會。"且不論對於那位失業工人來說增加一個"共產黨執政"會使他好到哪裏去，就憑這個終身為共產主義奮鬥卻僅在書上見過它的老戰士的眼睛，也能證明現代資本主義和書上共產主義（更無論它的"初級階段"社會主義）並無那麼深不可測的鴻溝，更不是你死我活的世代深仇，倒正如馬克思和恩格斯所預言，"科學"的社會主義乃是資本主義的生產力全部發揮出來以後且在自身胎胞裏孕育的產物，實為母子血肉相連，何至於怒目相向互不相容呢。

其實無論治國大業還是生活起居，其評價標準在剪不斷理還亂的姓社姓資以外，還有一個更為實際更少歧義也更加基本的界限，就是文明和野蠻的界限。查人類的歷史從根本上說無非是從野蠻走向文明的歷史、走向告別禽獸的歷史，直到實現包括馬克思在內的先哲所主張的人的徹底解放。這段歷史發展至今，從寬說也不過幾十萬年，嚴格一點呢才萬把年，至今在我們的生活裏還是文明與野蠻齊飛，獸性與人性並存，其界限乃在是否告別禽獸而把人當人也把自己當人。大至治國方略頂層設計，小到吃飯戀愛打架信教，都有這樣的分別，而且（很不幸）時時都在文明和野蠻之間徘徊。經驗證明，至少已經文明了幾千年的人類，未必總能一帆風順地"進化"下去的，一不小心就十分容易恢復獸性重操獸業。作為佐證，茲引一段發生在我們這塊土地上的當代歷史如下（引文煩禁兒童閱讀）：

　　在武宣（廣西自治區一縣名——引註），像大疫橫行之際吃屍吃紅了眼的狗群，人們終於吃狂吃瘋了。動不動拖出一排人"批鬥"，每鬥必死，每死必吃。人一倒下，不管是否斷氣，人們蜂擁而上，掣出事先準備好的菜刀匕首，拽住哪塊肉便割哪塊肉。一人告我一生動細節：某老太太搶割了一葉人肝，高高興興拎回家去。其時正下微雨，人血和著雨水從肝上流下來，在老太太的身後留下長長一條淡紅色的血痕。還有一老太太聽說吃眼睛可補眼，她眼神兒已不好，便成天到處轉悠，見有"批鬥會"，便擠進人叢作好準備。被害者一被打翻在地，她便從籃子裏摸出尖刀，剜去眼睛掉頭便走。有幾位老頭子則專吃人腦。砸碎顱骨取腦頗不易，便摸索出經驗：每人攜一精細適中之鋼管，一頭在砂輪上磨成利刃，當人們割完人肉後，他們才慢悠悠擠過去——反正沒人與他們搶人腦——每人在人腦上砸進一根鋼管，趴下就著鋼管吸食，如幾個人合夥以麥管吸食一瓶奶！有婦女揹著孩子來，見人肉已割盡（有時連腳底板的肉全割淨，只剩一副剝得乾乾淨淨的骨架），萬分失悔：孩子體弱多病，想給孩子吃點人肉補補身子。——至此，一般群眾都卷入了吃人狂潮。那殘存的一點罪惡感與人性已被"階級鬥爭的十二級臺風"刮得一幹二淨。吃人的大瘟疫席卷武宣大地。其登峰造極之形式是毫無誇張的"人肉筵席"：將人肉、人心肝、人腰子、人肘子、人蹄子、人蹄筋……烹、煮、烤、炒、燴、煎，制作成豐盛菜肴，喝酒猜拳，論功行賞。吃人之極盛時期，連最高權力機構——武宣縣革命委員會的食堂裏都煮過人肉！

記載這段連史前時期都不會有的群眾性吃人運動的史料，題為《廣西吃人狂潮真相》，事在前述五十多次運動之一的無產階級文化大革命運動中，廣西全區在革命委員會和駐軍的領導下刮起"階級鬥爭的十二級臺風"，屠殺老中青幼嬰"階級敵人"九萬多人，殺人以後，不少縣鄉有領導有組織地掀起吃人運動，其景概略如上。當該文作者鄭義採訪當年領導吃人的一位中共支部書記時，"談起往事，他如同談一件與己無關的閑事，談笑自若。""他談起人肝的種種吃法，我突發一異想天開的問題：'人肝怎麼做最好吃？'他答道：'烤著吃最好吃，香。煮的有腥味。'——上帝啊，他們吃過多少人呀？"

上帝啊，他們是多麼容易淪為畜牲、淪為畜牲都不如的東西呀！畜牲也極少吃同類的呢！可是上述野蠻罪行，在當時曾被冠以"無產階級專政下的繼續革命"的稱號而姓了社，以後又被歸入四人幫復辟資本主義的罪行改姓資；其實，它哪裏配享人間這個那個"主義"，只能算是"不如畜牲主義"啊！時至今日，那些把弱勢人群訪民攤販拆遷戶視同寇讎、把不跟自己一條心一股勁一個樣的異議人士當做天敵的種種惡行，莫不閃爍著吃人怪獸的兇相，恨不得把無端懷恨人兒的心肝肚肺"烤著吃"個光；也還有些當年吃過人的過來人念念有詞盼著再來一次文革再享一次人肉筵席，都屬現世的"不如畜牲主義"。——當這個主義還在時刻威脅著人類文明的時候,那些紅著臉兒扯著嗓子大爭姓社姓資的朋友啊,你們不會學得聰明一點嗎?

2013年6月24日於(美)聖路易斯

誰是"真正的共產黨人"

"後三十年"開始的時候,實行"撥亂反正",不按前三十年的規矩搞政治運動,官民都鬆了一口氣。現在又說不能否定前三十年,電影《芙蓉鎮》街上那廝又該敲鑼歡呼"運動了!"先是一部分人先運動起來,就是八千萬中共黨員的整風運動。運動的目標是辨別誰是"真正的共產黨人",清除偽共產黨。對於一個政黨特別是 G2 大國的執政黨來說,自己清理假冒偽劣份子,也是當然之舉;即使使用運動的辦法,感到氣緊的也只是那些混入共產黨內的假貨,活該!

可是這裏的要點,乃是衡量真假共產黨人的標準是什麼。查前三十年的政治運動所以禍國殃民不得人心,非因它公示的目標為打倒好人,而在它分辨好壞的標準恰恰是以好為壞以壞為好:"幫助黨整風"的人壞,幫助黨專制的人好;反對瞎吹畝產十萬斤的人壞,論證畝產還可幾十萬斤的人好;說"人相食,你我要上書的"人壞,說"形勢不是小好而是大好"的人好;反對文革的人壞,擁護文革的人好,如此等等;三十年間就是這樣在整肅壞人的口號下不斷地排除好人批判好人關押好人槍斃好人的。那麼時當"不能反對前三十年"的當今,還會延續前三十年的路子繼續砍殺下去嗎?會不會把黨整來只剩假冒偽劣的東西呢?

所以,作為中共黨員,我不得不關心這次分辨"真正的共產黨人"的真正標準是什麼。

這個標準其實不難找,中共自己的黨章就有明白的規定:"承認黨的綱領和章程。"中共自建黨以來,開過十八次代表大會,會會都議出新的黨章,但是對於黨員的起碼要求一直未變。從 1921 年在南湖船上通過的第一部章程(原稿係俄文,譯名叫"綱領")規定"凡承認本黨黨綱和政策,並願成為忠實的黨員者,經黨員一人介紹,不分性別,不分國籍,均可接收為黨員",到半年以前的

第十八部章程規定"承認黨的綱領和章程，願意參加黨的一個組織並在其中工作、執行黨的決議按期繳納黨費的，可以申請加入中國共產黨"，這項標準始終未變。所以，承認黨章者為真，否認黨章者為假，夠簡單了。

看官想來會笑我幼稚了。那些假貨家夥哪裏會公開說他不承認黨章呢！你連"聽其言而觀其行"的古訓都不懂嗎？是的是的，這樣的假貨的口說是不能為憑的。不過人所共知，中共吸納的都是人群中的先進份子，心口不一的總是極少數，而且早就被"群眾"（這是目前恢復的前三十年的老詞之一）看在眼裏，只要再來一次"幫助黨整風"，立即就會顯現原形。而我所擔心的，卻是那些真正"承認黨章"的人們裏面，也有不同的"共產黨人"，這才是難辦的呢。為何如此，且容細說。

如上所述，中共的黨章已有十八部之多，這部那部之間，內容變化甚大，甚至互相抵觸。遠的不說，只說如今在世的絕大多數黨員，入黨宣誓所承認的黨章，就有從 1945 年黨的七大到 2012 年十八大通過的 12 部，所有向黨旗宣誓承認且踐行時行黨章的人自然都是當時的"真正的共產黨人"，但是到了黨章發生重大變化以後，如果他們仍然忠實於自己誓言，他們還是……"真正的"嗎？究竟堅守自己的誓言者和即時放棄誓言者，哪個算"真正的"呢？以鄙人為例，我入黨承認的七大黨章宣布黨"為建立獨立、自由、民主、統一與富強的各革命階級聯盟與各民族自由聯合的新民主主義聯邦共和國而奮鬥"，可是中國大地上至今未見這樣的"聯邦共和國"，並且把那位主張實行聯邦制的黨外人士抓起來判重刑。那麼我如堅持當年誓言繼續為這個目標奮鬥，則連做個真正的公民都可能沒有資格；而如果選擇背棄誓言跟著黨走，那麼我當年的誓言就是向黨撒謊因而成為假冒的共產黨人了。怎麼辦？

作為小小"群眾"黨員，我怎麼辦自然無關宏旨，可是那些黨政大佬們，也有這個問題呀。他們身上存在的當年誓言和現在任務之間的矛盾，影響甚至不僅及於整風運動了。茲以本屆政治局常委為例，他們作為真正共產黨人所宣誓承認的黨章，就有八大黨章（宣誓人一）、九大黨章（宣誓人三）、十大黨章（宣誓人二）和十二大黨章（宣誓人一）；七人裏面承認九大十大黨章的占了五人。

查九大黨章分明宣示"我國的無產階級文化大革命，就是在社會主義條件下，無產階級反對資產階級和一切剝削階級的政治大革命。"十大黨章更規定"這樣的革命，今後還要進行多次"。我相信從八千萬黨員中選拔出來當最高領導的這些同志，當年絕無賭假咒欺騙黨的卑劣動機，是真正的共產黨人，決心實行無產階級專政下的繼續革命，把無產階級文化大革命進行到底的，哪怕那場革命會把他們的老子埋進萬劫不復的深淵。可是他們又是開過七八次黨代會改過七八回黨章以後的中共領導人，九大十大黨章裏面那些禍國殃民包括禍他老子的文字，早被後來的黨代會撥亂反正了，如果依然不改他們的誓言，他們還可繼續算是真正的共產黨人嗎？事實上至少他們中間的部分人，例如那位主管意識形態的劉雲山同志，他對待媒體對待文人對待十幾億個大腦的章法和手段，就一如他於1971年入黨對九大黨章宣誓時的"全面專政"且有創造發展。而十大以後的1974年入黨的最高領導習近平同志，更在掌權以後宣布對於三十年前那次撥亂反正的"撥正反亂"："不能否定"那場把國家民族和他老子拖入曠古浩劫的全面內亂了。這些自然說明他們兩位都是當年真正的共產黨人，可是這種黨人不是和本黨《建國以來若干歷史問題的決議》對著幹嗎？看來，要當一個"真正的共產黨人"，對於自己的入黨誓言，倒真出現了一個哈姆萊特之問——"改還是不改？這是一個問題"啊！

　　這個疑難問題究竟如何解決，不該筆者操心。好在整風還才開始，依照舊制，總該有領導運動的什麼幾人小組去頭疼。這裏要說的是這個問題的副產品，就是它透露給廣大"群眾"包括"群眾黨員"一個重要信息——是否"真正的共產黨人"，對於我們其實沒有多大關係；近百年間中國人民的禍福悲歡中華民族的興衰成敗，其製造者其實都是真正的共產黨人。我們真正應該關心的是，他是承認和踐行哪部黨章的共產黨人。——這好像並非此次運動關心的問題了。

2013年7月20日於（美）聖路易斯

一篇博士論文和兩個三十年

據網訊，新領導習近平近來解釋他的"不能用改革開放後的歷史時期否定改革開放前的歷史時期，也不能用改革開放前的歷史時期否定改革開放後的歷史時期"論（通稱"兩個三十年不能否定論"），說那是因為"現在一些人，把改革旗號當做老虎皮，不讓人民群眾說話和評價。我看是有人打著改革的旗號反改革。"這個解釋實在高深，不知哪位大師能夠從否定"把 A 當做老虎皮不讓批評"的因，推導出"所以'A 時期'不能否定'B 時期'，'B 時期'也不否定'A'時期"的果來。請問看官你能不能？反正我不能。

我想我之不能或因我非博士，而他則是（雖是所謂"論文博士"即只交論文不到校上課的中國特色博士）。為了一窺這種博士獨特的推理方法，我在網上找到了他的法學博士論文《中國農村市場化研究》。順便說，查找此文很費了我一番功夫，大陸甚多網站徒留其（篇）名或只見其（封）面而隱藏其詳，甚至乾脆宣布"根據相關法律法規和政策，'習近平博士論文'搜索結果未予顯示。"好像其文一如其人，進入中南海以後就被錦衣衛簇擁保衛起來了。我既終於取得，自然不該學他們搞"未予顯示"，有興趣的讀者可以從此鏈接觀賞到它[7]。

我其實尚未細看其詳，只看一眼那論文的題目就大悟且大樂：研究"農村市場化"，這不就是直接否定那第一個三十年嗎！那近三十年間本黨在農村中也致力於搞"化"：集體化合作化公社化，即現在當局一再宣稱當時建立起的"社會主義基本制度"；化到後來，連老太太養只雞去趕場賣幾個雞蛋買鹽巴，都被當做大敵當前嚴加取締，更無論"市場"了。而該論文研究和倡導的"市

---

[7] http://ishare.iask.sina.com.cn/f/35861334.html?sudaref=www.google.com&retcode=0

化", 乃是直接對前幾"化"的根本否定。前化的方向是"消滅私有制"並實行全國一盤棋甚至全球一盤棋的計劃經濟, 後化的基礎卻是確立千百萬商品生產者經營者的獨立地位, 以建立全國的並參與全球的市場經濟; 前化建立的是名為"公有制"的(多數人的)"私無制"加(少數人的)"有公制", 後化則必須保護商品生產者的財產權以建立產權明晰的交換關係。這些對比雖然不是該文的主要內容而是它當然的前提, 但是在其內文裏也有明白的表述:

> 黨的十一屆三中全會以後, 家庭聯產承包責任制的確立, 使農民成為獨立的商品生產經營者, 這是農村市場經濟體制得以建立的基礎和關鍵。(p.35)

> 農村市場經濟是在計劃經濟的大環境中進行的, 是大環境中的小氣候。……從總體看, 國家的經濟體制沒有發生根本改變, 只是通過這些來彌補計劃經濟的缺陷與不足。……農村經濟體制改革被限制在一定範圍內進行, 不可能形成完善的市場經濟體系和機制。(p38)

> 計劃經濟體制已被實踐證明是一種僵化、缺乏活力的經濟體制, 難以推動經濟的發展; 市場經濟雖然具有很強的生機和活力, 但也存在著自發性、盲目性和追逐眼前最大利益等副作用。經濟體制轉軌時期, 計劃經濟體制的頑症和市場經濟體制的痼疾, 在一定條件下會形成劣勢組合, 對農村市場化建設產生消極影響。(同頁)

我們且把這樣明明白白否定一大二公計劃經濟的論文, 放進"前三十年"的各個時期裏去, 看它會惹出什麼事, 會不會受到"否定", 或者受到怎樣的"否定"。

先從作者出生那年, 1953 年, 說起。毛澤東正是在那年突然拋棄中共建立和鞏固新民主主義社會的約言, 宣布要搞"社會主義改造"的。改造的重點之一就是農業, 要把農民剛剛分得的土地歸"公", 實現"耕者無其田"; 特別是規定了主要農產品糧食(以後又增加油料和多種經濟作物)實行國家"統購", 按照極低的定價把所有"餘"糧上繳國家。這就是使千年來貿易頻繁的農村突然沒有了"市場"以及該文所稱幾十年後才開始"農村市場經濟初級階段"的原因。在那個時候,假使作者從娘胎裏就帶來這篇論文且以嬰兒之身榮任省級幹部(根據現在已經有幾歲的官二代娃娃當公務員領薪水的事實,這樣的假設未必是胡扯),那麼這也並非他家之福:他犯罪了。

當時尚無"反黨反社會主義"的罪名(以後很快就會有的),至少"反統購統銷"之罪是鐵定的了:你要搞農村市場化,要國家到市場上去和農民討價還價買米買麵呀?不過鑒於他的省級幹部之身,最有可能的下場是在次年的反對"高饒反黨集團"的大案裏做出一份貢獻,把高崗麾下的"五虎大將"變成"六虎"——那"五虎"裏面已有一位以後為國做出很大貢獻的經濟學家兼領導幹部馬洪同志了,該文作者參加進去,為那個集團再添一份罪狀吧。

如果那論文遲幾年、譬如 1957 年提交,那就更糟了。查那年的冤大頭右派份子定罪標準的第一條,就是"反對社會主義,反對城市和農村中的社會主義革命,反對共產黨和人民政府對社會經濟的基本政策(工業化、統購統銷等);否定社會主義革命和社會主義建設的成就;堅持資產階級立場,宣揚資本主義制度和資產階級剝削。"要求在農村"根本改變""國家的經濟體制",當然是"反對農村的社會主義革命";說計劃經濟體制"是一種僵化的、缺乏活力的經濟體制",當然是"否定社會主義成就";宣揚"家庭聯產承包責任制"和"使農民成為獨立的商品生產經營者",當然更是"宣揚資本主義制度和資產階級剝削"。這個右派,作者該是當定了。

再往後走,且不說如果 1959 年會裏進彭德懷右傾機會主義集團兼軍事俱樂部裏,提前幾十年取得黨政軍要職一身兼的可怕下場;就算躲過那一劫,跟著就有更加適合的罪名等著。從 1963 年起的"四清運動"中,有一幕針對"修正主義市場理論"的大批判,其靶子是長期主張在經濟建設中遵守價值規律的經濟學大師孫冶方。"遵守價值規律"是什麼意思?就是不迷信人為"計劃"的荒謬聖旨而遵守商品市場的客觀規律。這條理論一時獲得經濟學界廣泛同情因而成為一股大逆不道的"修正主義逆流",由康生、陳伯達等大佬出面組織思想鎮壓,罪名是"妄圖破壞社會主義的經濟基礎"，連續批鬥了七八年，鬥到文化大革命開始後的1968年，又關進監獄七年零五天。要是當年康生們又抓住了這篇"農村市場化"的反動文章，當會喜不自勝，把它的作者打翻在地再踏上一只腳的。

我讀這篇論文，本來只想看看作者獨特的推理方法，不料竟用它證明了和該作者"兩個三十年都不能反對"理論相反的東西：合乎某個三十年的思想理論政策方針，不能不與另一個三十年的互相"反對"。這個結論，對如今全黨的新領導固然不算恭敬，可是吾固愛領導，吾更愛真理啊。還有一點題外的話。我日前把他的這篇大作寄給一位理論界的朋友（姓名未予顯示），請他以內行的眼光評價該文的質量。昨天得到他的回信，全文如下：

> 一龍兄：這是一篇典型的中國式博士論文，套話連篇，空洞無物，言不及義。農村市場是一個很大的題目，可以說囊括農業經濟中生產、流通、分配、消費各個領域。論文實際上只講了農產品市場化問題，根本不談農業經濟中最重要的生產要素：人（勞動力）和土地（所有權）。城鄉二元化的戶籍制度限制了農村勞動力的市場化，土地的公有制限制了這一主要的生產要素的市場化。翻不過這道坎，現代化市場只是一句空話。你說呢？

我說這位朋友是個只看試卷內容不問考生身份的閱卷嚴師，看來此卷的質量真無法使它的作者光彩起來了。不過這對他也非全無益處。假使"前三十年"突然於某日宣布復辟（從新領導班子近來的舉措看，這樣的現實可能性是存在的），追查一切反黨反社會主義反毛澤東思想的言論，那麼上面這封信倒可作為對該文的辯護依據，由辯護律師指出它的"空話性"即無效性，做"反黨反社會主義反毛澤東思想未遂"的輕罪辯護。——假使那時還可以有律師，還容許作法庭辯護的話。

2013年8月29日於（美）聖路易斯

夏健強班的男生和中南海裏的男兒

2013年9月15日，中華人民共和國（主席習近平）最高人民法院（院長周強）核准處死以出賣小吃為業，不偷不搶遵照社會主義按勞取酬原則在社會主義中國謀生而被捕、而挨打、而自衛成功的遼寧小販夏俊峰[8]。此事已經進入歷史，是非也有定評，本文不議。我只慨嘆於學史多年，要在中外古今歷史中再找到一個動用國家力量組織專門武裝以剝奪社會最低層最無助人群的最後生存門路為業且為樂的政權，找不到。

本文說的是那位依法被殺的小販有個兒子名健強，聰明好學，特別是秉賦繪畫天才。上幼兒園時，老師建議他的父母給他報個課外繪畫班深造，免得把天賦浪費了。須知當今中國所有"課外"的什麼班，都是要向家長而不是政府收錢的，這叫做"改革的成本"，該下層人民負擔。可是已經作為敬獻"改革的成本"而下崗多年的健強（是名字而非形容詞）父母哪裏還有閑錢貢獻，但是為了兒子的前途，這對技校和高中畢業生夫婦就幹起"炸串"的活，在街邊擺攤賣小吃。這一職業，在即使最最"萬惡的資本主義社會"也是正當的合法的，可是他們在社會主義祖國幹起來就得偷偷摸摸，一聽"城管來了"馬上收攤逃命，——這種鏡頭在抗日電影裏叫"鬼子來了"。據報道，這家中華人民共和國公民為躲避"鬼子"，"白天幾乎不敢出攤，大多是等到黃昏以後……一幹就幹到凌晨三四點鐘。"如果不是2009年5月16日（"五一六"！真不是個好日子！）他們聽說有個城管結婚而誤判當天不會有"來了"，而居然敢在光天化日之下擺攤經營自己的勞動產品，因而遭遇了城管，因而闖下滔天大禍，——如果沒有這些，這個孩子也算生活在

---

[8] 沈阳小商販夏俊峰夫妻于2009年5月16日在马路上摆摊，被沈阳市城管执法人员没收生產器材並抓進勤务室"發生爭執"，乃用随身携带的切肠刀刺死城管队员兩名，重伤一人。以"故意殺人罪"被處死刑。

偉大祖國幸福的陽光裏吧。

　　話說大禍之後,強強也就遭殃。他在學校裏自然沒有學過為何賣東西犯法搶東西倒合法了,為何自家的液化氣罐被搶奪卻叫做"登記保存",也想不清楚那麼慈祥的爸爸為何就成殺人犯了,所以只有迷惘。而同樣迷惘的則是強強的同班同學,他們倒是按照黨的一貫教導分清好人壞人立即和壞人的孩子劃清界限,開始疏遠他孤立他有些更積極的則毆打他。這一打倒把他打清醒了:絕不還手!每天回家,鼻青臉腫,媽媽看得好心疼,問他挨了打為何不還手。他說別人打我,打一下我不還手,打兩下我不還手,到第三下人家就不打了。要是我還手把人家打死了怎麼辦?其實沒過幾天,同學就從網上知道了夏家事件的真情,於是全班男生開了個會,決定從此不許任何人欺負強強,如果有人對他動手,大家絕不放過他!

　　我向強強那班所有男生致敬,他們各個都是真男兒!比較起中南海裏那些成天男兒不離口卻毫不認錯毫無擔當只敢從娃娃抓起拿小販開刀的懦夫來,他們是真正的男兒!

　　而且我預言:他們這一代娃娃,遲早會進中南海的。到那時,那裏將無人不是真男兒(包括女長官)了。

2013 年 9 月 26 日於（美）密蘇里州

怎樣走路

——致我的代表

我曾寫過一篇文章《怎樣下樓》，是鑒於大陸中小學常常發生學童們踴躍下樓互相踩踏不幸傷亡的悲劇，希望老師們教教孩子怎樣有秩序有禮貌地安全下樓。今天這篇文章則教走路，不是為了懵懵懂懂的學童，而是像模像樣的成人、本屆黨代表大會的代表——我的代表們。自五年前的十七屆黨代會起，各級黨代會的代表開始實行"任期制"，所以他們在大會開完以後雖已無會可開，但在五年以內還是我的代表，還有責任傾聽我的意見。

大家記得，在去冬勝利閉幕的中共本屆大會上，代表們一致通過了《堅定不移沿著中國特色社會主義道路前進 為全面建成小康社會而奮鬥》的報告，其中講到走路問題說，我們"既不走封閉僵化的老路，也不走改旗易幟的邪路。"代表中沒有人反對這句話甚至無人對它提出疑問。從那時起，我就在琢磨此話的意思，越想越覺得玄乎，有這樣只走某條路不走其他路的人嗎？怎麼走？

以代表們去人民大會堂開會為例，看你們怎麼走。大會堂坐落在天安門廣場，北依長安街，南臨前三門，東西還各有廣場東西側路。路已不止一條，但是它夠你們走嗎？

我親愛的代表，你們中的絕大多數住在全國各地什麼大廈什麼花園什麼大街小巷什麼鄉鎮村寨，你們的腿有那麼長，能夠從家裏一腳就踏上上述北京某條街嗎？你們不是需要從自己門口的那條路開始走，再坐車船飛機，從各條道路晉京，再坐迎接你們的專車，從各條街道進入各個賓館，再經若干街道被送進大會堂嗎？你們怎麼能夠不走這路不走那路只走某一條路呢？你們代表我選出的那位總書記說"道路問題是最根本的問題"，要是他說得對，那也表明那"最根本的道路"根本不是誰能統一規定的，它就是你們腳下的那千百條路，只有踩著你腳下的路，才能到達人民大會堂或者其他什麼確定的地方。——這話倒是大實話，不過這就等於說，不管哪條道路都是"最根本的道路"，不是廢話嗎！

你們會反問了："不管哪條路"？那麼你是主張走老路走邪路的囉？你要讓我黨我國我們走到哪裏去？

聰明的同志們，這正是我準備告訴你們的。"哪條路"和"哪裏去"是兩個根本不同的問題。前者起自你的腳下，由不得你選擇，只好沿著路走；後者指向你的目標，目標由你決定，錯了該你負責。查所有的道路（死路除外）至少都有兩個端口，所有端口都鏈接其它的道路指向特定的目標。條條道路通羅馬，也通人民大會堂；同理，條條道路也遠離羅馬遠離人民大會堂，要是你背過身去反其道而行之的話。不管你在哪條路上，你面向哪個端口走向"哪裏去"，才是"最根本的問題"，才是你真正應該當心的。

這就具體說到有名的"老路""邪路""特色路"之說了。從你們通過的文件裏，似乎真有這麼互不相通又互能比較的三條路擺在眼前，任君跳躍其間隨意選擇的。其實所謂"有中國特色"的路並不新鮮，五千年來國人走的都是；並且有史以來全人類也都走的有自己家國特色之路，無可選擇。而你們所謂"邪路"不過指的"西方"之路，當然具有鮮明的西方特色，你想走也走不上去的。只有那條"老路"是我們腳下的路，幸或不幸都該我們自己走的，問題是朝哪個方向。須知幾十年來，你們代表們和我們普通黨員一樣，走路總由黨領著，不由自主的；也就是說，黨領導我們走了幾十年的封閉僵化的老路，十一屆三中全會以後宣布不走了，以後各次大會又宣布一遍如儀。其實這路之所謂老，只在於我們的"前三十年"只朝著它的一端，朝著封閉僵化的方向（官媒如今承認它是"傳統社會主義"之路了）走；如果我們不想封閉兼僵化，只須轉過身走向它的另一端，回頭是岸迷途知返，走向開放和改革，不用另行征地拆房大搞基建，自然更不用苦練彈跳功夫一步登天，路還是那一條，風景和前途卻大不相同，路名也就變成改革開放之路了。不是說兩個三十年不能互相否定嗎？從我們六十年來始終走在同一條路上這一點，此話也有根據；只是它掩蓋了在該路上來回折騰的歷史：先是走向封閉僵化，一直走向秦始皇還要"大膽往前

（後）走"；後來轉過身起步改革開放走向現代文明，才走幾步又轉過身去唱紅打黑更加封閉更加僵化。這樣走路，這樣領路，靠譜嗎？

　　課上到這裏，該做總結了。總結一點請予牢記：人類歷史從古到今，道路走過千條萬條，從大方向看只有一條,就是從動物到人類，從野蠻到文明，從特色到互補，從黑暗到光明，這就叫做歷史潮流滾滾向前，也叫普世價值或普"適"價值。路就在你腳下，總是從一端到它端，或前進或反動，看你走向何方，這才是比"最根本的問題"更根本的問題啊！在這一偉大的歷史進程中，總有人（確切地說應為"類人"）鄙棄前進方向不走前進方向而轉身180度反其道以走入苦海走進叢林，這才使走路成了"問題"，搞得在擁有幾千年歷史文化的泱泱大國執政的泱泱大黨在其黨代會上鄭重選擇這路那路而隱藏其根本——"你往何處去？"

　　本文只傳授走路的根本原理即方向原理，並不規定你往何處去。後一問題該由行者自定自負其責且對你們所代表的全黨黨員和你們領導的全國人民負責，這個責任可不是說著玩兒的。為供你們選擇參考，在此不妨講個有關選路的小故事。多年以來有首唱走路的紅歌，名叫"我們走在大路上"，其詞想來你們都熟悉：

　　　　我們走在大路上
　　　　意氣風發鬥志昂揚
　　　　毛主席領導革命的隊伍
　　　　披荊斬棘奔向前方
　　　　向前進
　　　　向前進
　　　　朝著勝利的方向

　　你們想必愛唱這首紅歌。不過我敢斷定，你們唱它的時候一定沒有想過，這首歌兒和你們在大會上投票有何關係。告訴你們吧，這首歌正是你們投票贊成走什麼路不走什麼路的理論依據或指導思想：只要走上"大路"了，就一定會"朝著勝利的方向"！所以你們一聽不走這路不走那路要走什麼好聽的路就急急忙忙投了贊成

票,而不問問路的哪一頭是、或者各是誰的"勝利的方向"。就拿這歌來說,請聽它的下一段:

> 萬里河山紅爛漫
> 文化革命勝利輝煌
> 工人階級領導一切
> 七億人民鬥志昂揚
> ……

原來那方向乃是"文化(大)革命勝利"!文革的勝利也就是"給黨、國家和各族人民(按即歌詞中的'工人階級''七億人民')帶來嚴重災難的內亂",這結論是中共關於黨的歷史問題決議中指出的,"親自發動和領導"其事者偉大領袖毛澤東責任非輕,歷史尚待追究其"內亂罪"呢。而此歌的作者李劫夫先生,雖然不是什麼革命領袖、無權指引革命道路,可是究竟是 1937 年奔赴延安的老革命,一生創作革命歌曲,從"爹親娘親不如毛主席親"的親領袖疏父母到語錄歌"造反有理"的跟領袖反一切,總是人如其歌身體力行,一直意氣風發沿著那條"大路"走。在準備繼續歌頌黨的接班領袖林彪同志、創作《緊跟林主席前進》時,不幸緊跟林彪落了馬,被送進"學習班"檢查交代,追究他胡亂指路的責任,真是活天冤枉,氣得心臟病發,嗚乎哀哉了。以為自己走上什麼名字響亮的道路就可以隨意折騰的人兒們,要小心啊!

2013 年 10 月 20 日於深圳蛇口

看不懂"改革決定"

三中全會落幕，公報決定發表，觀眾有的點頭，有的搖頭。我參加的是點頭派，原因是會前我對它根本不抱一線希望，現在看文件說他們還是要改革，有人已經計算出《決定》裏把這兩個字寫了137遍，比胡溫主持的十六、十七兩屆三中全會還多。自然不能憑念咒多寡論英雄，我更看中的是那位新領導一年來念念有詞的種種讓人聽得頭皮發麻的另一種咒語，一個男兒兩個三十年三個自信七個不准八一九講話九號文件等等，除了抄來的"三個自信"以外，都沒有在新全會的新文獻裏露臉，這本身也算一點"改革"吧，加上的確宣布要改掉幾項劣政，所以我點了頭。

點頭之後，就細讀文獻；先讀《公報》，後讀《決定》。可是越讀得細，越感痛苦。兩個文件，近四萬字，每個字我都認得，合起來卻問題叢生，不得要領，怎麼也不懂了。看那些有學問的先生寫文章解讀其中堂奧，說它怎麼怎麼了得，要為我們開闢黃金十年，真是對他們羨慕極了，他們怎麼這麼聰明而我又為何如此愚鈍呢？

我遇到的頭一個問題就是，文獻裏說的改革，究竟是個什麼東西？依我原先的理解，我們現在說的改革，是指過去我國按照"傳統社會主義"模式人為搞出來的一套生產關係和上層建築，嚴重阻礙了生產力的發展毀壞了人民的生活消耗著國家的實力威脅著社會的延續，實在走到了"崩潰的邊沿"，才開始改弦易轍，實行從十一屆三中全會以來的改革；改的就是那套生產關係和上層建築。而現行的文獻（包括講解文獻的總書記）則說："實踐發展永無止境，解放思想永無止境，改革開放永無止境。"這是講人的思想和行為必須隨著"實踐發展"而不斷更新；這樣的"改革"，不是發生在每天每地每人每事上面，如同穿衣吃飯睡覺起床一樣平常嗎？這些事情你說它是改革和說它是任何別的東西例如"生活""行動"甚至"表演"，有什麼區別呢？改革失去了特定的目標，令我不懂。

要是正確的答案真是後者，那麼這些文獻就是可以理解的，它既"全面"得無所不包，又"深入"得連市場准入"負面清單"的功能、工商註冊改"先證後照"為"先照後證"的次序都予規定。因為那都是"實踐在發展"必須應對的舉措；按此類推，如果規定適應霧霾猖獗的"實踐"，應將廣播體操由室外改入室內、由暴露口鼻改為佩戴面具，也是可以或簡直應該寫進去的。如果不該這樣理解，而認為我們的改革是因應中國特色的戰略性的"革命"，並且它已經"進入攻堅區和深水區"了，那麼作為執政黨中央的戰略性文獻，似乎應該也只須指出改革三十多年以後它的"堅"敵何在水有多深和制敵戰略，而讓有關立法部門、行政部門或者本次會議成立的全面深化改革領導小組去制定應對細則。當今領導人的精神教父毛澤東在《矛盾論》裏論證的抓住主要矛盾和矛盾的主要方面的原理，是否還有用呢？此問題之二。

對於這裏的"主要矛盾"，我所理解的曾如上述，是人為的生產關係和上層建築限制、破壞了生產力。解決之道也該是拆除那些壞東西，解放生產力。十一屆三中全會以後的改革，曾經取得輝煌的成果，本來未必會到三十多年以後還須"攻堅"蹚"深水"的，只是因為二十四年前天安門前一夜槍響，轟得改革遭遇大難，給中國送來了權貴資本主義，形成依靠權力霸占改革成果的既得利益集團，不僅不再拆除壓在國人頭上的壞東西，還變本加厲地剝奪人民最後一點憲法權利，使得貪污橫行腐敗叢生。我曾以為這就是當前改革要攻的堅要蹚的水，躲開這個主要矛盾，躲得開它們對黨的腐蝕對政權的破壞對民心的挑撥，而讓我們舒舒服服地迎來七年以後的"在重要領域和關鍵環節改革上取得決定性成果"嗎？此問題之三。

自然，《決定》也已指出當前改革的"核心問題是處理好政府和市場的關係，使市場在資源配置中起決定性作用和更好發揮政府作用"，"核心問題"應該就是主要矛盾了。前段所指人為地破壞生產力的"人"，正在各級政府裏面管事，而"生產力"的代表正是市場；文獻把政府和市場的關係問題列為"核心問題"，的確把住了脈絡。可是回想中共十五大就提出"使市場在國家宏觀調控下對資源配置起基礎性作用"，"基礎"了十五年，並未阻擋非市場的力量在資源配置上發揮更加基礎的作用,現在改兩個字,廢"基礎性"興"決定性",就真能避免政府發揮更決定性的作用了?這個問題固然淺陋,但是不幸我眼前的這份《決定》立即對它進行了呼應。它說:"必須毫不動搖鞏固和發展公有制經濟,堅持公有制主體地位,發揮國有經濟主導作用,不斷增強國有經濟活力、控制力、影響力。"須知這句無主語句的暗藏主語不是別人,正是"政府"。政府"毫不動搖"地鞏固發展某種經濟,增強它的控制力影響力(控制影響誰?),市場的"決定性作用"到哪裏去了?唉!

據我有限的知識,以為市場的作用,基礎性的非基礎性的或決定性的非決定性的,都來自構成市場的成員即買主賣主,如果他們都有自主的產權因而是彼此平等的,他們的交易或"資源的配置"就有可能不受干擾地有序進行,那麼它的作用就可以是基礎性的或決定性的,反之則既無基礎也難決定。而幾十年來的傳統體制,曾經把全民都變成"無產階級",幾億農民因為"自願"把自己的田地交給了"集體"卻從此無權自願退出,至今還是耕者無其田,甚至連從來沒有"集體化"的私人住宅,其"財產權抵押、擔保、轉讓",都還須由這次會議決定"選擇若干試點,慎重穩妥推進"。這樣卑微的群體(他們即使一兩代人進城當工人至今仍被《決定》稱為"農民工"!),怎麼有資格和大中小老板乃至"公有制經濟"公平交易公平博弈?這樣的市場怎麼能不聽命於有權有勢的政府,又怎麼能不任那些借權力尋租的貪腐份子擺弄玩耍?這算第四個問題吧。

這裏又牽出本屆當局發誓鏟除的貪腐份子了。正是這些份子,構成今日中國發展和改革的"負能量",是任何嚴肅的政權都必須鏟除的毒瘤。《決定》對此設有專章,宣布"堅持用制度管權管事管人,讓人民監督權力,讓權力在陽光下運行,是把權力關進制度籠子的根本之策。"可惜這本連怎麼辦證都不憚其煩地加以規定的《決定》,居然沒有一語透露如何落實這"根本之策",人民如何"監督權力",權力如何晉見陽光;連讓"權力"公布自己的私產讓它見點光線這一"人民群眾反映強烈的問題"、"人民群眾的呼聲和期待"(總書記語),都如瘟疫如霧霾躲之避之唯恐不及,更無論實施了;甚至在本次會議開著的時候,全國尚有甚多的"人民"因公開督促官員首先是那些開會的大官公布私產而領受種種罪名被關在獄中。我以為那是對這次會議的極大諷刺，是對《決定》裏大書的"法治中國"的極大污辱，許是敵對勢力的搗亂呢。這樣的問題，直接涉及我們的改革是否會"讓"人民或公民收回本應享有的憲法權利，也就是政治體制改革了。《決定》中不乏"發展社會主義民主政治"、"保證人民當家作主"甚至"維護憲法法律權威"的宣示，其中只有一條是可以落實的："廢除勞教制度"。可惜在決定廢除這條從出臺起就是非法的惡法的同時，委員們懶得添上一句，重申"公民非經審判不受逮捕"的憲法原則，以對付近年來對公民（包括被前屆中央幽囚至死的前總書記趙紫陽。願他安息）公然實施種種非法限制行動自由的其它罪行。難道連這樣的要求，都絕不會包括在 2020 年的"決定性成果"裏面，而要等那以後或以後的以後，才可以考慮提出嗎？那可是能夠造就整整一代或以上反對改革的新"既得利益集團"的時間啊！那時不是又會出現更加現代化的"深水區"嗎？那會有多深啊！我的這種擔心，真是杞人憂天嗎？這是第五個問題。

　　最後一個問題我只能弱弱地問問：《決定》說黨也要改革；黨是執政黨，政府都須改革政企關係，黨呢？黨企關係黨政關係改不改一點？我記得十三大的政治報告明確提出了黨政分開的改革目標，總設計師鄧小平並明確指示說那個文件"一個字都不能動"。十三大的報告和鄧小平的這句活是不是也列入"深化改革"的內容、須要改掉算了？不然為何不向全國人大或國務院提出建議，把本決定交由現存的國家機關貫徹執行，而須在所有國家機關之上設立一個黨"小組"去對它"整體推進，督促落實"呢？小組裏的黨官們忙得過來嗎？這是最後一問。越問越不懂，不問了。

2013 年 11 月 26 日于深圳蛇口

人道三國志

話說中共十八屆三中全會落幕以後,各行各業忙了起來。傳達貫徹決定,是預料中事,出人預料的是東海也忙了起來,"東海防空識別區"於11月23日的突然設立,引得全球矚目,國人操心。本來已經爭端不斷的東亞地區,一時沸騰起來,好不熱鬧!卷入熱潮的主角凡三個:中國日本和美國,都是當今世界的大G,它們就在那巴掌大的空域裏,上演著新版三國志演義。

從來的中央之國中國,秉承傳統正朔,自然擁有天然的法統優勢和道德優勢。它要在自己疆域週邊建立國防"識別區",也有充分的國際法根據,所以只須傳旨昭告天下,說通過該空域的飛行器,均需事先向我報告,所有外國都該遵行,"對不配合識別或者拒不服從指令的航空器,中國武裝力量將採取防禦性緊急處置措施。"這一做派,如果當年的劉皇叔在,想必只能心裏欣賞,行動也許有所顧忌的。只是現在的疆域和國力遠非蜀漢可比,用不著遵循諸葛亮聯這反那此交彼攻的兒戲策略,也無須管先帝毛澤東"不要四面出擊"的最高遺旨,就是要在過去積貧積弱時代被列強霸占的領土上空,設置一個個防空識別區,建了東海建南海,建了這兩塊識別海上礁石的區域以後,還有江東六十四屯、伯力和黑瞎子島(半個)、庫頁島、麥克馬洪線(以南九萬平方公里)、琉球群島、外蒙古等地,都屬"自古以來"中國領土之內,都有權設立防空識別區。當然這樣一來立即收獲一遍怨憤之聲,連過去為大漢所當然代表的第三世界某某諸侯們,都連聲抗議,不過這也當然都在當初設計建區時的預計之中,崛起的大漢還得瞧你們幾個小不點兒的臉色嗎?

而孫吳東遷在日本執政的不是魯肅而是蔣幹,那小子滿肚子壞水只想滅蜀投魏,平分地球。幾十年前鑽天下冷戰的空子控制著大漢的釣魚島,一直賴著不還。現在防空識別區罩在那群島的頭上了,立即強烈反彈,摩拳擦掌,揚言要聯絡東盟諸侯(還加中國的臺灣！）開會集體逼迫中方"撤回"識別區，且做不惜拼命狀，緊緊拉住曹丞相，搬出日美兩國之間的安保條約，定要把他拉下水。而那個坐天下頭把交椅的曹魏老美也由國防部長出面說要"協防日本"，於兩天之後派出 B-52 轟炸機 2 架闖入識別區，看你怎麼"採取防衛性緊急措施"！日本更加興奮，連續派出飛機跟進。對於美日這一套動作，中方早有成竹在胸，你敢闖關，我就敢派出軍機……"查證""識別"你們！而在嘴巴上就更加發揚傳統優勢，一個字也不饒人，說你"日本早在 1969 年就設立並公布實施了防空識別區，日方根本無權對中國設立東海防空識別區說三道四。如果說要撤回的話，那麼就請日方先撤回自己的防空識別區，中方可以在 44 年以後再作考慮。"話都說到這個份上，看來雙（三）方都無餘地了，下一步會怎麼辦呢？難道真會再現六出祁山九伐中原的故事，並且把那悲劇的結果翻個個兒，完成天下歸漢，提前實現中國夢嗎？

就在這千鈞一髮之際，曹魏那邊的奧巴馬政府作出一個出人意料的決策：於他們無視大漢的警告派出軍機闖入識別區的當天，宣布"希望民航飛機服從北京的新規則，以避免出現意外對抗之憂。"這就是說，我們政府之間怎麼"對抗"都不"憂"，憂的是乘坐民航飛機的平民旅客們的安全。此令一出，美國航空、達美航空和美國聯合航空等公司即向中方報備了飛行計劃。作為對照的是那個蔣幹，他那裏的全日空航空等三家公司此前已經表示，從乘客安全第一的角度考慮，決定向中國遞交飛行計劃書，但日本國土交通省卻發佈指令，說中國設定防空識別區的措施"無效"，於是各航空公司"決定服從政府方針"而不管"乘客安全"第幾了。表明現今的日本政府依然囿於蔣幹時代的野蠻規則：兩國相爭，平民該死！查近兩千年前的三國時代結束時，中國人口從東漢末年的五千六百多萬降至一千六百萬，70%死於戰亂，比例比毛先帝慷慨地願意在核戰爭中付出全國生命三分之一或一半高得多了。如果這次真從東海打起來，人類會面臨怎樣的浩劫！而當代曹魏能夠以全球老大之尊做出讓本國飛機服從對手的"新規則"，貌似服了軟，實則為當代國際沖突提出了一個"新規則"：一切沖突不得損害平民的生命安全；為此而向對手讓步不算輸！

我請看官不要小瞧這條規則。有了它，各國政治家軍事家願意怎麼折騰都可自由折騰去，誰輸誰贏至少不會把平民整死。有了這條底線，世界局勢必然大變。解決政客們的沖突付諸開會打嘴仗，損失的不過是幾個錢的旅差費茶水費，百姓負擔得起；解決軍閥們的沖突可以請入競技場，自費打架與民無爭，一不死人二可觀賞。——這樣預計自然過分樂觀，不過事實上在現代社會裏拼氣力論輸贏的叢林規則並無實效，戰場的作用早已讓位於市場，國家要強盛人民要幸福，只能從市場而不能從戰場得到。市場分為買方賣方，兩方一榮俱榮一損俱損；全球化的市場遍布著全球化的買方賣方，損了哪一國都在損自己。而所謂買方賣方，不過就是億萬平民；億萬平民的安全如果不"第一"，所有政治家軍事家政客軍閥都得餓死。正是在這樣的形勢下，"漢賊不兩立王業不偏安"的老三國原則必須讓位於新的原則，這恰恰就是奧巴馬政府實行的不讓平民有"意外對抗之憂"了。

所謂當代的人道主義，這該是最起碼的吧。這條原則居然沒有由道義主宰的皇叔一方提出，徒讓曹瞞著了先鞭，固然使人略感遺憾，不過看來中方也能因應新局面擇善而從，由外交部發言人聲明"從我們發佈有關聲明和公告以來，東海上空的航行自由、飛行秩序沒有受到任何影響，依然是安全、自由的。"也就是說，儘管這期間若干飛行器未必遵守公告的規定提供識別和服從指令，但是我們也無任何緊急措施去影響"航行自由、飛行秩序"，並且對於這種局面感到滿意。如此下去，東海對抗儘管依然在三國之間進行，當不會對一般百姓造成多大影響了。而且國際間的其它爭端如果通通照此辦理，世界將會受福無窮啊！所以這段當代三國紛爭，至此可謂"人道三國"了。正是：

　　滾滾長江東逝水，英雄世代無窮。是非成敗留宮中，對抗依舊在，百姓免脅從。　蕓蕓眾生市場上，生意買賣興隆。人權如今受尊寵，順之是為榮，逆之者成蟲。

2013年12月1日于深圳蛇口

2014

跟著邏輯走一走

——再讀《改革決定》

寫了一文《看不懂"改革決定"》之後，聽有的專家說，那個決定"是一項宏達而雄心勃勃的計劃"，展示了領導層應對挑戰的嚴肅態度。我也就向領導層的嚴肅態度學習，繼續努力研讀文件。努力至今，總算有成；成之大者，是找出了幾個指向同一路徑的關鍵詞，把它們細加咀嚼，嘗出了點味道。食而知味，懂了一點，不甘自專，且與看官分享。

先嘗第一個關鍵詞："決定性"。決定中"使市場在資源配置中起決定性作用"是輿論公認的亮點。一般認為，此話講的是把資源配置的決定權由政府轉移到市場，使經濟真正從計劃經濟命令經濟拍腦袋經濟變成市場經濟；也就是擺正市場和政府的關係。是這樣嗎？

是這樣又好像不僅是這樣。說它是，因為妨礙市場的決定性作用的計劃也命令也通常都是政府發出的，所以改革就是要從政府手裏收回這個作用。可是我們這裏說的是中國的政府，中國的政府有中國特色，就是它是共產黨所領導的。按照憲法，政府該向同級人民代表大會負責，可是這個人代會也是服從"黨的領導"的；"最高權力機關"全國人民代表大會之上還有一個最最高的中共中央委員會或其政治局或其常委會或其總書記，後者是"領導一切"的，當然也領導市場——所以我們還叫（本決定也叫）"社會主義市場經濟"。那麼根據決定，"決定性作用"回歸市場了，這個作用，既不歸政府、也不歸黨了。這說明什麼？說明或者黨不領導市場了，即黨的領導缺了一塊，不去"領導一切"了；或者黨對市場只領導不決定了，因而不讓黨決定事情並不算"反對黨的領導"了。是這後一種味道吧？

第二個關鍵詞："獨立"公正行使審判權檢察權。"審判權檢察權"就是司法權,司法權對誰獨立?第一是對立法權行政權獨立,人大和政府不得干預民事刑事案件的偵查審判。哎喲,這不是要把司法權和立法行政兩權分離嗎?那個吳邦國前人大委員長一再在人大會議上莊嚴宣布的這不搞那不搞名單裏不正有它嗎?它不是屬於"西方那一套"的"邪路"嗎?我們真要走上去嗎?而且還有第二,它又是對同級黨委獨立。多年來特別是近十來年的事實證明,干擾司法獨立者主要或完全並非人大,而是同級黨委的政法委和同級政府的公安局。長期以來黨委常委兼任政法委書記且兼公安局長,這個長官威風八面權傾朝野,既代表黨又代表政把重大案件特別是政治案件的偵查審判管得嚴嚴實實,說殺就殺說關就關說躲貓貓就躲貓貓,是造成天下冤假錯案的總根子。本屆黨中央廢止了常委兼任政法委書記的成例,而本決定又明白規定司法獨立於該委。司法權特別是審判權自然也是一種"決定性"的權力,這個決定性也如上例一樣獨立於黨委了,恐怕也須解釋為它並不算"反對黨的領導"吧,是這個味道嗎?

　　第三個:轉變"政府職能"。我們的政府一向叫做人民政府,它的門口立著招牌"為人民服務",人們早就認為,這不過和所有商家的招牌一樣,是個廣告而非職能,所以它門口才軍警林立虎視眈眈,它與人民之間才有與民爭利、斷民生計、暴力拆遷、武裝截訪等等一系列沖突。如今"決定"公開承認過去的政府需要通過改革才能將廣告詞變為職能,成為"服務型"政府,這無疑是巨大的進步,我在前一篇文章裏把它看走眼了,未曾提及,真是罪過。我想這一條改革如果真正"嚴肅"地落實,我國官民的關係必將發生根本的變化,因為服務者侍候也,不是人民侍候政府而是政府侍候人民,把這個誰侍候誰的關係顛倒過來,世道必將走向清明,和諧社會指日可待。不僅不會有前指官民爭利等情,而且從根本上說,再也不會有"顛覆政府"的罪行了:有主人顛覆侍候自己的僕人者嗎?侍候得不如意,把它辭退算了,用不著"顛覆"吧,更無論"煽動顛覆"、"妄圖顛覆"了;如此則刑法裏的顛覆政府罪名自然隱退(甚至可能另立"顛覆人民罪"),冤假錯案靠得住會消失大半,民樂了,官也不必時時提防"楊佳",安全多了。

　　由此還將推及在這樣的政府裏執政的黨。根據本決定,黨的領導依然是"最重要的",不過它首先當是領導政府去"侍候"好人民,在這個意義上,大約相當於"侍衛官"或"僕夫長"的角色,至少不應高踞於人民頭上對他們呼來喝去,把命令或禁止做這做那想這想那說這說那夢這夢那當成"天經地義"的規矩吧。追根索源,立在政府門口的招牌上"為人民服務",就是共產黨自報的根本宗旨嘛!在本屆黨代會以前,當局有所謂"黨的事業至上,人民利益至上,憲法法律至上"的口號,且不說它三個"至上"互相打架邏輯混亂(有人認為那是某個或幾個技校學生文化水平的反映),只說它把"黨的事業"獨立於"人民利益"以外,黨除了為人民服務還另有自己的"事業"當然也就有該事業的利益,這雖然也悖離邏輯還悖離"馬克思主義",倒不失為中共多年執政的真實寫照。這次的改革真能把這個關係改革一番,連同前面的市場決定和司法獨立,那就差不多做到"全面深化"了。

根據以上推論,決定的最終所指就應是政治體制改革了吧。且慢批我自作多情;從今年的事情看來,甚多變化的來臨並無預兆,全在"頂層設計"之中,總出公眾意料之外。說遵憲法又批憲政了,才抓大V又抓大老虎了,實難看出其邏輯關係,卻未排除其突然理順的可能。現在頂層真來了這樣一個有板有眼的改革設計,空前顯示了明晰的邏輯路徑,人們為何不可沿著這條路徑加以期許加以推動,支持有關同志繼續跟著邏輯走呢!

2013年12月20日於深圳,2014年元旦定稿

審判憲法之謎

從二〇一四年一月二十二日起，許志永案開審，同案的多人也被安排跟著開庭。

審他什麼案子？"聚眾擾亂公共場所秩序罪"！這個於十年前參與上書控訴、抵制嚴重擾亂廣大農民基本生存秩序的"城市流浪人員收容審查"制度的法學博士，難道真是吃飽了沒事幹，跑到大街上去攔人堵車耍流氓嗎？

原來最後據以批捕他（和他們）的所謂"擾亂秩序"，只是在街邊拉出一塊橫幅，要求最高官員帶頭公示財產！這擾亂了什麼秩序擾亂了誰的秩序呢？他們不是在表達一種訴求；表達訴求的權利不是屬於言論自由的憲法權利嗎？

這倒接近答案了。就是要審判他這個"憲法權利"！事實上，在中華人民"共和"國，"審判憲法權利"的安排不是個案而是制度；凡是憲法所賦予的公民權利，特別是第三十五條的言論、出版、結社、集會、遊行、示威自由權利，每項都有至少一種實體法貼身緊跟嚴密監視，誰要"自由"一下都須"依法"事先喊聲"報告政府"求得批准，比非共和時期皇朝奴婢向皇上叩求恩准，也只是可以站求而已；不申請或未批准的自由屬於非法自由有罪自由，就犯"非法自由罪"或"憲法罪"了。其中僅僅剩下日常用嘴說話的權利，在技術上至今尚無良策於人們每次發聲之前予以批准或不准，對此則使用後懲法，只要話不中聽，就可定你說話顛覆政府或煽動顛覆政府（二者不同義，原因不詳）；儘管那語音已經消散多日而政府的一條板凳都未受到"顛覆"。這樣的辦法施行多年也判罪無數，次次都暴露當權者的心虛怯懦次次都取得貽笑天下的效果。本屆政府上臺以來則傾向於更加無須講理，不跟你囉唆你說話的內容而只追究你說話的"場合"！如果你們喝茶談書議人物，經查那次茶會未經申請，屬於非法集會，所以你犯了非法集會罪！如果你在"飯醉"席間講了一番話而那場"飯醉"有人（或者就是上面的線人）醉倒發酒瘋，你有聚眾滋事罪了！如果你只在街邊講話，或不講話而拉橫幅表達某個意思，哈哈，看見錄像沒有？有幾個人圍觀吧？還有人繞開你們走吧？這是什麼？這是"聚眾擾亂公共場所秩序罪"！

於是，在百年前亞洲第一個共和國的首都北京以及其它一些城市，百年後就有領導有計劃統一上演這樣一齣審判"公民行使憲法權利／擾亂公共場所秩序罪"了！十分顯然，這是一場雞鴨的對話或（更準確些說）對牛彈琴：被告分明在行使憲法權利，原告則追究擾亂秩序；公民被告在提出監督權力的訴求，權力原告卻責他不聽警察的招呼！所以第一位被送上法庭的本案主要當事人許志永博士和他的律師，就以沉默去對付"法庭調查"中任何提問和指控，只在他的最後陳述（卻被法官非法打斷）中指出這場把戲的要害：

> 你們指控我在"推動教育平權，隨遷子女就地高考"和呼籲官員財產公示的行動中擾亂公共秩序，表面看這是一個公民言論自由與公共場所秩序的邊界問題，實際上，這是你們是否把公民的憲法權利當真的問題。而更深層次的問題是，你們心中深深的恐懼。

陳述中所說的"推動教育平權、隨遷子女就地高考"，是指他所發起的"新公民運動"幾年來不懈地努力維護異地務工農民的遷徙權益，特別是隨遷子女就地讀書和高考的權利，最後導致"教育部終於公佈了隨遷子女就地高考政策"，"到二〇一二年年底，全國共二十九個省市陸續出臺了隨遷子女就地高考方案"。為了取得這一利民利國還利執政黨的政績的偉大成果，許博士和他的那些"把公民的身份當真"的追隨者們，數年間不管風吹雨打，總是定時集會定時請願，總是用自己的憲法權利敲打那些根本不把公民的意願當真的當權者們，終於換來了他們的轉變，這不能不是一件一定會進入共和國歷史的輝煌功績。為此他們自然須集會須表達特別是須要和政府對話，這就給了司法部門以"聚眾擾亂公共場所秩序"的把柄。這種拙劣的把戲，正如把冒著生命危險衝入火災現場搶救生命的勇士,控以"非法進入私宅"罪——這是哪兒跟哪兒呀!何況這個北京市和這個共和國,多年來頻繁發生對"公共場所秩序"有計劃有領導的嚴重破壞甚至顛覆,從到處扯橫幅"公審"當局不中意的"漢奸",到千百暴徒砸車燒房的"愛國遊行",直到百萬雄師開進首都橫掃百姓,"公共場所秩序"破壞無遺,施暴者及其首領何曾受到法律的絲毫追究?那時那些公安局、檢察院和法院到哪裡去了?他們現在怎麼一下就如此在乎"公共場所秩序"了?

以上文字寫於許案開審的當天和次日,到一月二十六日一審判決下來(其文號居然是前一年的"{二〇一三}一中字第 6268 號")!字字句句都不出上文所料,113 條"證據"都指明那漢子果然跑進了人家屋裡,果然未曾取得屋主同意,果然強行抱出了人家的娃娃,——就是不說那是在捨身救火!於是就"審理終結"、"判決如下"云云。

把許志永們"推動教育平權,隨遷子女就地高考和呼籲官員財產公示的行動"比作衝進火海救人,其實還大大縮小了前者的意義,儘管剛開過的十八屆三中全會明白指出我們現在已經掉進了"深水區","水深"和"火熱"都是大災大難;而一個民族被水淹沒和一幢大樓被火燒毀,當然不可同日而語了。簡而言之,我們現在面臨的深水,就是改革的紅利為少數權力集團霸佔,它的成本卻落在普通百姓身上,從而引發愈演愈烈的官民矛盾貧富矛盾。所以本屆領導上任伊始,就一面發誓嚴打蒼蠅老虎,一面宣示奉行"群眾路線"做出種種親民的表示直至精心設計上街吃包子,以拉近與多時被邊沿化的普通民眾的距離,甚至一再提出要把權力關進制度的籠子裡。這種執政方向,本來就該與許志永們維護底層民眾權利、推動政治清明的努力一致,那麼,當局究竟害怕他們什麼呢?

前引許氏的陳述回答說,他們害怕"一個正在到來的自由社會"。他說對了。

那個"正在到來的自由社會",不就是公民依法讓渡管理權力同時依法監督權力的法制社會、或稱憲政國家嗎?不是當今最高領導人習近平所謂"把權力關進制度的籠子裡"的社會嗎?他為何如此害怕呢?原來所有他的這類講話,都是隱去了主語的:誰把權力關進籠子呢？沒有明說。問題恰恰出在這裡。公民把權力交給政府，同時要求它行政公開以便監督，那麼關鎖權力的主語是"公民"；而繼承祖上打出來的天下、絕對不許不良份子亡黨亡國的英明領袖，是必須把關鎖權力的鑰匙裝在自己口袋裡的，"大權獨攬"，任何人、更別說平民了，不得分享。要是說，一年以前對於權力的這兩種關鎖方法還未見分曉，這一年間當局的種種作為，尤其是開庭大審憲法的作為，已經十分清楚了。

而且我還想進一步指出，這次審判所著重懲罰的"呼籲官員財產公示"的行為，正是可以導致權力只能被公民關進透明的籠子裡而絕不可能關進任何領袖的口袋之舉。因為官員財產公示一旦在全國推行，幾百萬或上千萬份縣處級以上官員的身家財富就將直接暴露在全國民眾的眼前，而這就是關鎖他們的最為要緊的"籠子"了。不管這些公示表格的數據是真是假，第一它將不斷地經受民眾的查核，"群眾是真正的英雄"，中國網民連某個官員帶幾隻手表抽哪種香煙都一查一個準，還怕他隱匿大捆鈔票幾處房產幾個保險櫃？甚至匿名存款鉅額股票等等隱形資產，也難經受民眾的反復查考而露出本相。還有第二，即使那些隱匿財產未被發現的狡詐之徒（也許他們會在貪腐份子裡佔多數），都以填寫公示表格的行動在法律上正式宣佈了與自己隱匿的所有財產脫離領屬關係，那麼我們的國家就擁有一筆巨大的"無主財產"，其數額可能達到年度 GDP 的好幾倍甚至十百倍！將來的政府可以在任何時候發現一筆沒收一筆，用來從事改善民生改善教育的豐功偉業，而不必花費巨大精力去查這個貪官那筆賄賂了。

——不是迭有學人撰文討論貪官太多怎麼審判得了是否一律大赦嗎？有了他們的公示表自動放棄隱匿財產，那麼除了特大老虎以外，也就審也別審了，赦也別赦了，直接收走他們瞞報的無主財物得了。還有更加重要的第三，對於公民舉報且查實擁有"無主財產"的官員，雖然不審判不治罪，官總是不能當了也別想再當了。那麼即使那時還因種種中國特色不能讓每個公民擁有選票，他們實際上已經手握"反選票"，行使著對於任何領導幹部的罷免權力了：從是否真心為人民服務的道德底線上審核幹部並剔除敗類。而那時的政府，也只能是遵從民意依法行政的憲政機關，與任何企圖大權獨攬的英明領袖無緣了。

　　這也就是這次憲法大審判透露出來的恐懼感之所在。它也許同時預示著,那令一些人"深深恐懼"的東西,正在笑嘻嘻地向我們走來呢?

2014年1月22日—28日于成都不設防居

　　　作者附註:文中說法庭舉證113份。據許案律師張慶方於庭審次日接受艾曉明教授採訪時說,"證據"實為195份。

打虎呼喚"治本"

当局此次反腐,看來是認了真。判斷反腐的真假,就是那句聽得耳朵起繭的宣言"不管他職務多高,都要依法查處"是否得到執行。從現實情況出發,宣言裏的"依法"二字且不細究,因為那幾乎每案必經的"雙規"手續,就明顯地於法無據;我所關心的,乃是那個"職務多高"究竟可以到達多高。因為所謂腐敗,就是權力尋租;而中國特色的權力授與乃來源於更高的權力而不是更下的選舉,所以權力尋租就不僅是掌權腐敗份子的自選動作而必須借助某種更高權力的庇護。庇護腐敗的權力自然也是腐敗的權力,所以在舉國上下的腐敗運動中,越是高層其"全員腐敗率"越高、權力頂峰也是腐敗率頂峰。

據官方新聞計算,前兩屆中央政治局的全員腐敗率都為 4%,這還只是尚未"蒼蠅老虎一起打"以前的數據;打出更多更大的老虎以後此率自然還會升高;而多年以來我國全民犯罪(不僅是"腐敗"且包括冤假錯案)率不過 1/400,如果全民都以同中央保持一致的比例搞腐敗,則我們每天遭遇罪犯的可能將比現在增加 16 倍或更多得多!中國還有臉面"立於世界民族之林"嗎?中國人民還有空間活下去嗎?而反觀多年以來的反腐,極少觸及腐敗繁茂的窩子,所謂腐敗份子露頭一個打一個,也只因那廝自不小心張狂過甚,當局不打臉無擱處;而鮮有的露頭一個打了一窩,即所謂拔出蘿蔔帶出泥的窩案,也不過把依附於案犯的更小蒼蠅抓了一把,大都點到為止,絕少往上延伸,庇護蒼蠅窩子的窩子絲毫未動,蒼蠅崽子依然無減有增。現在的"打老虎"卻意圖從捉住的蒼蠅或小虎往上搜,直指那"尋租權力"的生產地和庇護所,就是"高"層的老虎窩了。所謂"蒼蠅老虎一起打",其實真意正在這些大老虎總老虎身上吧。這應當是抓住反腐敗的核心要義了。

可是打老虎根本不同於打蒼蠅。上級權力的蠅拍一到,下級蒼蠅非死即逃,萬無抵抗首長反攻政權的雄心和能力。而這種規矩用在位高權重的老虎們身上就不靈了。所謂老虎特別是大老虎，貪污多少個億或多少千億的業績尚在其次，最重要的標志乃是他們也是權力高峰的成員或者簡直就是高峰的高峰，專政之權鎮壓之權本來就是他們或他家的囊中之物，他可以以權謀私，也可以以權抗打。於是打虎和虎打之間的對陣就邏輯地成為權力高低大小的爭奪。所謂打老虎反腐敗是高層權力之爭的輿評，並不如表面看來那樣屬於敵對勢力的誣蔑，它在中國特色的權力體制下，是不得不爾的現實選擇，命定了的。

現在的情況看來是，打虎英雄們通過種種眾所週知和眾未必知的努力，不僅在名義上而且更在實際上掌握了國家最高權力，他們對於任何中國老虎，都處於法和理的制高點；這種情形是中共執政以來所從來沒有過的，連曾經光照一時的胡趙時期也望塵莫及。那麼只要他們願意，老虎同志們的命運也該和蒼蠅們一樣了。是這樣嗎？

不是。

如前所述，現在的打虎運動的運行路線相當鮮明，總是循著蒼蠅—小老虎—大老虎的階梯前進，可是又總在第二級臺階那裏停頓（或者至少是暫停）了下來。據統計，從十八大閉幕以來，到今年4月上旬約390天中，平均每週就有4名貪官落馬，其中約三分之二是廳局級的大蒼蠅或小老虎，所涉及的中石油案、三峽工程案、四川省案等等，雖然各案劍鋒所指的大老虎們幾乎全民都"你懂的"，可是就是只聽樓梯響，不見人下來。是何原因？遇到頑強抵抗也。

不是小權服從大權、全國服從中央、中央服從主席嗎？須知在中國，這個規矩只能管到蒼蠅一級，再往上，就得層層打折扣了，因為老虎們特別是大老虎們手裏有一道最後的殺手鐧，可以令打虎英雄望而卻步的。那法寶是什麼，說來奇怪，就是老虎們的貪腐業績！老虎們犯案越多，犯案的老虎越多，抵抗打虎的法寶就越靈，打虎英雄的困難就越大。其實這事也該讀者諸君"你懂的"，我在這裏只須略微多嘴，申論幾句。

中共治國，所憑者何？最根本的，乃是政權，它是革命的根本目的，也是治國的根本手段，黨所宣布的無產階級專政，就是也只能是黨的領導集團專政，公權黨有，公權黨用，構成中國特色的根本體制。保衛這種體制，是黨多年以來的不可觸碰的底線。毛澤東的"六條政治標準"，林彪的"四個念念不忘"，鄧小平的"四項基本原則"，無一不把"黨的領導"即黨享公權作為根本內容。依靠這樣的體制，黨在一個甲子以來辦了好事也辦壞事，壞事之一就是黨內老虎蒼蠅借公權黨用之名行公權私用之實。這樣的壞事，如果只有一件兩件三五件，公開查處，昭告天下，如同建政之初槍斃劉青山張子善，是大快人心也大得人心之舉。而如果泛濫成災以致影響到人們對這種體制的懷疑時，黨的反應就可以從制止壞事改正壞事轉向隱蔽壞事粉飾壞事並且給揭露壞事反對壞事的人士安上"反黨"的罪名而加以無情打擊。在黨的歷史上右派反黨彭德懷反黨張志新反黨劉賓雁反黨趙紫陽反黨，都是觸及了公權黨用公權私用的弊病，意在救黨救國，卻被黨國打入地獄。雖然打一回反黨份子黨就走一段下坡路，但卻保衛了公權黨有的根本體制，也保護了一批禍國殃民的黨老虎，直到現在公權私用到了史無前例全球僅見的地步，造成打虎諸公眼下面臨的局面，例如高層的全員腐敗率不止4%而到14%、40%或者以上的程度，以致大老虎們把它引為武器有恃無恐，看你小子怎樣打吧，你真敢把黨打垮嗎？！且不說這樣的鬥爭真相公開出去引得全球大嘩造成不齒於人類的"政治影響"，就算打虎諸公意圖悄悄處理個別收拾，以他們的智商還看不出來他們實際上已經站在這腐敗泛濫的根源"公權黨有"體制的對立面上、不是他們改變它，就是被它打成"反黨份子"嗎？

改變公權黨有以杜絕公權私用，就是還政於民，就是實行憲政，讓人民真正成為公權的主人；就是打虎英雄習近平同志說的把權力關進籠子，就是打虎英雄王岐山同志許諾的要"治本"。看來後一位說這話時設想的是先行"治標"以贏得時間去從容治本；只是實行起來的態勢卻是治標只能打蒼蠅，打到這樣的老虎大老虎及大老虎窩面前，形勢就險惡得不得不堅決治本了。何去何從，英雄們三思啊！

2014 年五一於不設防居

歷史虛無·歷史虛假·歷史胡說

第五期《炎黃春秋》一口氣刊發了三篇文章,講解什麼是"歷史虛無主義"。承蒙宣傳主管部門的打壓幫忙,這份雜誌早已在海內外名聲遠揚,她在讀者心目中的位置,大約和六七十年前的重慶《新華日報》相當:其鐵桿讀者對她不是愛得要命,就是恨之入骨;前者視它如久旱甘露暗夜明燈,後者巴不得以"危害黨國"(六七十年前)"尋釁滋事"(現在)一類的罪名讓當局把她一槍崩掉。也因此,她的文章總是沖著這兩類人的需要而發表的。對於前一種讀者,她總說他們的心裏憋著的話,並且把那話提升到理論的高度詳加辨析;對於後者,她也以禮相待以理相待,希望幫助他們走出偏見妄斷的迷津。而上述三文,則似乎專為後者作的。

所以這樣說,是不短的一段時間以來,我們所見憤怒批判"歷史虛無主義"的文章,正是來自後一種人,他們的刀鋒所指又恰恰是對"前三十年"實實在在而非虛無的歷史存在的追憶、思考和辨析,總結專制獨裁的教訓,發揚民主科學的傳統,和古今某些思想家倡導的否定一切價值的虛無主義哲學全無相干。為了帶領這些憤老憤青憤男憤女走出迷津,三文耐心地告訴他們"歷史虛無主義的來龍去脈"(馬龍閃文題)、"要警惕什麼樣的歷史虛無主義"(尹保雲文題)以及引起他們憤怒的那個"主義"究竟是什麼、究竟有沒有在不在(郭世佑文《歷史虛無主義的實與虛》)。讀著這些文章,一個個慈眉善目、循循善誘的中學老師的形象,宛然浮現於頁面,令人十分感動。

不過對老師們的這些教誨能否達到提高那些怒批所謂歷史虛無主義的學生們認識之目的,我卻毫無信心。原因無它,只在於老師們講的是初級學理,學生們玩的卻是高級政治。你在講臺上說破嘴唇,他在下面扁酸嘴巴。老師說虛無主義的祖宗尼采先生"由強力意志本身來設定價值,存在本身就喪失了其本質的尊嚴。存在淪為一種價值,撇開了價值的來源,存在沒有得以成為存在,最終還是陷入虛無主義"（郭文），"中國目前需要引起重視的歷史虛無主義，仍然是教條主義歷史虛無主義。……它把一個不存在的、僅僅是想象中的共產主義作為評判事物的唯一標準，不僅否定了奴隸社會、封建社會、資本主義社會這個漫長的人類歷史，也否定了現實世界中的文明榜樣"（尹文），"清算歷史虛無主義的矛頭，應當清楚指向企圖重拾文革舊夢的虛無主義思潮"（馬文）；言者固諄諄矣，聽者卻根本不管你踩泥踩沙教條油條，只是秉承上峰的強力意志去判定任何"存在"是否應該存在或者必須虛無，而對任何對已判虛無的歷史存在之探索一律戴上歷史虛無主義的帽子。對於這種態勢，如果說它是對牛彈琴會使善良的老師們皺眉頭，那就姑且稱為雞對鴨說吧。

一個相當突出的例子發生在好幾年前，"鴨"們用歷史虛無主義的帽子去侮辱作為歷史虛無主義之大敵的大師李銳。查該李銳除了從事對中共最重要的一位人物毛澤東從少到死一生的大量研究外，僅憑他的一本《廬山會議實錄》，就實實在在地把中共一段極為重要的歷史從瀕於湮沒即"虛無"的絕境中拯救出來。須知中共中央於1959年開的那次"廬山會議"，乃是一次關係著中國人民生死存亡的會議，剛剛從"舊社會""站起來"約莫十年的六億中國人民，竟有三四千萬因為那次會議的錯誤決策而倒下去了瘐死溝渠，釀成和平時期史無前例有綱領有計劃有組織有領導的官辦人禍。一個正在鼓吹自己一貫"偉大光榮正確"的執政黨最高領導機關，一群宣稱一貫以為人民服務為宗旨又並不弱智癡呆的領導人，為何和怎樣做出如此災難性的決策，如何才能避免這類災難重演，當然地成為重要的歷史課題。可是不可思議的是，那次會議除了在會後號召公眾繼續反右傾大躍進的會議公報和批判"以彭德懷同志為首的反黨集團"的決議以外，居然沒有留下會議討論進程決策經過的任何記錄，真是面臨"虛無"之災了。本來不是中央委員的李銳，以毛澤東兼職秘書的身份參加了會議，他把每天在會上的所見所聞記在隨身攜帶的筆記本上。文革收場後他收回了這本被沒收的筆記，並且在中央討論建國以來歷史問題決議草稿的會議上，根據筆記向包括廬山會議的眾多參加者在內的高官們詳細復述了會議的經過，據說引起極大轟動，甚至使主持歷史決議起草的胡喬木非常激動，寫信給李銳說："看了你在小組會上關於廬山會議的發言，真是高興。很多事情我都忘了，有些不知道，"建議他"負責寫一廬山會議始末史料"。於是就有了《廬山會議實錄》問世，遂使那段險些"被虛無"的歷史填補成了"實錄"。可是就是這本實實在在的實錄，從出版以後卻不斷領到"歷史虛無主義"的罵名，一直把它罵成"歷史虛無主義的標本"——這個帽子甚至就是某篇罵文的題目！明明有鼻子有眼的"實錄"怎麼一下就變成了"虛無"，原因據說在於它"把中華人民共和國的歷史描寫成錯誤的堆集，一無是處，一無足取。"且不說廬山會議的歷史和"中華人民共和國的歷史"並非一回事，那次廬山會議的結果除了"錯誤的堆集"之外的確並無其它堆集，這里重要的是暴露了聲討者們宣示的一個原理："中華人民共和國"或中共的"錯誤"或"錯誤的堆集"不算歷史，而算"歷史的虛無"，從而把"錯誤的堆集"從中共歷史中驅逐出去，這正是他們批判"歷史虛無主義"的真正目的。

　　為了達到這個目的，除了痛罵"歷史虛無主義"以外，還須實行歷史虛假主義，制造虛假歷史以取代前者，這是一切關心對國民實行"教化"的政權的運行通則。我們"前三十年"的黨史著作自不待言，到了當下，此風仍在批判"歷史虛無主義"的旗幟下繼續作案。以三年前官方出版 1949-1978 年即"前三十年"的《中國共產黨歷史（第二卷）》為例，它於 1998 年經中共最高史官、中央黨史研究室主任胡繩審核定稿，已經準備次年出版了，忽然"出版被驟然叫停。之後，這本由眾多黨內權威學者花費五年時間編寫而成的書稿，開始了長達 10 年的修改過程。"（引自 2011 年 1 月 27 日《南方週末》：《30 年黨史，修了 16 年》）原因就是"書稿寫錯誤缺點較多、較細，中央審查沒有通過。"（引文同上）顯然罪在"錯誤的堆集"了。不難想見，眾多高手按照"中央"的意志用 10 年的功夫把"錯誤缺點"由多改少由細改粗，相應地使"輝煌成績"由少變多由細變更細的這部史書，須要多少作假心思和手段！成果究竟還有幾分不虛假！？至於後來在網絡上廣泛流傳中央黨校黨史教員們對該校校長關於黨史教育指示的討論中，表示堅決"做到凡是有損我黨光輝形象的事堅決不想，堅決不說，堅決不寫，堅決不做"，所涉指示和討論雖然未見官方正式發佈，但是也沒有傳謠大 V 因此落網，姑妄聽之，也算"歷史虛假主義"的一個準佐證吧。

在歷史存在及其價值由權力的"強力"審查和決定的環境下，擁有"強力"者即掌權者對於已經發生的歷史發表指示，其實也不必遵守什麼"主義"，想怎麼示就怎麼示的。示過之後那歷史事實自然來不及作絲毫改變，因此總會出現歷史存在與領導指示的尖銳矛盾。以上所傳的那位校長對於歷史近來又有新指示，倒是登在報上的：

  （辛亥革命後）舊的制度推翻了，中國向何處去？中國人苦苦尋找適合中國國情的道路。君主立憲制、復辟帝制、議會制、多黨制、總統制都想過了、試過了，結果都行不通。最後，中國選擇了社會主義道路。

  連同標點 85 個字，概括了百年中國現代政治史，夠簡練的。可是稍稍一想，問題來了。首先，"社會主義"指的是一種社會形態即經濟、政治、文化制度的總和，而總統制議會制等等卻是不同社會裏國家政權的具體組織形式，層級顯然不同的兩者究竟怎麼比較高低進行選擇呢？例如人的一生怎樣生活和今天中午吃什麼這兩個問題，你可以"苦苦尋找"各種活法包括不活，也可在燒肉和包子之間進行比較選這選那，但斷無燒肉包子不好吃就選擇自殺的道理。其次，如果只在燒肉包子的"政體"層級上比較，那麼中國現代政治家或政客們"苦苦尋找"這制那制之後所"選擇"的，事實上乃是"走俄國人的路"引進的蘇維埃制度而與"中國國情"無關，它正是現行人民代表大會制度的前身，來源於當年兩個中國之"中華蘇維埃共和國"，這是無須也不應對子孫們"虛無"掉的。

  再次，這 85 個字還顛覆了中共黨史的傳統說法，即 1949 年以前的百年間中國是由"地主階級和大資產階級聯盟的專政"（毛澤東：《中國革命和中國共產黨》）統治的，議會制多黨制總統制這些"外國的舊式的資產階級民主政治"，是他們"藉此欺騙人民"（毛澤東：《新民主主義的憲政》）的東西，所以黨要代表人民推翻他們；而現在卻說那些被打入另冊的政治家或政客們，袁世凱曹錕蔣介石諸位（他們當然都曾在中國"專政"，也當然都是"中國人"）一個個都曾經和中共一起"苦苦尋找適合中國國情的道路"，"想過""試過"去參加這漫長的找路競賽。只因他們本領不濟找的道路不合國情"都行不通"所以輸了比賽，那麼賽後他們也該與金牌得主中共一起站上領獎臺，各領銀牌銅牌安慰獎牌，彼此祝賀皆大歡喜，何苦劍拔弩張你打我殺"以武裝的革命反對武裝的反革命"，血腥地殺掉"千萬人頭"換取政權呢？

　　如此這般的指示，算是什麼主義呢？要是經過嚴肅的研究終於不能按該指示改寫那段歷史，那麼恕我直言，它只能叫"歷史胡說主義"。

2014 年 5 月 29 日於不設防居

"負責"五義[9]

六月十日上午,湖北省潛江市浩口鎮第三小學發生一起劫持人質事件,情緒激動的作案者手持汽油和自製爆炸裝置等兇器,闖入一間正在行課的教室,劫持全班五十三名師生,威脅著他們的生命。正在現場的老師秦開美和稍後趕到的鎮黨委副書記王林華,先後說服作案人以自己代替人質,保證了全班孩子的安全。事件結束後王林華回答記者提問說:"作為分管領導,我必須在第一時間趕到,這是我的職責。"秦開美則說:"我是一名人民教師,也會像愛自己的孩子一樣去愛自己的學生,當學生的生命安全受到威脅時,保護學生的生命都是我們應盡的職責。"據報導,當時趕到現場爭當人質的,還有浩口鎮黨委書記徐國亮、派出所長蒲平元,他們都把"我的職責"當做重於生命的義務。我看他們所說"我(們)的職責",乃是"責"最直接的意義:"份所應為而必求其如是"(商務印書館《辭源》民國九年版),自己應當履行的責任也。我向這些"負責同志"衷心地致敬——儘管他們比起報章上、電視上有頭有臉的"負責同志"官職小到不可比,而可愛的秦老師只是從教二十六年迄未轉正的"代課教師",還曾兩次被"按照政策清退",我們的共和國還真沒有輪到她去負什麼責呢!

而事實是,在中國所有的"負責同志"中,他們卻只屬於那個真正負起自己的責任來的、未必很大的群體。我這樣說,自然是認為還有另外的"負責同志"群體在焉。他們對於"負責",另有看法。

據我觀察,首先進入那另有看法的,乃是"負責"的第二義:掌權。請看以下指示:

---

[9] 香港《動向》2014年7月號發表本文時,題目改為《掌權者應懂得:負責=負債》

敢於擔當是領導幹部的職責要求。領導就是責任，領導就要擔當。有多大的擔當才能幹多大的事業，盡多大的責任才會有多大的成就。

這是大負責同志劉雲山常委今年三月在中央黨校開學典禮上對官職也不很小的一群領導幹部的訓詞。"領導幹部"就是掌權幹部，"敢於擔當"就是敢於用權；掌了權且敢用之，就是"職責要求"，亦即"負責"。在這一點上，劉常委真是說到做到，他在負常委之責以來敢於用權敢於擔當的政績車載斗量，從去年狠批憲政狠批普世價值到當下禁止媒體"跨行業跨領域"報導（國際新聞應當首先遭殃了）、禁止記者"私自批評"（卻未指示如何開展"國有批評"），還公然違背中共本屆中央不准領導人出版個人著作的禁令大出特出"國長"諭旨且充大學教材，種種史無前例的違黨紀違憲法違邏輯違常識的"多大的事業"他都敢做，因為權在他手上他"敢於擔當"！而且他所謂領導的"責任"和"擔當"還可稱斤掂兩，和"幹多大的事業"、"有多大的成就"相兌換。真不愧是高官，眼界比湖北省潛江市浩口鎮那些鄉鎮小小幹部小小教師高得不知凡幾：假使那幾位鄉下朋友在那瞄準自己的手槍、汽油、火源、炸彈面前還想到他們的"負責"多麼來之不易，還有多大的事業等待自己去完成，有多大的成就等待自己去撈取，他們還可能為了履行"我的職責"把生命置之度外嗎？

而既然能夠把負責多少和事業大小成就高低相兌換，那麼按照按勞取酬的社會主義原則，它就必然和個人的物質利益掛起鉤來，由是引入"負責"的第三義：享受。

常見的官方文獻（包括首長的訃告）中就有"享受"正副科級處級廳級部級國級（劉常委當屬"正國級"）待遇一說，責負得越大，享受得越多，據說百餘已退休的"副國級"以上官員法定公款花費年均十億元，人均則年一千萬、日二萬七、時（包括上床睡覺做中國夢時）過千元，這當然是他們"負責"的事業做大成就升高的金錢效應了。所謂權錢掛鉤，其合法起源就在這裡，其合法底線也在這裡。從此再走一步，就是權錢交易，相關人員就不屬負責同志的範圍，歸入老虎同志圈子了。

謹按這"負責"一詞，在約兩千年前我國古文獻裡，就和金錢直接有緣，其義為"負債"，是為"負責"的第四義。此解轉取自前引那本民國九年的《辭源》，它的"負責"詞條只有一個義項："責與債同。《漢書·鄧通傳》：通家尚負責數鉅萬。"這裡說的是班固撰《前漢書·佞幸列傳》裡的故事，其實它的原本出自司馬遷撰《史記·佞幸列傳》，所引文字基本相同。這個故事怪有趣的，且在本文結束以前囉唆幾句，算是餘興。

　　話說昔我大漢之興，興自革命造反，起於草莽的革命家當了皇上，"負責"天下即享受天下。享受的方式也甚革命化，以滿足性慾論，二奶三奶N奶三宮六院不用說，"非獨女以色媚，而仕宦亦有之"（《史記·佞幸列傳》），總有那麼些"非有才能，徒以婉佞幸，與上臥起"（同前）的"男同志"效法娼婦爬上床去為"上"解悶，使得從高祖劉邦起到惠帝文帝武帝直至元帝成帝，皇二代三代若干代都喜納男寵同志，個個同志都位極人臣。其中文帝的同志蜀人鄧通，承恩官至上大夫，榮獲銅山一座，受權鑄造貨幣（號稱"鄧氏錢"）流通全國，簡直成了中央銀行。不過文帝一死他即無人寵了，立即遣送回家，財產旋即被抄，《史記》和《前漢書》都說他"不得名一錢，寄死人家。"而死了以後，"（鄧）通家尚負責數巨萬"。這個"負責"，就是"負債"。更有意思的是《前漢書》對於鄧氏那遺"責（債）"的性質加有兩條意義相反的注釋，一是說它是鄧通"顧（雇）人采銅鑄錢未還傭直（值）"，員警把錢抄走了，民工工資卻欠著；一是說"此說非也"，而是鄧某"前後所犯"應該沒收的數額巨大，除了抄走的以外還欠"數鉅萬"云云。後說出自唐代有名的經學家、史學家、文字學家顏師古，持前說的是不甚知名的張宴。不過我倒覺得張先生說對了，鄧某其人其事不正是當代政企合一官商勾結搜刮民財欺壓民工的原始版嗎！

　　……可是我說到哪裡去了？其實我想說的是，這"負責=負債"的公式，的確也適用於今日廣大非鄧通的負責同志。你們既然負責了掌權了享受了，當然也就欠著國家社會和人民一筆債務，你們必須"敢於擔當"在離職以前把它償清，即把自己的工作切實做好而不是躺著不做更不是胡亂做歪，切勿到那時還"尚負責（債）數巨萬"，留下千古罵名。——這留下罵名的可能性，也來源於辭書對"責任"一詞的解釋:"在道德和法律上,因某行為之結果,任他人論其是非,或加以處分者。"(前引《辭源》),"沒有做好分內應做的事,因而應承擔的過失。"(商務印書館《現代漢語詞典》一九九六年版)欠債不還清,不僅要承擔過失接受處分,還不得不"任他人論其是非",——顯然是指無須單位批准也無時限並公開發佈的"私自批評",可算"負責"的第五義。有關負責同志們,敬煩撥冗記取啊!

2014年7月1日于不設防居

窺探"固有的權力"

——《香港白皮書》挑戰官權民授

蒙國務院新聞辦公室趕在今年"七一"以前發表《"一國兩制"在香港特別行政區的實踐》白皮書（以下簡稱《香港白皮書》）之賜，香港市民今年的"七一"遊行人數多了一大撥口號多了一大堆熱氣高了幾十度影響甚至波及對"一國兩制"之奧妙一向不感興趣的鄙人。特別是白皮裡面那行黑字"香港特別行政區的高度自治權不是固有的，其唯一來源是中央授權"，令我浮想聯翩，覺得怪有趣的。

香港隸屬於中國，香港政府直轄於中國中央政府，它的權力來源於中央"授權"，這是大實話；一點微疵是說它是"唯一來源"，看來是忘記了"中央"早在授權以前和香港當時的老闆英國簽訂的聯合聲明："香港特別行政區直轄於中華人民共和國中央人民政府"、"香港特別行政區享有高度的自治權"，才是它來源的來源。捨此不論，更有趣的問題還在於，香港特區的權力不是"固有"而是中央政府授與的，那麼中央政府的呢？它是"固有"的嗎？

一個中央政府，對於它所隸屬的下級政府，即使在"一國兩制"國家，總有或大或小的管轄權力，它是法定的，說它是"固有的"也未嘗不可。可是無論中央或者地方的政府，對於轄區內的國民，也"固有"管轄權力統治權力嗎？也可以以種種方式包括《白皮書》的方式板起面孔訓示嗎？這在現代，就得按資本主義和社會主義分別考察了。

中國是社會主義國家，我們就先考察社會主義。何謂社會主義？不說高深多樣的書本定義，也不說基本報廢的別國經驗，單說我們中國的實際：社會主義就是執政的共產黨在中國大陸所興廢立破生殺予奪等等一切事情的總和。從一個甲子以前消滅多數人的私有制又建立少數人的"有公制",到如今的嚴打老虎也嚴打公民,年年處處搞的都叫社會主義;反對它們的都屬反黨反社會主義,都不得好下場。僅憑這一點,就可見我們的社會主義政府對於國民的權力多麼強大也多麼"固有"!這"固有"之因,乃是共產黨的執政地位是靠"武裝的革命反對武裝的反革命"打出來的,槍桿子裡面出政權,黨權政權都由槍授,無須他人操心了。時過境遷,槍授到手的權力需要傳承,自然不好再動槍桿子,而靠制定三五幾條標準,選拔考驗合格、領袖放心的接班人,實行自上而下的"選拔制",代代上下交接班,至於萬代傳之無窮。這就是對"權力固有"問題的社會主義答案,適用於生活在社會主義制度下的大陸官民。

而該問題的資本主義答案卻完全不同。資本主義政府對於公民的權力並不"固有",反而來自公民的授權。公民授權叫"選舉",與"選拔"一字之差,上下懸殊,意義迥異。處於下面的公民哪來的權授給上面的政府?他們說是上帝給的,所謂"天賦人權"是也。以下這段被反復引證的話就出自當代世界資本主義頭子美國的《獨立宣言》:"我們認為下面這些真理是不言而喻的:人人生而平等,造物者賦予他們若干不可剝奪的權利,其中包括生命權、自由權和追求幸福的權利。為了保障這些權利,人類才在他們之間建立政府,而政府之正當權力,是經被治理者的同意而產生的。"這"不可剝奪的權利"就是被治理者們"固有的"通靈寶玉,政府則是他們為了守護寶玉而建立的保安公司,它的權力必須來自"被治理者的同意"才算"正當的"。這個宣言發表於兩個多世紀以前美國立國之時,並且很快為文明世界所公認;那時還沒有社會主義國家,所以說它是資本主義的玩意兒,也非杜撰。不過到了20世紀的1948年,這樣的原則卻以聯合國《世界人權宣言》的形式表述為:"人民的意志是政府權力的基礎;這一意志應以定期和真正的選舉來予以表達;選舉應根據普遍和平等的投票權,並以不記名投票或與之相當的自由投票程式來進行。"那時世界上早已有了社會主義國家蘇聯(以及加上東歐數國的"社會主義陣營"),並和中(華民國)、美、英、法一道成為聯合國安理會的常任理事國,與聯大各國共同投票(0票反對)通過了這個宣言。這樣看來,這個"官權民授"的原則似乎不好再讓資本主義專美了,所以早有性急而好心的學者稱它為"普世價值"。可惜他們誤會了。誤會之點就在它以資本主義"人民意志"的選票去取代社會主義打天下坐天下傳天下的"固有的權力",動搖共產黨的領導自然也動搖了社會主義!所以雖然社會主義中國於半個世紀以後簽署了以那個宣言為基礎的《公民權利和政治權利國際公約》,結果也因它和現行的社會主義國內法相抵觸,始終沒有得到全國人大批准。倒是那被趕出聯合國的臺灣和尚在殖民統治下的香港,卻早早把它引入國(境)內法了。由此可見,對於"固有權力"不同認知的實質,是社會主義和資本主義的根本分歧,混淆不得的。

史無前例的"一國兩制"制度,則把根本分歧的兩種制度捆在一國之內,當然也把兩種不同來源、不同作用的權力捆在一起。香港回歸十幾年間,"兩制"出現的糾結,似乎多在如何建立和行使權力或"固有權力"的問題上。這次的白皮書,重點又在這裡。

《白皮書》說港府的權力並非固有,說得對極了;不過它說得不夠,僅僅替它補上了中央的授權,還遠不夠。因為作為一個"保持原有的資本主義制度和生活方式"的自治區,它的前殖民地身份使得它的市民至今尚未"以定期和真正的選舉"表達過"人民的意志",它的政府因此也至今未能擁有被治理者同意的"正當的權力"。所以官民兩方都表示迫切希望達到基本法所許諾的特首和立法會議員由"普選產生的目標",這是不難理解的。而確立和實現這樣的目標,本來都是"保持原有的資本主義制度和生活方式"題中應有之義,不勞社會主義的中央操心,社會主義的中央也未必對除自己的授權以外的"人民授權"有深刻的同情。代表中央意旨的《白皮書》表明,他們所關心的是,遲早要來的普選能否選"舉"出中央心裡所選"拔"的人,即所謂"愛國"人士。事實上這樣的要求來源已久,最早見於香港回歸以前的1987年,時任中共中央顧問委員會主任和中共中央軍事委員會主席的鄧小平(《白皮書》稱他為"國家領導人")會見基本法起草委員會的講話說:"將來香港當然是香港人來管理事務,這些人用普遍投票的方式來選舉行嗎?我們說,這些管理香港事務的人應該是愛祖國、愛香港的香港人,普選就一定能選出這樣的人嗎?"那潛在的答案自然是"不行"和"不能"。從資本主義的選舉不能保證選出任何具備超出當時"人民意志"以外任何條件的人物來說，鄧氏的判斷無疑是深知資本主義的。以後幾經折衷，雖然香港未來的普選未被廢止，而中央對於"愛國者"的熱情也遠未消退。我們且退一步，正面理解上級政府對於下級管理者提出某種道德期望的好意，但是把這種期望規定為"愛國"，至少在香港，還是太離譜了。查香港的外交和防務兩種可以對抗愛國即賣國的大權都掌在中央手裡，治港的官員即使不愛國，他能把國賣給誰呢？何國願向他買呢？對於這個奇怪的要求，去年一位大官喬某解釋說，其"最主要的內涵就是管理香港的人不能是與中央對抗的人。"這倒是句老實話，說到"內涵"上了。不過它是一句社會主義老實話："愛國"就須"愛中央"！但是這卻為"一國兩制"留下了兩難的課題：要實行資本主義的原則，就須按照一人一票表現的"人民的意志"，選出"選民愛"者去掌權；要實現社會主義的原則，就只許"愛中央"的人當候選人。《白皮書》的意思，就是堅持要把這後一種在社會主義大陸通行的選"拔"程式移入資本主義香港的選"舉"，犯了"越制代庖"的大忌，怎不攪亂大局！

對於這種明顯侵犯香港自治權的理由，《白皮書》聲稱，"高度自治權的限度在於中央授予多少權力，香港特別行政區就享有多少權力"，說得十分自信，卻也十分超出常識。特區基本法授予的權既曰"高度"，其"度"或"限度"自然定位為"高"了，其義就是香港作為社會主義中國的一部分而行使資本主義制度的權力，特區之特、高度之高，都在這"一國兩制"上，哪有隨意增減的空間！試問基本法規定授權香港"保持原有的資本主義制度和生活方式"和"享有行政管理權、立法權、獨立的司法權和終審權"，這行政立法司法各權以及"資本主義制度和生活方式"，會是天晴多一點天陰少一點的飯後茶點嗎？會是任憑主公高興"授予"多少才"享有"多少的施捨賞賜嗎？這就不是香港的高度自治，而是中央的高度統治了。它在普選程式上的表現，就是公然事前就宣佈拒絕普選所表達的"人民意志"——假使那"意志"屬意於中央不愛者的話。

其實即使這個"假使"成真，即香港多數"人民意志"就是要選"與中央對抗的人"，那也不過說明"中央"對香港的作為違背多數港人的意志。對付這種情形,中央的選擇不外尊重香港的資本主義和推行自己的社會主義兩種:前者是修正當局自己的作為,使之符合多數港人的意志,選舉的結果自然為選民和中央兩滿意;後者則是廢止基本法,實行興無滅資,取消一國兩制,自然也不用"普選"了。對於這兩者的選擇之權,倒是中央"固有"的,無須別人授與。聰明的政治家們,願好自為之!

2014 年 7 月 30 日于不設防居

讀九號文，傷"兩頭真"

"九號文件"全稱叫《關於當前意識形態領域情況的通報》，於去年 4 月由中共中央辦公廳頒發，本來是"機密文件"，只發給省市地師級機關"請結合實際貫徹執行"的。幾個月以後，香港《明鏡月刊》刊發了它的全文。不過境外刊載大陸種種機密絕密文件在在多有，真真假假難於求得實證，所以並無太大影響。哪知北京警方辦事認真，它迅速成立專案組，查清該機密文件為職業記者高瑜（1997 年聯合國教科文組織頒發世界新聞自由獎得主）所提供，於今年 4 月將她抓捕，隨即由權威的中央電視臺搶在法院調查審判以前，把她解上屏幕坦白認罪。原來那"九號文件"的機密之處，乃是表示中共拒絕憲政民主拒絕普世價值拒絕公民社會拒絕市場經濟拒絕新聞自由拒絕探討歷史拒絕議論時政，這樣的信息，本來極像境外敵對勢力盜用名義對中共的造謠誣蔑，說它堅持獨裁專制拒絕現代文明奴役本國人民維護權貴資本踐踏思想自由隱瞞歷史真相不准批評當局，說得十分不堪的。

我對於境外媒體的這類指責，一向以為其所指事實容或有之，但不過少數愚官蠢吏的自選動作，不會是堅持改革開放的中共中央的大政方針，所以姑妄看之，並不重視；此次忽由官方媒體公開承認文件就是它的檔案、內容就是它的機密，這對於我，真是極大的震撼：我們能夠這樣貶損自己嗎？這就是我們不走老路不走邪路所選擇的正路嗎？這才細查文件，發現不僅其姿態和語言與境外勢力高度重合，而且其鋒芒所指，正是中共建政以前教育群眾的思想和語言。它所批判的罪言罪行共七項，除那時關於經濟體制的選擇和黨史中的"一系列錯誤"多數尚未發生、改革開放的實踐更未出現以外，其它四項都曾是中共對全民和全球堂堂正正的宣言。

試將中共當年的"宣傳前言"和九號文件的"批判後語"略加排列，逐項比較：

關於憲政民主

前言:"憲政是什麼?就是民主政治。"(毛澤東:《新民主主義的憲政》,1940年2月20日); "目前推行民主政治,主要關鍵在於結束一黨治國。……因為此一問題一日不解決,則國事勢必包攬於一黨之手;才智之士,無從引進;良好建議,不能實行。"(1941年10月28日延安《解放日報》)

後語:"宣揚西方憲政民主,企圖否定黨的領導。""要害在於把黨的領導與憲法和法律的實施對立起來。"

關於普世價值

前言:"天下有一定的道理,不為堯存,不為舜亡,順之者昌,逆之者亡。"(《民主原則》,1943年10月28日重慶《新華日報》); "英美民主政治這兩大精華——人民的平等和自由,……這是人類共同的寶貝。"(《論英美的民主精神》,1944年3月30日重慶《新華日報》)

後語:"宣揚'普世價值',企圖動搖黨執政的思想理論基礎。""把西方價值觀說成是超越時空、超越國家、超越階級的人類共同價值,認為西方的自由、民主、人權具有普適性、永恒性。"

關於公民社會

前言:"工人和農民,無論男女,在各級議會有無限制的選舉權,言論、出版、集會、結社、罷工絕對自由。"(《中共二大宣言》,1922年7月);"民主與不民主的尺度,主要地要看人民的人權、政權、財權及其他自由權利是不是得到切實的保障。"(《切實保障人民權利》,1941年5月26日延安《解放日報》)

後語:"宣揚公民社會,企圖瓦解黨執政的社會基礎。""借公民社會宣揚西方政治理念,稱在中國建設公民社會是保障個人權利的前提,是實現憲政民主的基礎;將公民社會視為在中國推進基層社會管理的'良方妙藥'。"

關於新聞自由

前言:"法西斯的新聞'理論家'居然公開無恥地鼓吹'一個黨、一個領袖、一個報紙'的主張。""這樣的新聞政策,也沒有一絲一毫符合於革命的民權主義的原則,……到很像希特勒、墨索里尼、東條的法西斯新聞政策呢!"(《反對國民黨反動的新聞政策》,1943年9月1日延安《解放日報》社論) "人民的自由出版是近代文明的道路;近代文明的道路就是要建設一個進步的、民主的、豐富的、持久和平的世界;因此,它需要文明的創造,它需要文明的批判和自由的研究……而文明批判與自由研究就需要不僅在一個民族內,而且在諸民族間自由的精神交通,人民的自由出版就是這樣一個民族文明的交通機關。"(《出版法之修正》,1946年2月18日《新華日報》專論)

後語:"宣揚西方新聞觀,挑戰我國黨管媒體原則和新聞出版管理制度,否定我國媒體的黨性原則。""標榜媒體是'社會公器'、'第四權力',攻擊馬克思主義新聞觀。""宣傳西方新聞觀的實質,是鼓吹抽象的、絕對的新聞自由,反對黨對媒體的領導,企圖打開對我國意識形態滲透的突破口。"

以上引文說明:一、四對"前言"和"後語",都出自同一個共產黨的官方文獻,代表其中央的聲音。二、"前言"是公開的,面對四海公眾,怕他們不相信,現在則禁止傳播;"後語"是機密的,面對黨內高官,怕公眾知道了,而如無高姓記者的發佈和中共官方的證實,至今依然被藏掖著。三、公開的"前言"和機密的"後語"彼此否定,互不相容。四、說"後語"的當局一再表明他們就是說"前言"的長輩的忠實接班人,他們正是沿著長者們的既定方針(或"過去方針",其實都一樣)走向既定目標;他們絕不"互相反對"。准此,明眼人當能循著以上要點,邏輯地推出黨的最高領導層幾乎一個世紀以來的整個動向,那就是,他們領導革命的目的絕對不是在中國實行憲政民主建設公民社會維護天賦人權更不是要接受普世價值融入現代文明,而是堅定地打江山坐江山保衛黨的"長期(七十萬年?七十年?)執政的合法性";為了吸引群眾實現這一關鍵的"後語",才有所有公開宣傳的"前言"。正如一篇名文《"憲政"就是要在中國顛覆社會主義政權》所說,當年鼓吹憲政乃是為了"從政治上聯合、團結各革命階級,包括民族資產階級,""實現新民主主義革命的任務和要求"的"一種有益的嘗試和選擇";而一當政權到手,再"嘗試"它就會"顛覆社會主義政權"了。也就是說，所有的"前言"，不過都是從不准備兌現的謊言。只有這樣解釋，上述四點才能互不抵觸，共存共榮。

假使事實真是如此，那麼我們對中共黨史乃至整個當代歷史的判斷都會有根本的變化。最主要的是對建立政權以來幾十年間功過成敗的估計。長期例行的理解是，中共領導人民建立了新中國，中間經過多年的探索，終於從甚多的失誤和挫折中走了出來，實行改革開放，走向人民解放國家富強的偉大目標。這種理解，是把上述公開的"前言"當做中共真正追求的目標而推演展開的。而如果遵照九號文件把"後語"所指向的"黨治長存"作為根本目標，則中共的革命就基本上沒有失誤可言，可以說是從勝利走向勝利、節節勝利了。中共建政以後，從前三十年的歷次運動到後三十年的諸多折騰，差不多每次都極大地加強了黨的控制能力提高了黨的專政權威，即使人們詬病極多的三年大饑饉期間，也由於千萬饑民餓死以前都見官就說"社會主義好！我吃得很飽！"而顯示出"多麼好的人民"（一位大長官的話）和多麼大的黨威。當然，如果說得細一點，幾十年中也有不順的時候，這就是"一九六二年的右傾"幾個月，居然開七千人大會訴三面紅旗的苦且容忍饑民脫離黨的領導包產到戶自己開荒；還有就是七十年代末期起大約十年時間胡趙當政真心搞改革開放從而攪了大局，時有精神污染和資產階級自由化的干擾，還鬧六四風波，差點使國家走向民主自由的目標。除此以外，九號文件鎖定的正確目標總在一步一步地臨近了。在這個意義上，該文件反對"歷史虛無主義"之"企圖通過否定中國共產黨歷史和新中國歷史，從根本上否定中國共產黨的歷史地位和作用，進而否定中國共產黨長期執政的合法性"，是確有根據的。

研讀完這篇重要文獻，唯一感到擔心的，是我的一批"兩頭真"的老哥哥老姐姐。所謂兩頭真，時賢杜光有個解釋，說他們是：

> "抗日戰爭前後和解放戰爭時期參加革命的知識份子，他們為了反抗日本帝國主義的侵略，建立一個自由、民主、統一、獨立、富強的新中國，積極投入了抗日戰爭和民主革命，並且參加了中國共產黨的隊伍。他們是真心實意地為理想而奮

鬥的一代。這是'真'的一頭,是青年時代的'真'。近年沿著這條'真相-真理'的'兩真'之路,他們熱切地探求歷史真相,尋覓超越傳統觀念的真理。找回了青年時代的真誠,重新煥發出民主革命的激情,致力於揭示真相,探討真理。這是另一頭的'真',老年時代的'真'"。

現在問題就出在那個"真心實意為理想"的"理想"上,我因為長期在一些真哥真姐的熏陶下跟著他們的目標走路,對於上述"理想"接觸甚多,知道那就是本文所引"前言"裏自由和民主,他們曾經真心地為追求它們而跟隨中共的捨身奮鬥貢獻青春,儘管許多人以後在種種運動中受到本黨的折磨打擊,但是對於自己追求的東西深信不疑終身不悔至今為它感到驕傲。可是"後語"九號文件告訴他們,讓他們驕傲的那些"前言",不僅現在禁止說禁止想更不准追求,就在當時也根本就是欺哄他們的假話。對於一生跟著親愛的黨從事最崇高事業的他們,怎麼能夠接受這樣的結局?或者換一個角度看,假使當初向他們宣傳的就是這個九號文件,他們還願意為它所推薦的反憲政民主、反普世價值、反公民自治、反新聞自由的社會奮鬥一生貢獻一切嗎?何況當時具備那些特點的"一個政黨一個領袖一個主義"的社會就在他們腳下,也的確無須勞神為之奮鬥了!遙想他們靜夜反省一生,當是誤落塵網中,一去一輩子啊,豈不悲哉!

這就是我深為"兩頭真"哥姐擔心的私衷。不過,較之那些當年的"一頭真"、早早地在革命鬥爭中英勇死難的同志們,躺在墳墓裏還堅信他們獻出生命追求的美好目標一定會由他們親愛的黨勝利實現,並且堅信只有國民黨反動派才會無恥地反對和批判這個目標,而絲毫不知本黨自有"九號文件"!——墓裏的犧牲者和墳前的未亡人,究竟誰更不幸呢?

2014 年 9 月 4 日于不設防居

附註：

　　本文關於"前言"的引文，多數錄自笑蜀收集中共歷史文獻所編《歷史的先聲——半個世紀前的莊嚴承諾》（汕頭大學出版社 1999 年版）。該書出版以後，即被中央宣傳部門以它"借古諷今"罪查禁。本文所引僅其中極少的字句。關心中共當年怎麼莊嚴地動員大批熱血青年為該黨今天莊嚴地拋棄和批判的目標奮鬥的當代青年，可以點擊網址[10] 查看該書的電子文本。

---

[10] http://image.sciencenet.cn/olddata/kexue.com.cn/upload/blog/file/2010/10/20101030103628367891.pdf

2015

二零一五，新年不好！

還有 25 分鐘，2015 年的新年鐘聲就要敲響。恭送舊年的官民老少正在準備互祝"新年好"，迎接新年準備新夢，突然微信率先發出一條噩耗，瞬間驚煞全國全球：上海外灘陳毅廣場發生慘案，約十來萬觀光男女由擁擠而沖撞由沖撞而踩踏，死傷近百，幾十個歡天喜地準備迎接新夢的年輕靈魂，將永遠停留在 2014 年 12 月 31 日 23 時 35 分他（她）們的中國舊夢裏了！真是在最不應該的時候最不應該的地方發生最不應該的事情！一時人們的"新年好"祝詞陡然哽在喉頭，不得不痛苦地隨著淚水咽下去——除了那個因為壟斷輿論而富得腦滿腸肥的 CCTV，它的 15 頻道音樂臺一直歡快地上演著 30 小時不間斷的賀歲節目，"英雄就是愛美人"呀什麼的，自娛自樂。

這個新年不好！

然則這不應發生的事故怎樣又發生了呢？細查可能見到的詳情，覺得情況並不複雜，不過以青年男女為主的賀年群眾，聚集在上海外灘的"陳毅廣場"，等待 2015 年 0 時 0 分吉祥鐘聲的來臨。慘案發生在廣場的觀景臺上下階梯一帶，據說那些在臺上等待觀賞年年都有的"燈光秀"的人們，因為突然聽說今年那"秀"的地點已經較過去北移約 500 公尺，乃成夥下臺而與成夥上臺的觀眾"對沖"，於是出事了。

那麼維持秩序的警察呢？看來在場的警察的確盡力了。從一幅踩踏中心的圖片看，過百的人們擠成一團，只有一個警察被擠在已經倒下的幾位青年前而動彈不得，連躬一下身施行救助都不可能。請看事後現場警察們的回憶：

"先期到場民警發現部分群眾出現身體不適，及時採取了救援措施。"（警察）蔡立新說，由於當時人流較多，民警採取切入救援的方式，分散人群，並先後有 500 名警力增援，在救護車尚未到達現場的情況下，第一時間利用警車打開通道運送傷員。

打浦橋派出所民警林海說，當晚其為值班備勤力量，接到分局增派通知，第一時間趕赴陳毅廣場，與同事一道圍成"人牆"，將已經受傷的群眾隔離保護在空曠地帶。

回顧昨晚的踩踏事故，林海表示，由於當晚人數較多，警方無法第一時間達到現場，只得採取強行切入的方式，將人流分散開，需要耗費一定時間。

——中國新聞網：《上海一線警察講述跨年踩踏事件救援情況》

連"先期到場"的警察的"第一時間"，居然已在"切入救援"、"運送傷員"了，說明那以前在場的警力幾近於無。須知中國的警察，武警民警協警網警以及其他線人，不僅數量龐大，而且手段高超，威力驚人。它是中國特色社會主義的刀把子，構成國家政權的無敵能量。只須回顧一下近年來的出警活動，總見他們無往而不勝。奧運會世博會 APEC，保衛工作滴水不漏，甚至不惜建立"護城河"以京城外十幾億居民為假想敵，取得全球巨大驚羨。至於少數群眾的聚集，更逃不過他們警惕的眼睛，動輒抓走"尋釁滋事"的嫌疑份子；這種罪名甚至用於公民家中茶敘，哪裏容得下你踩踏擁擠！試想假使陳毅廣場當晚有人拿出一塊呼籲官員公布私產的布條，或者事先就有可疑份子在微博微信裏議論這種可能，警方還會出現"無法第一時間到達現場"的情形嗎？

那麼對於這不應該發生的慘案究竟應該責備誰呢？現場的警察。他們稀稀拉拉能做什麼？增援的警察？他們左沖右突辛苦到場已經只有運送屍體和傷員的份了。那麼是否應該責備他們的上峰，那些應該對大型聚會的群眾安全未雨綢繆事先準備的人們呢？但是他們果然和那些預防維權人士聚會發言寫文章的人們一樣有權無限調動警察嗎？或者他們就是後者一夥的人呢？那麼如果責備他們，不是或者冤枉人家或者責備中國特色社會主義的的維穩體制嗎？因為按照現代文明，警察這把"刀子"的必要，從根本來說是維護公民生命財產的安全。而根據上述的特色體制，它是政權的刀子，而"一切革命的根本問題是國家政權問題"（列寧），誰對政權不恭敬，刀子就該向誰砍去。所以，如果不解決刀子的用途問題，它之堅決用於保衛權力和疏於保衛小民，都是一定的。習近平在對此案的"重要指示"說要"堅決避免類似事件發生"，應該也是指的這個意思。不然，那指示有哪點"重要"呢？

順便說一事：我孤陋寡聞，聽到慘案的消息時居然弄不清楚"陳毅廣場"是何宮室何時修建，遍查資料才知道一點。但是這倒引起我的又一狐疑：使用這個名字是否有"反黨"（近來新用的老罪名）嫌疑呢？因為 1949 年 3 月舉行的中共七屆二中全會（其意義至少不低於十八屆四中全會）規定禁止給黨的領導者祝壽，禁止用黨的領導者的名字作地名、街名和企業的名字，防止對個人的歌功頌德，以"保持謙虛、謹慎、不驕、不躁和艱苦奮鬥的作風。"而今壽也祝了，德也頌了，又來一個"用黨的領導人的名字作地名"，黨的領導裏，該誰去管管呢？

2015 年元旦不眠之夜於不設防居

虎打武松

　　武松打虎是《水滸傳》裏的精彩段子，古今傳誦，使他成了古今英雄。不過，假使武二郎喝了十八大碗老酒去打老虎只是手起棒落，棒棒見血，一棒一只，成了武松打貓，怕就不僅沒有看頭且令人惡心了。故打虎之精彩絕倫，乃因有同樣精彩絕倫的"虎打"與之抗衡。請看《水滸傳》第二十二回：

　　　　說時遲，那時快；武松見大蟲撲來，只一閃，閃在大蟲背後。那大蟲背後看人最難，便把前爪搭在地下，把腰胯一掀，掀將起來。武松只一閃，閃在一邊。大蟲見掀他不著，吼一聲，卻似半天裏起個霹靂，振得那山岡也動，把這鐵棒也似虎尾倒豎起來只一剪。武松卻又閃在一邊。原來那大蟲拿人只是一撲，一掀，一剪；三般捉不著時，氣性先自沒了一半。那大蟲又剪不著，再吼了一聲，一兜兜將回來。……

　　接著還有武松一棒打去，誤中枯樹，哨棒折斷，老虎再撲。這才有揪虎皮按虎頭拳打腳踢直至那家夥"動彈不得，只剩口裏兀自氣喘"，直至滅亡。老虎打人的動作是否真的就是"一撲一掀一剪"，作者施耐庵先生當有所本，即使不過是他的創作，也總是老虎對人必有的攻擊或反擊行動的藝術描繪，反映了武松打虎必然伴有虎打武松的客觀現實，不是無端嚇唬讀者的。

　　這就要說到當朝的打虎了。當朝的兩位打虎英雄，碰巧也像喝了"十八大"之酒，上山大戰群虎，已經打下五六十只，還要繼續打下去，聲言"上不封頂"，打遍天下老虎。奇怪的是這些老虎的反應，除了開頭的那只——究真說，那還是前任英雄打下的——還在法庭上咆哮幾聲以外，後來的大老虎巨老虎太上老虎，個個都無聲無氣，乖乖地被捉進或靜候捉進毫無法律地位的"雙規"牢，等待隨便什麼樣的哨棒打擊。有了這樣的條件而居然乖乖就擒，這是什麼原因呢？是現代老虎比它們的前輩大大退化了嗎？

當然不是。否則武松們絕對不會一再表示他們不計個人毀譽個人生死去從事這場"輸不起"的冒險。"毀譽"也"生死"也"輸不起"也這些不能再大的大詞，在在表現他們面對的遍及海內的老虎們，比起景陽岡上那只倒楣虎來，正在且必將以萬倍的仇恨十萬倍的瘋狂百萬倍的力量對付兩個武松，時時刻刻準備著實現把他們一槍斃命乃至千刀萬剮、恢復自己騎在千萬奴隸頭上歡樂專政的"中國夢"。只是由於包括他們和武松們共同營造的現行體制的重重遮蔽，使所有這些驚心動魄的環生險象對十三億觀眾深藏不露罷了。不過諺云沒有不透風的牆，那麼大動靜的殊死鬥爭，總不至於毫無征兆的。

且不去猜測坊間所傳的種種設陷下套暗算暗殺武松的陰謀，只說一種全民天天眼見的陽謀，而且是把打虎事業徹底挫敗、使虎子虎孫重建天堂的陽謀。這就是和打虎運動幾乎同時興起的對於人民的全面專政運動。從大量抓捕積極擁護打虎的民間人士，到不斷出臺反憲政反民主反自由因此也反"兩個三十年"以前中共自身的種種禁令，無不"碰巧"地隨打虎運動的起伏而起伏，形成當代中國史上最為自相矛盾最為神奇詭異的政治風景。

從表面上看，這種景象不過是武松及其團隊愚蠢的自殘之舉。不過看待一種政治行為，猜測它為誰發動有何動機並不重要，重要的是看它實際上會使什麼社會集團受損和受益。不是說當前的打虎僅是治標，為的是贏得時間以便治本嗎？這陽謀的實際效果既是尚未就擒的老虎們脫身之機，更是根本摧毀你治本可能的不二法門。它就是對打虎英雄及其團隊的致命反擊。

最近那個突然對全國大學下令"絕不能讓傳播西方價值觀念的教材進入我們的課堂；絕不允許各種誹謗黨的領導、抹黑社會主義的言論在大學課堂裏出現"的教育部長袁貴仁，不僅恢復"前三十年"反右派運動和"公安六條"以言治罪的恐怖罪名，而且把自清末變法以來引進的"西方價值觀念"及其產物包括大學本身甚至共產黨本身一竿子打入地獄。此人此舉，甚能表明"虎打武松"的手段和招式。袁氏訓令所以能夠出臺，非因發令者的腦殘，反而顯出他的精明。原來據舉報，此人已經涉嫌虎圈，其子北京出版社教材中心總編輯袁昕利用他的勢力，違規拿下多筆基礎教育教材的生意，曾非法送審十二套"袁氏教材"。而"袁昕主持編纂的教材質量差，甚至都不能按照規定時間提交審查——但卻每每都順利通過教育部的審核。僅就粗略統計，袁昕通過編輯和販售基礎教育教材的利潤在 100 億元至 200 億元人民幣。"至少有違《中國共產黨黨員領導幹部廉潔從政若干準則》不准黨員領導幹部"允許、縱容配偶、子女及其配偶，在本人管轄的地區和業務範圍內個人從事可能與公共利益發生衝突的經商、辦企業、社會中介服務等活動"的禁令。這樣的舉報自然尚待司法核定，但是瓜田李下總待澄清。而這位三年前曾經在全國政協高調贊同中國教育應"更多引進外國資源"、否定"高等教育有意識形態屬性，不能過度引入"觀點的現任教育部長，在打虎高潮中突然搖身一變，成了"西方價值觀念"的反對派，極有可能是為了表明他很"擁黨擁社會主義"，不是老虎而是武松粉絲，此其一。其二呢，他很清楚，打虎運動如果一旦失利，老虎們加在武松身上的罪名一定不出"反黨反社會主義"，因此武松們對於高唱反誹謗黨反抹黑主義的份子，總會有所忌憚，不好輕易下手。這兩點看來已經應驗，袁部長至今未受調查。其三則是反掉了憲政民主等等"西方價值觀念"，再把磨拳搽掌擁護打虎準備幫忙打虎的民間志士橫打順拖關進牢裏，為老虎的反撲反掀反剪創造極好條件，自然等於反掉了武松們徹底改革專制體制實行民主體制的"治本"，"動彈不得，只剩口裏兀自氣喘"的就不是老虎，而是哨棒折斷、孤立無援的武松了！"虎打武松"的手段和步驟，可能正是如此呢！

有一本"西方"共產黨人尤里烏斯・伏契克在德國特色社會主義（納粹）監獄裏被處決前寫的打虎和虎打經過的名著《絞刑架下的報告》，曾經為幾代中共黨人傳誦。它的最後一句話是：人們，你們要警惕啊！

我要借他的話說，武松們，你們要警惕啊！

2015 年 3 月 3 日於不設防居

平反和存真

——從趙紫陽的安葬問題想到"平反冤假錯案"

"前三十年"搞莫名其妙的階級鬥爭為綱,因此冤獄遍於獄中,因此冤假錯案及其平反成為一時的"民怨"和"民願";後來又說後三十年和它一樣,至少在冤獄的規模上,估計說大了一點,不過看來平反的需求也不會小到哪裏去。

日前看到一則網訊,是關於後三十年一則級別最高、規模最大的冤假錯案的:

> 在趙紫陽去世十週年之際,香港《南華早報》記者專訪趙紫陽最小的兒子趙五軍。趙五軍說,在他全家繼續爭取骨灰安葬的權利的同時,也希望官方的結論被人們記住。當被問及是否希望官方的結論被重新否定時,他說"我希望'支持動亂和分裂黨'刻在他的墓碑上,對於我們家人來說,這不是什麼恥辱,是我們的光榮。"

> 一位接近趙紫陽子女的友人星期三告訴本臺:"五軍的這番講話,不僅僅是趙紫陽目前家庭成員的一人講話,他家裏都是這樣的想法,這正如趙去世以後,他們家庭子女寫的一副對聯所說的'支持您的決定是我們不變的選擇,能做您的兒女是我們畢生的榮耀'。我覺得這是趙紫陽子女集體的心聲。我對他們子女十多年來所表現出對父親的愛戴、理解,我覺得非常好"。

被中共中央長期囚禁至死的前總書記趙紫陽,到今年年初逝世已屆十年,他的遺骸卻還不能入土,依然被他那些曾經和百姓同聲高歌"要吃糧找紫陽"的恭順下級和下級的下級們長期囚禁著。這倒是中共為人類歷史貢獻的又一筆空前絕後記錄，很令它的黨員臉紅，也使它的朋友寒心；而如果此例不改，中共現在和以後的任何一把手，恐怕即使鑽進骨灰盒進入八寶山，都無法對自己能否安然去"見馬克思"產生信心。

但是趙公子五軍所傳達趙氏遺屬的一致希望，將在趙公的墓碑刻上當年中共中央封贈他的誅語"支持動亂和分裂黨"，我以為是絕好的主意。

本來，對於 1989 年春夏之交的那場反腐敗求政改的民主運動的態度，黨內高層發生的"分裂"是顯然的：以總書記趙紫陽為首的真正以"為人民服務"為宗旨的人們，堅持中共對人民的一再承諾，主張在理性和法治的基礎上把群眾的抗議轉化為政治改革的助力，推動國家向現代文明前進；而以軍委主席鄧小平為首的以"打天下坐天下"為當然、以死守"鎮壓之權"為天職的皇族維穩家們，則視人民的抗議為洪水猛獸為亂臣賊子，必欲置之死地而後快。其結果是法理上的黨政最高領導被事實上的皇族集團使用軍事鎮壓的手段所制服，在震驚中外的坦克碾壓下"平定暴亂"。而作為中共中央總書記"分裂"自己領導的黨、支持擁護自己政綱的群眾在廣場和平搞"動亂"，則成了他的罪名和新朝合法性的象徵。但是，這樣的"罪名"何嘗又不是趙紫陽以及他的支持者們與政變者們根本界限的象徵呢！

從那時以來，黨內外一直存在著為這個罪名平反的聲音，而時過四分之一世紀，這種平反卻毫無征兆。其實原因很簡單。和種種技術上的冤獄個案不同，一樁政治冤案的形成，總是來源於某個政治集團的某種政治利益；平反罪名的前提條件，或是該利益集團的下臺，或是（很難）他們的悔悟，總之以徹底否定和放棄造成該項罪名的利益為前提。當代中國最大範圍的一次"平反冤假錯案"，發生在神化毛澤東的文革利益集團下臺和迷信毛某的廣大黨內骨幹的覺醒之後。沒有這樣的條件，不會出現給任何政治冤獄平反的"救世主"。而這一點，正是無罪的趙紫陽不得平反的原因。

其實站在趙紫陽的角度看，他真希望那些踏著群眾（以及他的理想）的鮮血上臺的人們，以及繼承那些人遺產遺惠的人們，會給他平反,說當年他並不支持反貪腐求政改的學生,並未與死保專政體制的皇族世家搞"分裂"反而和他們沉瀣一氣嗎?他希望那些人嘻嘻哈哈和他握手言歡,說"原來你是我們的好同志"嗎?這是為他平反還是對他污辱呢?所以,只要一天不出現平反所需的前提即不能斬斷對那次所謂"動亂""風波"的鎮壓形成的利益鏈,那麼在墓碑上鮮明刻上被栽的罪名,事實上就使該罪名成為他和那些借鎮壓而形成的利益集團的鮮明界限,這就保存了歷史的真相。而歷史真相對他,用趙五軍代表可敬的趙氏遺屬的話說,就"不是什麼恥辱,而是最大的光榮"了!

上文說到文革以後那次"最大範圍"的平反,那也僅是指其範圍而言,至於平反的深度和質量,則視其不同對象而各有很大區別。對於文革所收拾的"走資派",因為上臺主持平反的就是他們自己,自然毫不猶豫地"全盤否定",連其中某些人欺壓群眾營私舞弊甚至推行弊政誤國害民的惡行也一概抹掉,"不留尾巴"。而對於那以前"十七年"的種種冤假錯案,則視它和掌權平反者的關係而定深淺了。最惹人注目的,莫過於反右派運動受害者的處置。

1957年的"右派進攻",其實正是1989年民主運動的預演,其主要訴求正是反對後來文革發生、腐敗泛濫的病根——不受監督的權力,所以否定反右也是否定文革的題中之義。可是當年反右的實際領導人鄧小平卻兼為平反冤案的關鍵點頭人,且那時正在復位的當權者中又多為反右受益提拔的長官,所以對於文革和反右兩者的處置就顯著懸殊:全盤平反文革罪名而根本肯定反右只個別"改正"其"擴大化"!正因如此,沒有一個走資派後來承認自己的"走資"罪名,而右派們的境遇卻大不相同了。因為根據"鄧小平理論",對右派的"反擊是完全正確和必要的",連個"平反"都不能給他們,賞給一個"改正"卻連其名稱都是從當年的《劃分右派份子的標準》抄來的,那是說運動後期發現劃了個別不符合右派標準的應當"改正"過來。雖然由於真正同情右派民主追求的胡耀邦們的堅持努力,使那次"改正"的比例竟是五十餘萬分之五十餘萬,幾乎等於全體一風吹掉,可是並不觸及該運動以言治罪的反憲法反人權本質,只說右派當年起的是好心說的非壞話所以無罪,無異承認黨治下的人民只能心往一處想話揀好的說,否則就就是罪大惡極就該以言治罪；這當然不是對憲政、人權和民主自由的堅持了。所以，如同紫陽只能同六四政變當局"分裂"一樣，右派也不能不同堅持以言治罪原則的人們劃清界限，不會和它同"派"：只要後者把言論自由的要求看成"反黨反社會主義"，那麼，保存這個反黨反社會主義的右派名分，以區別於那些以擁黨擁社會主義之名行獨裁專政搞壞資本主義之實的團夥，對於保存反右運動的真相，應當是無二的選擇。這就大不同於前"走資派"們對自己罪名的厭惡了。

不久以前，有兩位文化名人兼中共高幹逝世，比較他們的訃聞，碰巧可以看出這點區別。一位是 2 月 10 日逝世的中共中央書記處原書記鄧力群，新華社訃聞甚不尋常地稱他是"久經考驗的忠誠的共產主義戰士，無產階級革命家，我黨思想理論宣傳戰線的傑出領導人，馬克思主義理論家"，並無一字提到他在文革中被打成"現行反革命"幾年之久。另一位是 3 月 3 日逝世的出版家、雜文家曾彥修（嚴秀），同是新華社發出的訃聞中明白指出他"1957 年被錯劃為右派"。兩者的相異還包括訃聞發佈的時間：鄧力群的是在他逝世當天，而曾彥修的則在逝世一週以後。鑒於官方發佈的高官訃聞雖都出自"組織"擬定但一般均須商諸家屬，曾彥修訃聞的顯著延遲當是雙方在內容上曾經反復商酌。他們商酌的是什麼，我無從知道。但是就我對雜文大師嚴秀文品人品的了解，特別是知道當年他作為人民出版社領導反右運動"五人小組"組長，為了保護同仁而把自己劃成右派上報，我相信如果他泉下有知，對於這段訃聞必須保留他曾成為右派的內容，應當是始終堅持的。他絕不願和那些只顧追隨領袖的陰謀陽謀不顧人民的生死存亡的上峰們同"派"。這畢竟是當年的真相，"不是什麼恥辱，而是最大的光榮"啊！

2015 年 3 月 30 日於不設防居

日曆風波

　　日曆是個好東西也是壞東西，它使人週而復始地記起不該忘記或不准記起的事情。這不，"六四"又來了，第二十六個了。假使革命成功之初就順便革掉"年""月"的命，只按日計數，例如中央人民政府1日2日3日（順便說，當天毛主席在天安門上宣佈的是"中華人民共和國中央人民政府今天成立了"，成立的是政府而不是國家）數到今天，該是第23988日了，誰還記得其中第某某某某天裡誰誰誰誰做過什麼壞事醜事形成什麼冤假錯案！然則"敏感日期"自然消失，冤假錯案的創作者繼承者該有多麼自在！幸好被侮辱被迫害的無告的人們總還有個記錄年月日的日曆武器，幫助他們不斷地記起種種惡人惡行，並且把這些記憶傳遞給世世代代的人們。就"六四"來說，當年調動軍隊開著坦克攻入首都"平暴"兼廢除執政黨總書記的人們，大都相繼棄世，但他們的二代三代繼任者們總怕喪失繼承過來的權杖，甘以當年政變的當事人自居而揹上種種歷史包袱，一到那敏感日期來臨，就極不自在極多忌諱急忙調動一切可以調動的力量，從插科打諢分散注意到抓人搭嘴先發維穩，不勝折騰之至。而一年中這樣那樣的惡行紀念日又不止一個兩個且繼續與年俱增，他們過得也怪不爽的，我猜。

　　至於他們防範的對象，數量也一樣與年俱增。每一茬冤假錯案的受害者，雖然也隨年月陸續消逝，但是他們一樣有著二代三代，從自己的父祖那裡繼承著苦難的記憶和債權，更重要的是公權力造就的所有冤假錯案，總是不僅加害具體的當事人，更貽害國家民族的體面、實力和心智，從而不斷造就它強大的正義反對力量，更無論壞事醜事的與年俱增引發的受害增量和反抗增量了。

　　於是，以日曆上冤假錯案的一串生日為標誌，"和諧"的中國社會迅速形成對立的官民兩方。還以"六四"而論，它輪流光臨至今已經二十六次了，官方見它就如臨大敵如履薄冰臉色發黃渾身出汗一次比一次反應強烈而弱智，到去年就把鎮壓前線推進到公民家裡，捉拿敢於關門議論這個日子的"尋釁滋事"份子；這次更提前把戰線推上網路，"提高網警露面率"，刪帖封號閉網抓人；民間則變著法兒說九九乘法表"八八"、日期"五月三十五"、人民幣"1989.64元"，含著眼淚逗它玩。這些貌似貓捉老鼠的遊戲究竟說明什麼呢？它不過是老得不能再老的老矛盾：討債和欠債的矛盾！六十幾年以來，不是常常討論什麼是我國的"主要矛盾"麼？——生產力和生產關係的矛盾？上層建築和經濟基礎的矛盾？無產階級和資產階級的矛盾？落後的生產力和先進生產關係的矛盾？毛主席和劉主席的矛盾？或者他和林副主席的矛盾？……林林總總，自己說來都矛盾百出。我看隨著冤假錯案的前不銷而後相繼，債權債務雙方圍繞日曆尖銳的討債賴債拉鋸，倒真會構成舉國上下的"主要矛盾"呢。

作爲中國共產党黨員，我自然也算"體制內人"，遇事總會分點心去爲"體制"著想。我想一個國家一個社會居然被一本日曆如此撕裂，而且越去動手制止越發增加"敏感日期"，待到365天都敏感或者重複敏感以後，當家人和當家党還有任何法理依據把家當下去嗎？所以必須想出一個根本解決問題之策。

一個辦法就是不怕撕裂，不僅不怕而且力求撕裂，這就是"前三十年"的不斷製造敵人同時施行的"全面專政"了。此法近來好像正在推行，並有超過那三十年，推進於互聯網上再進公民家中也許還上公民的床之勢。這樣的趨勢發展下去，自然是與全民爲敵——只看這後五個字，我就爲當家人當家党所不取。因爲歷史證明那樣的後果（沒有"之一"）是顯然的，很不好。

第二個辦法就是多有時賢建議的，老老實實地承認歷史真相，向所有罹受不公正禍害的同胞道歉罪己，如同我們要求曾經侵略中國的日本政府那樣，先得"以史爲鑒"，後可"面向未來"，也才真有"未來"。

當然還有一策，就是如本文開始所假設，乾脆廢除以年月記時的制度，每個日子只能在歷史上出現一次，這日曆的風波或許可能一勞永逸地消滅了。不過得說明，這個辦法早在五百多年以前就被老外發明了，名字叫做"儒略法"。也許效法它也只算是"師夷長技"，與"西方價值觀"無涉，是不是？

西元725760日于不設防居

怎樣審判陳雲飛

那個響應中共的號召，自掏旅費為"把權力關進籠子"四出奔走的遊俠陳雲飛，如今反被權力關進籠子了。今年清明前夕，他和一幫同志前去某處公墓為兩位風波蒙難學生舉行例行祭奠時，遭到上百武裝警察的拼命追趕嚴密圍捕，以"顛覆國家政權罪、尋釁滋事罪"逮捕。我聽說此事後的第一個感覺是十分滑稽，跑到墳墓面前去顛覆的"國家政權"，應該是閻王殿吧，干他中國警察底事？他們並未吃閻王爺的飯，管得上誰砸閻王爺的鍋嗎？

第二個感覺也是但不僅是為警察們的，就是他們真是倒霉透了，全國那麼多犯可惡罪的異議公知死磕大V他抓不完，抓起來的又無審不輸理無判不非法，不知將來怎樣收場；此時偏偏又抓陳雲飛，須知遍查此人言行，無一不合中央精神，總是傳播正能量。只看他的打扮：揹個紅衛兵書包，包上鮮明印著毛主席頭像和他的親筆題字"為人民服務"，有時還在身前背後掛牌宣示種種警句，教育大小公僕一定要為人民而不是為他的長官他的二奶服務。

寫到這裏，看見新聞報道說習近平在貴州"夜訪"省級幹部的豪宅，走時丟下一句話，要那些"住得不比西歐部長差"的長官們"還是要記住自己是人民的公僕。"意思和陳氏語錄高度重合。

中共規定的"核心價值觀"富強民主文明和諧自由平等公正法治愛國敬業誠信友善，除了"富強"二字可能引起"錢權勾結"的誤解、雲飛不大提及以外，其餘二十二字就是他以公民身份勸導教育訓誡公僕們的全部內容，找不出任何與此相悖的所謂"西方價值觀"的影子。他們把這樣一個人物抓起來還想以此判他"顛覆國家政權罪"卻不須改變該"國家政權"的性質，看他們怎樣做得到吧。我倒熱切等待對他的公開審判，看哪個審判長有本事把他的這些言行判罪且敢對此承擔"終身責任"[11]。

雲飛是我的朋友,和他相交已經多年。其前是只見行動,未知姓名。那是 2007 年 6 月 5 日,我的日記記載:

> 晨得××信,轉來一帖,通報成都晚報昨刊一廣告,文為"向堅強的 64 受難者母親致敬"。此為 18 年來國內報紙首次公開向六四禍首挑戰。即以"敝鄉城市之光"為題轉發(外地作家朋友)××、××、××。旋得××復信,說她已知道,一天都為此激動不已,我們這個民族究竟還有希望。說不知怎樣才能表達對他們的敬意。

那時我們理解的"他們",乃是那張《成都晚報》,後來知道該報並無膽量獲此殊榮,"敝鄉城市之光"竟是由一位不知名的漢子作為悼念親朋的廣告送到報社,又得黨國於六四之後向後人掩蓋那段歷史之賜,接廣告的值班女孩根本不知"64"為何物,才得以點亮的。再後來,才知那位英雄姓陳名雲飛,當年在天安門槍林彈雨下劫後餘生的大學生也。他自然因為廣告的事受到查處,以與現在同樣的罪名"顛覆國家政權"被監視居住半年;似乎那時他就向查處他的官員傳授了毛澤東"絕對不許向群眾開槍"的最高指示,以說明自己行為之符合黨的教導。這可能就是他以後不斷對官員們宣講黨的教導的起點吧。

不過我直接接觸此君,卻是由於他的另一行動。2010 年,他通過一位朋友找到我,向我介紹一位民間人士,讓我協助他編輯一部中共(是中國共產黨而不是其它黨)一位領袖在四川首倡改革的歷史。我由於編研官史嘗盡苦頭,退休以後本想逍遙史外,但一看他那一不為名二不為利只為真實的歷史操心的眼神,兼以知道他就是那個點亮成都"城市之光"的漢子,就立刻同意了。以後此書在中國香港出版,引起海內外重視,但書上卻無他陳某一點蹤跡,他也從不提他做的貢獻,雖然這一貢獻當然是為黨爭光的。他就是這

---

[11] 陳雲飛於 2017 年 3 月 31 日被成都市武侯區法院以"尋釁滋事罪"判處有期徒刑 4 年。陳當庭宣佈要以"判處太輕"上訴。

樣一個默默奉獻只做不顯的人。

從此以後，他就成了我的好友。我也就時刻關心著他的行止，為他一次次按照黨的政策拒斥橫行權力幫助無辜弱者的行為感動，也為他一次次被抓進局子（據說住過全國各地警察局共約 40 個）擔心。而每次受苦歸來的他，總是笑逐顏開，說他是在"快樂馴獸"，哪有不遭咬兩口的。

陳雲飛自稱"馴獸師"。此名和所謂快樂馴獸，並非罵他所對付的官員為野獸且引以為樂，而是緣自黨訓"把權力關進籠子"。查"籠子"就是而且只是用來關養家禽家畜雞鴨豬狗的，雞鴨豬狗在這裏就代表政治權力了。所以他常把教育官員稱為馴獸或養豬，這是一點也不帶貶義的。他之所以樂此而不疲，請聽他的解釋：

> 要馴服"公權"這樣的猛獸，除了非暴力，理性的運用法律武器對待外，我們還要有愛心，不能帶著仇恨。仇恨只能讓罪惡延續，仇恨只能種下仇恨的種子，仇恨只能走向革命。
>
> 豬，養大了，我們要吃肉；獸，馴服了，我們可以觀賞它的娛樂表演；公權，馴服了，我們還需要它為我們服務！
>
> 民主運動開展成群眾性的娛樂活動，民主果實離成熟就不遠了。
>
> ——《趕豬進籠，娛樂民主》

他就是以這"娛樂民主"的心態，去實踐"把權力關進籠子"的。前已說過，這正是黨的號召。黨號召，他實踐，此非孤例，而是貫穿於他全部活動的始終。須知黨已說盡好話，而他則盡做好事，一說一做，兩相配合，互補互利，相得益彰。在這樣的格局下，有關部門居然把他抓來審判，除非能夠宣布黨說的話是騙人的只能聽不准做的。也許當年的中央政法委書記周永康有膽如此抹黑他的黨，現在的審判官，還有步他後塵的嗎？

2015 年 7 月 4 日於不設防居

通姦、黨紀、潛黨紀和規矩

今年6月5日,中央紀委監察部網站發佈一條消息,宣布開除一個不大不小老虎的黨籍。那份"違紀通報"中,判定此虎"與他人通姦",據說引起輿論一片熱議,"通姦"成了"熱詞"。頃刻之間,那個重新領得文革期間"兩報一刊"雅號的《人民日報》就抓住這個機會宣傳正能量歌頌共產黨,在它的《人民網・時政頻道》轉發中紀委網的評論《從一個熱詞看黨紀嚴於國法》,說我國法律在"一般情況下,沒有對通姦做出定罪規定,"而"《中國共產黨紀律處分條例》第一百五十條明確規定:與他人通姦,造成不良影響的,給予警告或者嚴重警告處分;情節較重的,給予撤銷黨內職務或者留黨察看處分;情節嚴重的,給予開除黨籍處分。""由此可見黨紀與國法的關係。黨紀嚴於國法,黨員違法必先違紀。"云云。以"由此"證明"黨員和黨員幹部不能混同於普通群眾,不僅要遵守國法,更要遵守黨紀。"連自己的黨員胡亂上床的醜事,都可用來證明"黨紀嚴於國法"、黨員高於"普通群眾",文章的作者和轉載者的用心良苦,值得佩服。

值得佩服的是他們熱切護黨的用心,卻非他們胡亂頌黨的本領。恕我直言,他們的本領只能叫"負本領",把一心歌頌的對象頌得更加不堪。檢討起來,該本領的"負值"如下:

首先是它把立此頌黨之論的基礎即黨紀和國法的比較看走眼了,以為那兩者在對待"通姦"問題上寬嚴有多麼的不同,黨紀不准黨員通姦,國法則任憑"普通群眾"亂來。可是所謂國法對於通姦免罪的"一般的情況",其實也甚不一般,《中華人民共和國婚姻法》第三條明確規定"禁止有配偶者與他人同居",就是對已婚男女的禁令,而對那些尚無配偶的人與誰睡覺,也非一點不管,賣淫嫖娼就是犯罪,薛蠻子被弄上中央電視臺示眾,顯然不是因為觸犯黨紀;姦淫幼女的彌天大罪曾因多數立法老爺們的陰暗心理被等同於嫖娼,立了一個"嫖宿幼女罪",但總算一罪,不是非黨員就可通融的。而黨紀給予自己的通姦黨員（無論有無配偶）處分也非沒有條件，據上引紀律處分條例規定，只有當它"造成不良影響"才處分的。而查通姦之事，"一般情況下"只在夜深人靜之時閉門關燈進行，要"造成不良影響"，也並非易事。即使像重慶那批和商人派去的"紅粉軍團"次第通姦的雷政富等 21 名中共區委書記、縣委書記和國企高管，本來悄悄做了而服從商家敲詐已經長期平安無事，只因床上醜態不慎被人偷拍上網傳播全球，這才"造成不良影響"因而"情節嚴重"了。不過即使如此，據報道這夥流氓長官受到的黨紀處分僅是其中 3 人開除黨籍而"其餘 18 名黨員幹部因嚴重違反社會主義道德，按照《中國共產黨紀律處分條例》，已分別給予黨內警告、嚴重警告等紀律處分"！須知黨雖極端看重"影響"，無影響可以不理，有影響揮淚查處；但影響到了這個份上，也不過如此高高舉起輕輕放下而已。這就是黨紀的嚴肅之處，可是它真會令人感到敬佩嗎？

退一步說，黨紀和國法的以上區別雖然不大，但是總還說明黨對黨員的要求，比法律對全民的規範，確有範圍更大的一面，國法不管的黨紀要管。但是由此得出"黨紀嚴於國法"的結論，就合乎邏輯合乎事實嗎？"國法"的最高刑罰是死刑，按照黨紀的規定，除了能把黨員開除出黨，還能把他們拖出去槍斃或者更"嚴"地千刀萬剮淩遲處死嗎？何況黨紀所無之"紀"，世上還有多多。學校的規定的學生守則黨章就管不全，有些家長規定娃娃吃飯不准說話見客人必須問安又比學校還管得多，可以因此認為家規嚴於校規、校規嚴於黨章，然後才輪到"黨章嚴於國法"嗎？再退一步說，法紀之嚴寬，真的表明它的優劣好壞嗎？現實社會中最嚴的紀律莫非恐怖組織販毒團夥的，成員稍有觸犯就可死無葬身之地。值得向它看齊嗎？

然後就到了那句"黨員違法必先違紀"了。它所說的應該是事實吧，可是卻特別不能為黨增光。既然黨員在違法之前"必先"違了紀，為何未曾"必先"受黨紀處分而去繼續逍遙繼續違法直至成虎呢？那是誰在縱容他呢？以"通姦違紀"為例，還是據那個《人民日報》的另一文章《對移交司法的"老虎"，中紀委的"評語"有變化!》說，"從 2014 年 6 月 5 日，中紀委將'與他人通姦'寫進通報中以來,這個字眼在此後通報的 45 人中先後出現了 25 次,占總數的 55.6%。這個比例應該說相當高,但也同時打破了社會上流傳的'凡是貪官都有情人'的錯誤論調,……應該說這個比例較為真實地反映了當前領導幹部容易陷入權色交易、形成特定關係利益輸送的真實情況。"姑無論這個 55.6%表明了"當前領導幹部"的榮耀或無恥,它把黨紀有條件禁止的通姦界定為觸犯法律的"權色交易""利益輸送",總是可圈可點的真話,說明所謂"違法必先違紀"不僅是指的時間順序而且也是因果鏈條:"色"的輸送達成"權"的買賣。那麼且不說如果黨真管住了自己黨員那臍下器官,多少貪腐案件就不會發生;就說幾年之間蒼蠅老虎打了一大串,哪一個在貪腐暴露以前曾因"和多名女性保持不正常關係"[12] 受到過黨紀的查處?如果受到嚴肅查處,他們還可能一臉正經地恃權作亂變成老虎嗎?該文在評論中紀委把通姦列入老虎們的"違紀"事項說,它"充分體現'紀在法前''黨紀嚴於國法'的原則。"這是哪跟哪兒呀?

說了以上這些,好像應該下"黨紀未必嚴於國法"、"黨紀未必先於國法"的結論了。請勿誤會,我之所見其實相反,目睹中國特色的黨紀嚴於國法先於國法為時久矣,只是那"黨紀"不在前述的意義上。那種嚴於國法先於國法的"紀",並無文字也從不按程序討論通過,比照吳思先生歸納的"潛規則",可謂"潛黨紀",所針對的則是並無法定的"可惡罪"。它自立黨以來就嚴格執行,從蘇維埃時期用石頭打殺"AB 團"、延安時期廣泛迫害無罪的"失足者",直至以後多年歷次運動的收拾"反黨份子"、"反黨集團",罪證罪名都完全根據上峰認為可惡而製造,只要看你不順眼,就打翻在地再踏上一只腳,讓你永世不得翻身,其範圍且廣延至黨外全民,其殘酷則可比拉出去槍斃或者更甚。這種"潛黨紀"行雖久而名未正,最近始獲正式名稱,叫做"守規矩"!就在《人民日報》

---

[12] 這是常見於黨紀處分的用詞。甚有意思的是,這個"多"字的內涵還和案情的程度發生直接聯繫。據人民網《中紀委罕見使用"通姦"通報官員違紀 專家稱並非罪名》稱:"據此前《新京報》報道,官員違紀表述中,最常見的就是'生活腐化',比這個形容更惡劣的是'生活作風嚴重腐化'或'嚴重道德敗壞',還有就是'道德敗壞'與'生活糜爛'。中紀委的工作人員曾表示:'生活腐化'說的是三個以下情婦(夫);'道德敗壞'與'生活糜爛',是指三個及三個以上情婦(夫)。"很講科學的。

這篇評論文章中，突出介紹了對於老虎們"不守規矩"的指控：

> "違反政治規矩"的字眼在通報中頻繁出現，……充分證明了中央今年以來強調"把紀律和規矩挺在前面"的必要性。通過對"不守規矩"者的通報點名，起到警示作用，告誡廣大黨員幹部恪守黨紀黨規，尤其是一些沒有寫進黨紀黨規中的"不成文規矩"，例如個人婚姻變動、配偶子女經商等應該如實向黨組織匯報的情況，不能因為沒有明文規定就刻意隱瞞，鑽紀律和規定的空子。

應當指出，這裏所舉黨內"不成文規矩"兩例，其實都是"成文規矩"即黨內紀律：2010年中共中央《關於領導幹部報告個人有關事項的規定》（新華社當年7月11日受命發佈）第三條就明確規定了"領導幹部應當報告下列本人婚姻變化和配偶、子女移居國（境）外、從業等事項"共八細項，計一本人的婚姻變化情況，二本人持有因私出國（境）證件的情況，三本人因私出國（境）的情況，四子女與外國人、無國籍人通婚的情況，五子女與港澳以及臺灣居民通婚的情況，六配偶、子女移居國（境）外的情況，七配偶、子女從業情況，包括配偶、子女在國（境）外從業的情況和職務情況，八配偶、子女被司法機關追究刑事責任的情況。把這些成文的"紀律和規定"說成"空子"，反去使勁提倡"不成文規矩"，我想絕非該文作者編者審核者的疏忽，而是有意配合今上提倡"守規矩"的最高指示，準備恢復本黨多年老傳統，利用"不成文規矩"看誰可惡就收拾誰。但願我過慮了。

2015年8月1日於不設防居

學習"守規矩"

　　今上臨朝以來，治國的法寶不斷翻新，"依憲治國""依法治國"（還"和以德治國相結合"）相繼提出以後，又在"治國"的黨的黨紀之外，提出個"規矩"之寶來。據一般理解，那憲法法律黨紀本來就是"規矩"，所以不以"規矩"名之者，蓋因上述法紀都有十分明白的規定性；如同人屬動物，更屬生物，更屬物質，但因都有姓名職業職務諸多界定，就不以動物等名互稱了。關於這一點，我曾以為有的領導人（不稱"領導動物"）不大講究，愛把法紀隨便說成"規矩"，後來看見權威解釋，才明白他真正要說的，乃是非憲非法非紀但是一樣可以管人的法寶："紀律是成文的規矩，一些未明文列入紀律的規矩是不成文的紀律；紀律是剛性的規矩，一些未明文列入紀律的規矩是自我約束的紀律。"（人民日報：《中共的政治規矩是什麼》，2015 年 1 月 29 日）

　　這段解說留下一個問題：既然那"規矩"是"自我約束的紀律"，即自願接受的約束，為何一旦別人不自願了，黨就要去替他約束並加懲處呢？既然黨須去約束且懲處，那麼它和本來該受黨約束的"剛性的規矩"有什麼不同呢？說實話，我自加入中共以來，雖經六十三年的"長期實踐"，此前還真不明白本黨還有除黨章黨紀以外"未明文列入的規矩"。現在既經黨報提醒，那麼我就認真學習吧。

　　接著前引人民日報的那段話，就有對於"未明文列入紀律的規矩"的定義："黨內很多規矩是我們黨在長期實踐中形成的優良傳統和工作慣例，經過實踐檢驗，約定俗成、行之有效，反映了我們黨對一些問題的深刻思考和科學總結，需要全黨長期堅持並自覺遵循。"請注意其中"深刻思考"和"科學總結"。須知"思考"必須憑借語言，"總結"而"科學"更須思考出精煉語言。語言寫在紙上，就是"明文"了，可是它們偏不"明文列入紀律"！好在該文"明文"告訴我們了：

> "在原則立場上，不守規矩主要體現為不能自覺與黨中央保持一致，包括'在原則問題和大是大非面前立場搖擺'，'對涉及黨的理論和路線方針政策等重大政治問題公開發表反對意見'，甚至是'對中央方針政策和重大決策部署陽奉陰違'，'口無遮攔，毫無顧忌'"。

它這裏說的"規矩"，就是那不能"明文列入"的法寶，它規範的是中共黨員和"黨中央"即黨國最高權力掌控者的關係。略經考察，乃知其"原則立場"與已經成文的黨章存在著重大區別甚至矛盾，這才是它不能或不屑參加"明文"黨紀的理由。這個理由可從文獻比較和黨史實際兩方面來觀察。

從文獻比較來說，"規矩"中"和中央保持一致"特別是"思想上"保持一致的要求，和中共歷次制定的最高黨紀黨章和其他成文黨紀相抵觸。"規矩"所禁止的對"重大政治問題公開發表反對意見"，在我所宣誓遵守的 1945 年中共七大黨章裏關於黨員權利的相關規定是："在黨的會議或黨的刊物上，參加關於黨的政策的實施問題之自由的切實的討論"、"向黨的任何機關直至中央提出建議和聲明。"這兩大權利在 1956 年八大黨章裏進一步表述為"在黨的會議上或者在黨的報刊上參加關於黨的政策的理論和實際問題的自由的、切實的討論"、"向黨的任何一級組織直到中央委員會提出聲明、申訴和控訴。" 到最近的十八大，也還保留著"在黨的會議上和黨報黨刊上，參加關於黨的政策問題的討論"的基本精神。上引"明文列入"黨章的黨員權利，當然與禁止"公開發表反對意見"的規矩相抵觸。特別是其中對於"口無遮攔，毫無顧忌"的禁令，更和中共十一屆五中全會通過的《關於黨內政治生活的若干準則》第五條"要講真話，言行一致"相對立。請看那明文的規定：

> "共產黨員要忠誠坦白，對黨組織不隱瞞自己的錯誤和自己的思想、觀點。……共產黨員無論何時何地、對人對己都要尊重事實，按照事物的本來面貌如實地向黨反映情況。不可

看領導需要什麼就提供什麼，報喜不報憂，更不許可弄虛作假，騙取信任、榮譽和獎勵。不准以任何理由和任何名義縱容、暗示、誘使、命令或強迫下級說假話。……黨內在思想上理論上有不同認識、有爭論是正常的。對待思想上理論上的是非，只能採取擺事實、講道理、民主討論的辦法求得解決，決不能採取壓服的辦法。有些思想理論是非一時解決不了的，除了具有重大政治性的和迫切現實性的問題以外，不要匆忙作結論，留待以後進一步研究和經過實踐來解決。……把思想認識問題任意扣上'砍旗'、'毒草'、'資產階級'、'修正主義'種種政治帽子，任意說成是敵我性質的政治問題，不僅破壞黨內正常的政治生活，造成思想僵化，而且易於被反黨野心家所利用，破壞社會主義國家的民主秩序。"

這份 1980 年通過於胡耀邦被選任總書記的中央全會的極重要文獻，幾年後由於他的下臺而被遮遮掩掩地藏了起來，它所提倡和反對的東西，也就慢慢翻了個個，"要講真話"的明文紀律，終於演化成"要遮嘴巴"的非明文規矩了。而據我推測，再開個全會來通過一個《中共中央關於遮攔嘴巴的決定》以取代五中全會的這個文獻，雖是邏輯上必然的、誘惑力極大的選擇，不過現在尚無任何不怕戴"反黨野心家"帽子的傻瓜敢去試試。這就正是黨內同時存在履行手續正式通過的和只可意會不可行文的兩套紀律的例證，但它絕不是唯一的例證。這就該回溯黨史了。

中共自建黨以來，就出現無休無止的黨內鬥爭，也就出現處理黨內鬥爭的規矩；而自它取得政權以後，黨內的鬥爭及其規矩也就直接影響著全民的安危。仔細梳理建政以來鬥爭和規矩的關係，我謹不揣冒昧地報告一個小發現，即所有置國家民族人民以及黨本身於危險境地的鬥爭，所遵循者都是不見文字的"規矩"，其最重要者就在任何情況下"和中央保持一致"的規矩。中央搞大躍進，彭德懷不一致，"對涉及黨的理論和路線方針政策等重大政治問題公開發表反對意見"，獲罪致死，就是一樁典型的案件：彭某作為一個中共黨員、中共高幹、軍政領導人員，他未觸犯任何法紀而遭到全黨共討全國共誅的下場，就因在中央犯錯誤時他正確地違背了上述規矩。還有一位大官習仲勛，因為被檢舉支持了一部小說的寫作，那小說中有兩處匿名寫到了"中央"被整死了的前同志高崗卻不去罵他，當然就違背"和中央保持一致"的規矩了，被打成反黨份子十多年。以後又有兩位已經按"明文"代表中央的最高長官胡耀邦和趙紫陽，因為不和真正執掌中央大權的中央保持一致，相繼被按"規矩"趕下臺去，成了多年的"敏感詞"！綜上似乎可見，中共黨內的兩種規矩，明文的和不見明文的，區別既在是否關乎"中央"即實際掌握專政大權者的核心利益，也在於它之可以見人和不可見人；而對於權傾天下的"中央"來說，可以見人的未必對己有利，須臾不離的又難於見人。這就是為何出現成文與否兩種規矩的根本原因。

　　說了以上的話，我自己也看出一個極大的破綻：所謂造成冤假錯案的乃是不見於文字的"規矩"，那麼文革當中的"公安六條"不是見於文字的法規嗎？它的第二條"凡是投寄反革命匿名信，秘密或公開張貼、散發反革命傳單，寫反動標語，喊反動口號，以攻擊誣衊偉大領袖毛主席和他的親密戰友林彪同志的，都是現行反革命行為，應當依法懲辦"，正是禁止對中央"發表反對意見"的文字法規，它不是造成有史以來最多最大最殘酷的冤假錯案的根源嗎？——我對此的解釋是：中國的文化大革命，已把社會拖入棄絕人類一切文明的蠻荒時代，已經無法無天到廢除一切"明文列入"的法規，又不憚"明文列入"最不堪見人的規矩。這也可以是我們繼續觀察時局的一個維度：到那些不成文的規矩登堂入室變成文字的法律法規管控全黨全民之時，第二次文革就來了。

2915 年 8 月 29 日於不設防居

一國三慶

一覺醒來，見一短信："預祝一龍兄歡度民國雙十國慶節！"發件地點在大陸而不是臺灣，發件人也是大陸一位知名的文壇朋友。本想哈哈一笑置之，突然感到別人不是在逗我笑，他說得極有根據，乃據以作下文。

10月1日即今天是中華人民共和國的國慶節，紀念它的名歌"今天是你的生日我的祖國"，很多很有學問或很有權勢的人物聽了都只知鼓掌而不覺可笑可嘆可怕。把自己"親愛的祖國"唱得連我都成了她的哥哥，真是荒謬至極；由於現在的人們多半出生於1949年的這一天以後，未必知道出生以前也還有個祖國，如此無知固可諒解，如此認知卻須糾正。須知所謂國慶日，那"國"僅指管理"祖國"的政權，而非國民生於斯長於斯的"祖國"山川和族群；"慶"的也就只是該政權的成立罷了，而與"祖國"並無直接關連。1949年10月1日毛澤東在天安門上宣告的，只是"中華人民共和國中央人民政府今天成立了"，正是表明成立的是"政府"而不是"祖國"。如果我們的祖國在那天才成立，那麼今年66歲以上的大陸億萬男女，無論活的死的，都將被革除那天以前中國國籍，成為沒有祖國的遊民和遊魂，而"歷史悠久"的中國，也被一併勾銷了。可笑也夫！可嘆也夫！可怕也夫！

然而這就引來一個問題，既然那億萬66歲以上的死鬼活鬼們曾有生活在1949年10月1日以前的中國之歷史，自然也是那時的中國人；那麼他們是否該擁有並慶祝那時自己的國慶呢？這話問得似很弱智，因為答案應該是顯然的：你是中國國民自當有自己的國慶！那個時候你的國慶就是"雙十國慶節"——那位朋友預祝我歡度的"民國雙十國慶節"！可是問題的要點是：那是"三座大山"國民黨政權的節日，你還去"慶"它，應該嗎？可以嗎？你敢嗎？

一個政權建立的日子是否可慶，判斷的根據是它建立的當時而非以後發生的事情之好壞。例如我們的十月一日國慶，慶的應該是

1949 年結束了斷續十幾年的內戰，趕走了法西斯專政的國民政府，訂立了和世界潮流開始接軌的臨時憲法《共同綱領》，開闢了"中國人民站起來"的光輝前景，而絕非慶祝那以後的撕裂社會愚弄人民餓死人民的所謂"探索"更非公開反民主反憲政反對人類普適價值的後續動靜。同理，雙十之可慶，在於它於 1911 年推翻了中國數千年來的皇權專制，創立了亞洲第一個共和政體，開闢了融入現代世界潮流實現人民解放的光輝前景，而不是它在後來維護製造幾座"大山"實行特務統治終於失敗的後果。或問兩段歷史的後果居然如此，難道其原因竟與其兩個開端無關因而至今都該"慶"它們嗎？我以為答案是，任何特定的歷史開端總有多項乃至無窮的前景選項，只看當事人及其後繼者如何繼續操作；再光輝的開端都絕無什麼光輝的"必然結果"躺在將來等著你去收割。人們慶祝那兩個國慶即兩個光輝的開端，都是為了切記往年的初衷，避免重蹈"勝利，失敗，再勝利，再失敗直至滅亡"覆轍的後果。這樣的說明，你贊成嗎？

　　不過中國當代史還有一個異項，就是它除了前後相繼的兩個國慶和相應的兩個政權之外，還有第三個獨立政權的建立，建的也是"國"但是居然未聞被"慶"。這就是 1931 年國難"九一八"五十天之後出現的"中華蘇維埃共和國"。此事出在大敵壓境國難當頭的緊急時刻，製造者卻又不是侵略者日本鬼子或其"帶路黨"，而是堅決聲明反對日本侵略的中國共產黨。反對侵略而又在侵略當頭之時搞出另一個中國，開"兩個中國"運動之先聲；反對日本侵略卻號召"武裝保衛蘇聯"且把"國慶"日選在 11 月 7 日與北邊那個盤踞廣闊中華國土的社會帝國主義國家同名國慶同日。對於這樣的行為，當事者和史學家無論找出何種理由，對於人民、民族和國家，實在看不出它算什麼積極的開端。事實上此"國"存在幾年以後也被其製造者自行取消，它的"把有錢人整下去"和踏上人家"小姐少奶奶的牙床""滾一滾"，以及大砍大殺自己同志（即所謂"肅反"和"反ＡＢ團"）的種種政策措施，也陸續被主人自貶為"左傾"，至今既無國又無慶地徹底消失了。這可作為"國慶"的一個例外吧。

2015 年 10 月 1 日於不設防居

不議只問

10月21日，中共中央發佈重修的《中國共產黨紀律處分條例》。令人意外的是，它所列入違反政治紀律"負面清單"裏的，赫然列著"妄議中央大政方針，破壞黨的集中統一"，犯規者可獲的最高處分是開除黨籍。學習這段屬於"中央大政方針"的處分條例，不懂之處不好討論即"妄議"了，那麼我謹小聲地提問請教，可以不？

問一：條例所稱"妄議"，肯定不是指對"中央大政方針"稱讚頌揚擁護感恩之"議"，它要禁止要處分的絕非它們，這點我懂；除此以外，"議"就是批評指責和攻擊誹謗了。"攻擊誹謗"屬於刑事罪名，除了戰爭時期也許可以用以對付敵人，任何人員（不僅中共黨員）都不能加於任何對象（不僅"中央大政方針"）的，應該不屬黨紀範圍；那麼剩下的就是對於中央大政方針的批評建議指責問難了。要禁止這種批評指責，其理由和條件應該是中央"大政方針"的絕對正確永遠正確。可是連自己黨員的議論都不聽，它的絕對而永遠的正確是從哪裡來的呢？是從天上掉下來的嗎？是"中央"頭腦裏固有的嗎？根據歷史事實，曾經有過這樣的中央嗎？根據馬克思主義或僅僅根據常識，將來可能有這樣的中央嗎？

問二：本條例稱它是"根據《中國共產黨章程》"制定的，查現行黨章，對於黨員權利有"參加關於黨的政策問題的討論"、"對黨的工作提出建議和倡議"、"批評黨的任何組織和任何黨員"一類的規定，這裡的"討論"也"倡議"也"批評"也都是"議"；"黨的政策問題"也"黨的工作"也"黨的任何組織"也都沒有排除"中央"和"大政方針"。所以所謂"根據"黨章，可能印錯了。或曰這裡不准的是"妄"而非"議"，那麼一個一個的下級黨員，對於中央大政方針有所不解有所建言甚至有所批評，怎麼能保證在說出口之前就一定正確一定不"妄"呢？中央領導能夠做到嗎？英明領袖能夠做到嗎？偉大領袖能夠做到嗎？而且，管理千千萬萬小黨員的千萬個黨支部，它們哪來那麼豐富的信息資源和那麼無邊的黨內權力去判斷每一個對大政方針的"議"究竟妄也不妄，以決定對該"（妄或非妄）議（黨）員"是否懲罰及如何懲罰呢？

問三：黨章還規定，黨"在憲法和法律範圍內活動"，中華人民共和國現行憲法第四十一條規定"中華人民共和國公民對於任何國家機關和國家工作人員，有提出批評和建議的權利"，而本條例卻把中共中央（屬於國家最高執政機關）置於部分公民即中共黨員有權批評的範圍以外，算不算剝奪他們憲法權利的"憲法和法律範圍"之外和之上的活動呢？算不算把自己的黨員劃成權利殘缺的殘廢公民或二等公民呢？就在幾個月以前召開的中央統戰工作會議上，總書記還向全國人民保證"不能用對抗的態度對待不同的聲音，而要在相互尊重、理解的基礎上，通過討論、協商找到一個最大公約數。"難道這個"最大公約數"裏竟不能涵蓋自己黨員的聲音嗎？難道同一種"聲音"，發自黨外人士，就不能對抗且允納入"最大公約數"，而發自自己黨員，就不須尊重理解反加對抗懲處了？世界上有這樣對待自己的黨員的政黨嗎？

問四：1980年，中共十一屆五中全會曾經通過一個《關於黨內政治生活的若干準則》，其第五條為"要講真話，言行一致"，規定"共產黨員要忠誠坦白，對黨組織不隱瞞自己的錯誤和自己的思想、觀點。""共產黨員無論何時何地、對人對己都要尊重事實，按照事物的本來面貌如實地向黨反映情況。"這裡的"講真話"自然包括"議"真話，對黨組織不能隱瞞自己的思想觀點甚至"錯誤"，自然包括擁有"妄議"之權和負有"妄議"之責了。這樣的規定如果需要廢除或需要另立一個"要講假話"、"對黨組織必須（或應該，或可以）隱瞞自己的思想、觀點"的條目，按照組織原則，黨的中央全會通過的決定只有中央全會或最高級的全國代表大會才能修改或廢除，可是直到剛結束的本屆五中全會，並無一字修改35年前的那個準則的規定。不改老規定而擅發新規定，這算不算對七屆前的那個"五中全會"文獻的"妄議"甚至"妄毀"呢？

問五：由此想到"前三十年"，本條例雖然未稱它在具體案件上有追溯功能，但是它一定會影響對黨史的總體評價。查那個時代發生的、到"後三十年"被平反的種種冤假錯案，甚多屬於黨員"妄議中央大政方針"的案子，反右運動中的黨內右派，廬山會議上的彭、張"軍事俱樂部",文革中"反黨反社會主義反毛澤東思想"的走資派,哪個不可安上這頂帽子?而中國目前所以沒有一頭栽進當年那一個一個深淵裏,哪一次不是黨內外幹部群眾冒死妄議那些禍國殃民的大政方針的結果?"大躍進"的"大政方針"導致的災難,如果沒有從廬山會議起到 1962 年"七千人大會"的批評"妄議";文化大革命的長期內亂,如果沒有從遇羅克、張志新、王申酉等先驅的抗爭到討論"真理標準"的"妄議",我們的國家能夠有今天嗎?難道我們的黨史,真還需要撥正反亂,改回去嗎?我們的將來,真要回到"前三十年",繼續出臺偉大領袖拍腦袋、千萬黨員不得妄議的"大政方針",走向萬劫不復的深淵嗎?

　　問六:本屆黨中央十分提倡馬克思主義毛澤東思想的指導,記得毛澤東本人有一段十分重要的指示,說"以馬克思列寧主義武裝起來的中國共產黨,在中國人民中產生了新的工作作風,這主要就是理論和實踐相結合的作風,和人民群眾緊密地聯繫在一起的作風以及自我批評的作風。"這段話是在中共第七次代表大會政治報告《論聯合政府》中講的,想來暢讀五洲四海西方洋書的今領導也曾收回眼睛讀過。那裡面的"自我批評"顯然就是指中共內部相互間的批評,包括對"中央大政方針"的批評。這種自我批評顯然促進了而不是破壞了黨的團結,"三大作風"也確是幫助了中共獲取全國政權。當然那已經是"兩個三十年"以前的事情了,算不得"新的"作風,不知是否不新就算廢物,可以扔掉它呢?

　　張嘴就發六問,足見本人無知之至。幸而我對本"中央大政方針"至少還有一項屬於正能量的"有知",就是我知道此規矩對於有一種人絕對必要,那種人就是人民至愛的人民解放軍。軍人不議政是文明國家的通例,黨領導下的軍隊自然更不能秉槍執劍"妄議(黨)中央大政方針"。軍人的職責就是保民衛國,只要不是令他殘民買(或賣)官,服從上級命令就是他的天職。多年以來屢見這個那個將軍不斷口吐妄言,議內政他要抓漢奸,議外交他要打核戰,甚至不惜犧牲"西安以東"十億國民的生命去打世界大戰,這種妄議已到無法無天的境地,我們平民拿他毫無辦法。現在中央令他閉嘴了,該!

2015 年 10 月 22 日於不設防居,31 日改定

2016

被忽略了的中共抗日功勛

　　去年九三閱兵紀念抗日勝利七十週年,威武雄壯的現代化軍隊豪邁輝煌地舉出狼牙山平型關劉老莊軍旗,表示日本鬼子就是在那些他們從未見過的旗幟下被趕走的,實在不倫不類。由此想到我們的一些理論家歷史家們總拿當年八路軍新四軍去跟正面戰場中國軍隊比戰績,真是選錯了門道。且不問舉行多少次會戰你參沒參加、犧牲多少個將軍你有幾位,只看那戰爭的態勢,除了戰事初起第二戰區和閻錫山將軍共同禦敵和 1940 年違背毛澤東"山地遊擊戰方針"的"百團大戰",在中國大地上哪裏有國共一方日寇一方的互相對壘?明明是日寇侵略步步進逼,國軍抵抗步步退守"以空間換時間"等待美英外援,而共軍卻在日寇背後"以時間換空間",逐日擴大"根據地"擴充兵員壯大自己;八年抗戰正面對壘的雙方死傷近千萬而解放區兵員劇增人口過億。要是沒有美日太平洋戰爭,可見的結果倒是日寇燒殺搶掠掃平國民黨統治區,回頭一看卻已全國山河一片紅,遲早只好夾著尾巴滾下海去。這樣的結果倒也是"中國人民的勝利",可是,如果這就是中共的全部"抗日"貢獻,不正是以日寇為先鋒去"解放全中國"嗎?真有臉面這樣去宣揚去自誇嗎?

　　我在這裏不是給愛黨同志們潑冷水,相反卻是想向他們推薦真正的不可辯駁的證據,說明中共在抗戰當中對於祖國和人民確有遠遠超越國民黨的貢獻,而那是誰也否認不了的。那貢獻是什麼呢?一言以蔽之曰:她的"抗戰宣傳"向至少兩代青年進一步傳播了文明世界的普世價值觀。縱觀中國現代歷史,在本世紀初葉曾經有過驚天動地的新文化運動,現代中國的先驅們打破了千古以來為皇權專制效勞的思想禁錮,傳播以人權為核心的西方先進文化,使國民受到科學和民主的空前洗禮,使國家走上現代文明的道路。這個過程因為持續不斷以槍桿子爭奪政權的軍閥混戰而受到嚴重干擾,進而在日本帝國主義的野蠻侵略面前,使已在全國當政的國民黨從新文化運動重要推手的地位走上以法西斯手段"安內"為條件去領導抗日的路線，即史稱的"片面抗戰"路線。他們執行"攘外必先安內"的政策，聲稱必須消滅武裝反對派"中華蘇維埃共和國"和各地小軍閥於前才能舉國抗日，於屬行武裝"剿匪"的同時也屬行政治文化的法西斯統治，直到"西安事變"以後才轉而容納中共共同抗日。而那個在 1931 年"九一八"事件後多年仍以中央政府為敵，甚至決定堅持"'一切為著國內戰爭前線上的勝利'的列寧主義口號"、"武裝抗日必先打倒國民黨"的中共，也終於放棄了武裝推翻政府的方針，也同時放棄了"把有錢人搞下去"的"階級鬥爭"路線，轉向推動以實現全民民主為基礎的"全民抗戰"。於是，那些在大眾看來不過是"痞子運動"專家的中共，通過它極有感召力的政治宣傳，一躍而成為高踞時代前列的自由民主先鋒。國共兩黨身份的這種轉換，可以說貫穿於八年抗戰的始終，甚至直到 1949 年。

　　關於中共在那段時期的宣傳內容，上世紀末曾有一本有名的書《歷史的先聲》做過相當認真（還顯然大有遺漏）的搜集整理，但很快就被已在中國掌權的中共當局查禁了；至本世紀初又發生了一件事，就是 2013 年第十八屆中共中央發佈了一個《關於當前意識形態領域情況的通報》的"九號文件"，其內容為禁止官民"宣揚西方憲政民主"、"宣揚普世價值"、"宣揚公民社會"、"宣揚西方新聞觀"，可以說字字句句都是禁止那本《歷史的先聲》匯集的內容，亦即禁止當年中共第六、七兩屆中央的宣傳機器鼓吹傳播的"意識形態"！而當年在國民黨的獨裁統治下，那些現在被禁的話語出自一支敢於"妄議中央"的有嚴密組織堅強領導的"槍桿子"口裏，無異天外佳音，給處於專制奴役下的華夏子民特別是其中的知識青年點燃希望的火光，紛紛聚集在它的旗幟下，不僅抗擊日本法西斯侵略者，還要"向著法西斯蒂開火，讓一切不民主的制度死亡！"（引自從那時傳唱至今的紅歌《團結就是力量》）。通過這樣的宣傳，中共在那個時代吸收的大批知識青年，即所謂"三八式"幹部，不僅出現了王實味、顧准、王若望、李慎之、劉賓雁等偉大的思想家，還極大地優化了中共的中下層骨幹隊伍，養成抵制中外法西斯、引導國家走上自由民主道路的中堅力量；按同是"三八式"幹部的雜文家嚴秀（曾彥修）的評估，它"大大影響到中國中上層很多人改變了對中共的看法。'殺人放火，共產共妻'之謠，不辟自破；共產黨、紅軍究竟是'匪'還是全國人民的燈塔的問題，在全國豁然而解。"(《炎黃春秋》2015年第10期) 而自中共在1949年登上權力舞臺以後（包括此前它在西北特區統治時期）不斷向它所推翻的集權體制轉向的過程中，大批所謂"接受資本主義影響"、"堅持資產階級立場"、"過不了社會主義關"的"黨內同路人"之次第"被出現"和遭整肅，直到前述"九號文件"的制定，正是此前中共自己所傳播的現代文明在黨內嚴重存在的反映；承載並堅守著中共當年教育的不止一代精英的慘遭批判清洗，從另一側面表現了黨的當權上層扔掉民主外衣轉向專制獨裁所受到嚴重阻力。而且這樣的阻力之火並未因為屢遭清洗而熄滅，不僅在黨內、且更在非黨民間生根發芽世代傳播。儘管近來屢有學人發表警告，指出它們在日益潰敗的社會裏已經迅速式微，但是星星之火可以燎原，只要有當年的火種在，它最終一定將引導我們的祖國融入現代文明之列。中共在它於1937年4月15日就"為鞏固國內和平，爭取民主權利實現對日抗戰而鬥爭"發表的莊重宣言中，就"民國二十餘年的歷史"所總結的經驗："不但證明用內戰統一中國的不可能，而且也證明用獨裁統一中國的破產"，歷七十餘年至今依然字字應驗字字珠璣，足見當年中共抗戰宣傳之有效之不誣之值得堅守，正是它對於抗日大業、對於今天和今後中國的不可磨滅的貢獻，——當然也是國民黨不及的貢獻。不過這也正是新的專政人物萬分仇視它並於執政幾十年間處心積慮忘記它回避它掩蓋它消滅它的理由；所以在比較國共抗日貢獻的時候，他們居然寧願用地道戰地雷戰的兒童故事去敷衍搪塞而對自己先輩們的真正貢獻揣著明白裝糊塗、不肯透露一個字的原因。

或問中共自稱為馬列主義政黨，它宣傳的內容自然也是"馬列主義"，怎麼先先後後有如此巨大的差別？我對此的理解是，凡是說人話講道理的"主義"而非只"亮劍"不講理如中國的法家和外國的法西斯的胡說，儘管彼此千差萬別，總有與普遍人性亦即普世價值相通的一面，人話"我餓了"的"普世"意思一定是想吃食物而非想吃屎；抗戰時期中共在國統區的宣傳，正是張揚了那個主義包含的人話即對於人類解放及"自由人的聯合體"的向往追求，而隱藏了它（特別是其中的列寧主義）關於暴力自殘廢法專政的"亮劍"內涵。這一點，應是當年服膺中共的青年們始料不及的。謂余不信，可把前述的"九號文件"擺在活到今天的他們面前，叩問當年如果中共對他們發佈"九號文件"，他們還會捨死忘生"追隨黨"嗎？答案應該是顯然的吧！一個人那時如果對於普世價值憲政民主有著該文件那樣的深仇大恨，一定早就擁戴並參加正在厲行"一個黨一個主義一個領袖"的國民黨吃屎去了，哪裏等得到找中共啊！

然則那個"文明世界的普世價值觀"和國共兩黨的關係，怎麼有點像搞三角戀愛，一會跟著國哥哥（辛亥革命和臺灣現代），一會挽著共情郎（抗戰時期在國統區），朝秦暮楚，水性楊花，轉來轉去沒個消停呢？其實這遠非"普世女郎"的錯，她是始終傾心於現代文明戀人而鄙棄野蠻專制流氓的，與此相對應，那兩個男人卻是做平民時跟著好人學好人，而手握壟斷權力就搞專制獨裁；她這廂瞧他不起，他那裏已姬妾成群了。哈哈，話說遠了，算"妄議"嗎？

丙申春節於不設防居

醉翁之意不在理想

今上即位以來，狠抓思想鬥爭，強調"理想信念是共產黨人的精神之'鈣'，沒有理想信念，理想信念不堅定，精神上就會'缺鈣'，就會得'軟骨病'"。而所謂"鈣"，就是"對馬克思主義的信仰，對社會主義和共產主義的信念"，它們"是共產黨人的政治靈魂，是共產黨人經受任何考驗的精神支柱"、"如果沒有理想信念，黨的凝聚力和戰鬥力就會下降，國家就如一盤散沙"云云。中共現有黨員已逾 8500 萬，那麼多人的"理想信念"如何，或難詳考，只看它的中央委員會，或者只看政治局、政治局常委會，或者更高，那些動輒影響國家安危民眾死活的高層政治家們，他們的"理想信念"，對於"黨的凝聚力和戰鬥力"、對於國計民生的重要性，究竟如何呢？

從中共建政一個多甲子乃至建黨近一個世紀的歷史看，領導人們所持的遠大理想信念和他們的現實政治實踐之間，其實甚缺相關度，或者可以說，相關度為零。這裏並非斥他們"言行不一"說謊話，而是指他們"思行不一"且根本無法"一"。且看黨的"第一代"領導人，毛澤東該極具有共產主義理想信念吧？那麼被他整死的劉少奇彭德懷們的理想信念，不是和毛同志一樣嗎？治國實踐乃至政治道德個人品格取向絕不相同因而對民對國對黨的作用極不相同的這些政治家們，實現共產主義這同一個奮鬥目標對於"凝聚"他們有何現實作用？他們秉承同一理想互相進行殘酷的"路線鬥爭"，不是比"一盤散沙"還不堪嗎？進入"後三十年"，乾脆不走老同志們的"老路"且對老路"撥亂反正"了，可是以鄧小平為首的領導人們承認過自己和走老路的前述列位有絲毫不同的理想信念嗎？他們歸去的時候不是同樣在乎自己的"馬克思主義者"身份並且準備去"見馬克思"嗎？他們所做的唯一一次批評毛澤東的正式決議裏，不是依然尊諡他為"偉大的馬克思主義者"嗎？到了今上，他的屬於第一代領導人的父親生前銳意改革、首倡"不同意見法"以保護公民的思想言論自由；而當兒子的卻堅決向不同意見橫眉"亮劍"，首創"禁止妄議"的妄規以達到集權專政的目的；可是這一雙政治取向乃至道德品質都絕不相同的父子，不都同樣具有社會主義和共產主義的理想信念嗎？所有這些都說明，政治家們的理想信念絕非他們治國實踐正謬功過的原因，遠大理想和現實實踐根本沒有關聯；對於他們來說，理想信念是一回事，政治實踐又是一回事，兩者毫不相干。

按照常理，理想相同就是同志，志同道合當然是朋友不是散沙更不相為敵。可是這裏的問題，出在其理想的"遠大"。須知共產主義之"遠"，實踐證明它非三五年三五十年三五百年就能實現，千百年以後的目標實在難於逆向規定現實的取捨行止，所以也就不免出現志同而道不合的非常態或新常態，所以歷史上懷著同一理想的中共精英"內部肅反"自相殘殺的損失大得超過國共內戰更勝於抗日戰爭；其次，這個事業之"大"是大到"解放全人類"，至少也得涉及幾十億人吧，這樣崇高的理想即使有經典理論明確規定，實難取得眾多腦袋的一致服膺，更無論產生不同的理解不同的步調了。倒是以毛劉為首的那代領袖，當年恰恰混淆了理想信念和實際運作的界限，硬要把彼岸的理想變成此岸的現實，把自己的信念規定為全民的信仰，按照經典理論的方案，一舉消滅私有制，再舉實行計劃經濟，還要造就"六億神州盡舜堯"億萬新人，為此發動大躍進建立人民公社以期一步踏進共產主義。他們的信仰不為不堅："只爭朝夕"地去強行"一萬年太久"的大業；他們的手段也絕對不軟：億萬斯民誰不跟他走就叫他滅亡，其結果不僅殃及億萬凡人，也凸顯了內部衝突，不斷進行"黨內路線鬥爭"了。有了這樣的教訓，再回顧上世紀初葉曾經有過的"問題和主義"的大辯論，我不能不認為胡適先生關於"多多研究這個問題如何解決，那個問題如何解決，不要高談這種主義如何新奇，那種主義如何奧妙"的主張，是多麼具有先見之明——至少當"那種主義"就是"遠大的共產主義"的時候。准此，一個有良知的政治家或一個負責任的執政黨，不管自己具有如何遠大的理想信念，總該以民眾的現實利益為依歸，急其所急，濟其當濟，才非作秀，才是"正路"。以中共來說，就是老老實實地實現其老早宣布的根本宗旨"為人民服務"，而非讓人民為自己的某種理想服務還要跟著自己姓！比照

《醉翁亭記》所謂"醉翁之意不在酒，而在山水之間"的筆意，這些政翁之意，應該"不在遠大理想，而在為民服務"啊。

以上所論，均指自認懷有可敬的遠大理想的人士而言。不過放眼我國現今政界特別是所謂"趙家人"的權貴高層，已經難見他們的蹤影了。這倒不全是因為把"不配姓趙"者趕走了消滅了，而是對於已成權貴的人們來說，"共產主義"早已不是遙遠的未來，卻是他們每天每夜的日常生活，無須對它"理想"了。馬克思主義講究經濟基礎，共產主義的經濟標誌就是"按需分配"。按照這個標準，幾十年來中國經濟的超高速發展，十幾億人創造的巨大財富哪裏去了？不問可知的是，早被這"一部分人先共產起來"了。這些"既得利益"的同志們腳不出戶，卻像逛超市一樣隨時把豪宅豪車美食美妓不計價格不動聲色地往"購物車"裏隨手一扔，立即擁有享用，還在密室儲存成噸鈔票，或者更把鈔票化為數字藏進海外離岸公司，這已不僅是"按需分配"，而是"按欲狂享"了。要問這"一部分人"有多少，其數量（據統計）已經超過全球老大美國的富豪；要問他們有多厲害，其能量（據實測）已經到了公開抵制本黨早年的憲政承諾甚至敢於不准立法公布私產更不准議論他的海外資產的地步：老子就是有權要你守規矩老子就是有錢不告訴你，你敢把我怎麼樣！這樣的超級共產主義富豪們，還會稀罕再去費力建立什麼"共產主義社會"嗎？

喝慣了超級共產主義美酒的權貴們，當然也有"理想信念"，那就是保住自己的美酒，也就是堅持列寧同志的教導："根本問題是國家政權問題"，保住這可愛的政權，也就保住了享受超級共產主義美酒的權利了。還是比照《醉翁亭記》，可以說趙家"醉翁之意不在共產主義理想，而在獨享'共產主義'大權"。是不是？

2016 年 4 月 29 日於不設防居

從一碗米看一段歷史

隆重紀念中共誕生的"七一"晚會上,紅歌高唱,紅潮叠起,這本是題中應有之義,共產黨是"紅黨"嘛!不過在紅歌之中,突然聽見以下的唱詞,覺得有點怪異:

> 最後一碗米送去做軍糧,
> 最後一尺布送去做軍裝,
> 最後一件老棉襖蓋在擔架上,
> 最後一個親骨肉送去上戰場……

此歌或類似此歌之歌過去似乎聽到過,那是在我尚沉浸在紅潮裏面的青年時代,當時對它居然未覺有何奇怪;人民革命嘛,人民獻出自己"最後的"一切,這不是應該的嗎!做此想法的時候,正是中華人民共和國剛剛創立,我跟舉國多數老中青少年一樣,對於解放了我們的那場革命戰爭充滿崇敬之情,對於獻出"最後的一切"支持那場革命的解放區勞動人民和國統區地下黨員,更是五體投地的佩服,而且聯繫實際,自己也踴躍地"參加革命",也準備和先烈們一樣獻出"最後"的一切。另一方面,那時自身又恰恰領受到革命勝利的賜福:可以隨便閱讀革命書籍發表革命言論不被特務盯梢逮捕槍斃,"進入革命隊伍"以後又感受到上下左右的階級友愛同志溫暖,自然在物質上也享受到革命之福,領受"供給制"的免費衣食住行待遇每月還領零花錢一萬八千元(老幣,相當於一元八角)。物質方面的這些享受其實最為重要,它使我衣食無憂只想革命,對於那首紅歌唱的一個人一家人一村人一國人把"最後一碗米""最後一尺布"送給革命以後如何生活能不能活的問題,以及革命是否應該笑納這些"最後"奉獻的問題,與我相距極遠,根本沒有想過!

不過日居月諸，時移事易，隨著自己年齡增長，共和國的歷史也在豐富。有槍聲的革命戰爭過去了，基本不耍槍的階級鬥爭鋪了開來。黨內黨外都有"階級敵人"，而且長期按一定比例（通稱5%）天天長月月長年年長，因而階級鬥爭年年鬥月月鬥天天鬥，一直鬥到某個年月鬥出大饑荒了，又須革命人民向革命政府上交"最後一碗米"，為此活活餓死三四千萬人了。那樣的曠古冤情過去了大約二十來年外洩以後，我才稍稍有了一點階級覺悟，悄悄問自己：那三四千萬餓殍冤魂，不就是奉獻了自己最後一碗米的國家主人嗎？那搜走他們最後一碗米的偉大革命，究竟是為了誰的利益在革誰的命呢？

　　其時正值改革開放初期，全黨全民痛定思痛，剛剛開始反省"前三十年"的種種失誤，其中一項就是對"社會主義生產目的"的追問。按照中共語境，在"社會主義社會"裏的一切活動包括戀愛結婚生養娃娃，其性質都屬"革命"，所以"生產目的"就是"革命目的"；我們大家天天搞生產就是為了革命，那麼我們天天搞革命又為什麼？這樣的問題現在看來實在傻得不堪，我自己的行為舉止有何目的為的什麼還要你來討論你來設定？可是這在當時卻是一個嚴肅得很的大問題，那時的理論認為生產的目的就是更多的生產，革命的目的就是更大的革命，而生產和革命的參加者人民不過是"生產力"和"戰鬥力"亦即生產工具和革命武器。因而為了生產為了革命，自然不惜百姓的"最後一碗米""最後一尺布"乃至最後一口氣了。正因如此，"前三十年"全黨全民夜以繼日奮鬥的結果，居然國未富而民極貧，社會甚至"到了崩潰的邊沿"！為此時任中宣部部長和中央黨校校長的胡耀邦乃指示中央黨校對於"社會主義生產目的問題"進行嚴肅研究，後以《人民日報》評論員的文章莊嚴地宣布"在社會主義制度下，生產的目的是滿足社會不斷增長的需要。因此，應當在可能的範圍內最大限度地滿足這種需要。我國有九億人口，人民生活需要不斷得到滿足，又反過來刺激生產。這是生產與消費的辯證關係。人民生活安排好了，特別是八億農民生活安排好了，中國的大局就穩定了。"[13] 也就是說，生產和革命的目的並非它自己，而是為了人的需要！中共的理論裏

---

[13] 《要真正弄清社會主义生产目的》，1979年10月20日人民日報。

面由此第一次出現了不是工具不是武器而是目的的"人"！我以為，這才是當年撥亂反正最偉大的貢獻最輝煌的功績！

可惜曾幾何時，一句"兩個三十年不能互相否定"的指示，就使好不容易取得的以人為本的認知再次淹沒，一直到最近兩次紅歌會乾脆退回以階級鬥爭為本以偉大領袖為本的老路上去。當局現又倡導"不忘初心"，查九十五年前中共的第一個綱領宣布的"初心"乃是"本黨承認蘇維埃管理制度，把工人、農民和士兵組織起來，並承認黨的根本政治目的是實行社會革命；中國共產黨徹底斷絕與黃色的知識份子階層以及與其他類似黨派的一切聯繫"；而據"蘇維埃"領袖列寧同志所規定的"一切革命的根本目的是國家政權問題"，革命的目的還是奪取和保衛"國家政權"的革命，人民的"最後一碗米"自然在所不惜了。

2016 年 7 月 6 日夜於不設防居

附註：

剛剛擱筆，偶見網絡轉報《財新網》視屏，報道浙江某幼兒園慶祝黨的生日集會上，小朋友們熱情地喊出"永遠跟黨走！""怕死就別當共產黨員！"說明不惜最後一碗米的教育，已經進襲新的一代了。我只有無奈地祈求老師們：發點善心吧，放過娃娃啊！

行看亂賊修《春秋》

非法撕毀協議、逼停《炎黃春秋》的那個毫無"藝術"美感的"藝術研究院",在雇用暴徒侵占雜誌辦公室尋釁滋事的同時,居然盜用該刊網頁和編輯部名義,宣布他們的"新班子將堅持原有'實事求是,秉筆直書,以史為鑒,與時俱進'的辦刊宗旨",繼續出版《炎黃春秋》,還宣布"第 8 期將如期和大家見面"云。看到這些表演,想起"孔子成《春秋》而亂臣賊子懼"的故事,真感如今的亂臣賊子們,比起他們的老祖宗來,真是成熟多了。

當年孔子"成"的《春秋》,其實是集春秋時代多國史官的歷史記載而編輯之,所秉持的方針或"宗旨"與今之"炎黃春秋"差不多,一是還原歷史真相即"實事求是,秉筆直書",一是有所評價褒貶即"以史為鑒"而其標準"與時俱進"。當時的華夏雖同屬周王朝,但卻是真正的"封建"社會,領有封地的諸侯才是真正的"王",王室如麻王事也如麻。孔修《春秋》所涉二百四十二年間,"弒君三十六,亡國五十二,諸侯奔走不得保其社稷者不可勝數。"(《史記‧太史公自序》)亂臣賊子自然多如牛毛,可是他們天不怕地不怕就怕《春秋》!怕什麼呢?怕留下身後臭名,所以使用一切手段包括殺人以阻止寫到自己頭上的"春秋"。在孔夫子三歲的當兒,就發生過至今有名的史官兄弟冒死記載"崔杼弒其君"案。崔杼時為齊國大夫,由他扶立起來的國君齊莊公卻屢次把他的太太當小三玩,終於被他縱容家臣所殺。由是齊太史兄弟相繼記下那句話,記一句被殺一個,太史伯仲叔三兄弟相繼都死了,輪到老四太史季還寫,而且後面還等著一個南史氏,準備在他被殺後繼續記。崔杼一看這個架勢,只好把亮出的劍收了回去,也不命令網管辦刪帖封號了。即使如此,史書上除了留下"崔杼弒其君"外,還留下對於太史"崔子殺之。其弟嗣書而死者二人。其弟又書,乃捨之。"增加了三句話,算是他為自己增寫的吧。

不過那時的亂臣賊子們所害怕的,看來未必是史實的記錄,而是對它的評價。在孔子以前多年，各國就有左右史官為諸侯記言記行即修"春秋"，可是對史實加以負面評價而流傳後世者，除上述齊太史以外，不過再早數十年的晉國董狐。巧的是他們二位的知名都是記載了傳主"弒其君"，而其問題出在"弒"字上："弒"就是以臣下犯君上，屬於"負面新聞"（當時確是"新聞"）；如果換一個字"誅"，像孟夫子評價武王伐紂"聞誅一獨夫紂矣，未聞弒君也。"就大不一樣了。而孔子編寫《春秋》，卻事事總有價值評價即使用"春秋筆法"對壞人壞事加以貶斥，所以才廣遭"亂臣賊子懼"了。這就顯出了那些害怕《春秋》者比起當今後代的天真了。當今之世，據說已經"把顛倒的歷史顛倒過來"，"亂臣"的罪行不是"弒君"而該是"弒民"了。（"賊子"還算不算背叛他老爸，此文不議。）"前三十年"弒民幾千萬，要是孔子再世，不知要把當代亂臣賊子貶成什麼樣子。而當代的那家《炎黃春秋》的十六個字辦刊方針，實際上認真全面落實了的只有前四字"實事求是"，僅僅還原歷史真相，還沒來得及追究什麼責任貶斥什麼大人，開辦二十五年間卻屢遭亂臣賊子（或亂臣的賊子）攻擊打壓，必欲踏而平之而後快。看他們所"懼"之處，用一位"馬克思主義（不是"藝術"）研究院"專家的表述，即該刊"集中描述中國共產黨的錯誤歷史，特別是新中國成立後的錯誤歷史，尤其集中於改革開放前的錯誤歷史，以反思的名義'暴露'毛澤東時期的錯誤。雖然有些作者寫的事實是真實的（黃按：未說哪個作者哪篇文字是"不真實"的），但整個雜誌每期簡直就是中國共產黨的錯誤的堆積（黃按：未說除此以外的"整個"其它千萬雜誌寫的都是中國共產黨的功勞的堆集）。給人的總的印象就是中國共產黨什麼好事都沒有做。"（龔雲：《起底<炎黃春秋>》）也就是說，"弒民"的事並不假，但是也寫不得，即使不顯示出"弒"字而依古代亂賊的要求把它寫成"誅"民，"聞誅千萬屁民矣，未聞弒民也！"還是不行的。因為它還是"錯誤的堆集"，於是不容於當代。他們的忌諱，顯然遠遠高於其先人矣。

而且當代亂賊同志們更為驚人的舉動，就是如本文開始所述，他們要搶過雜誌的牌子，自己執筆修"春秋"了。這個妙法如果放在當年，那位崔杼同志就不用殺人，乾脆解除齊太史的職務或令他一家退休，自任社長兼總編輯且捉刀刻畫竹簡，想怎麼刻就怎麼刻，也少留下殺人封口的罵名。這就更是當代亂賊高於先賊之處了。不過他們這樣幹也給自己出了難題，且不論他們"堅持原有的辦刊宗旨"怎麼可能不把中共幾十年來堆集起來的如山錯誤寫成"錯誤的堆集"，只從他們二十五年來派出的打手包括上引馬列專家所發文字看，也都不過"文革"聯動份子蠻橫"勒令"的劣等水平，徒為子孫留笑柄更為中共增醜聞。其實何必如此費心費筆墨，他們此次侵占《炎黃春秋》的手舞腳蹈已經"堆"進中共"錯誤春秋"裏面了，其文如下：

　　某年月日，某王令某部派員非法突襲並侵占《炎黃春秋》編輯部且盜名擅發偽刊，以報復其二十五年間"實事求是，秉筆直書，以史為鑒，與時俱進"的義舉，堵塞全民族最後的言論空間，向中華人民共和國憲法亮劍挑戰。

2016 年 7 月 31 日于不設防居

山水之間的故事
——理解朱鐵志

6月26日剛過中午,接到北京文友傳來噩耗:《求是》雜誌副總編朱鐵志同志於6月25日自縊於工作單位地下車庫裏。我的這個知心文友和兄弟,就這樣不辭而別,走了。

他是"兩個三十年"裏在中央黨媒領導職位上繼鄧拓、徐懷謙之後自盡辭世的第三位雜文家。我對此的第一反應就是想起八百年前詩人楊萬里的名詩《桂源鋪》:

> 萬山不許一溪奔
> 攔得溪聲日夜喧
> 到得前頭山腳盡
> 堂堂溪水出前村

而開始把這首詩和鐵志聯繫起來,還是整整十八年前的事。1998年夏我出差北京,於6月27日去《求是》雜誌社拜會兩年前在一個雜文會議上結識的牧惠和鐵志:牧惠同志是我素所景仰的老革命大作家,鐵志也是我心儀已久的青年雜文家。那天我的日記云:

> 下午五時去《求是》會牧惠和朱鐵志,在那裏的食堂飲敘。牧惠送韋君宜著《思痛錄》。韋為他的親家,此書為他所編定。鐵志調任辦公室作副主任,成天"辦文件",他說自己白天制造雜文素材晚上批判之。

鐵志此話像是自我調侃,我卻一聽他在社裏有了官銜,辦的又非從文順字改標點，而是莫名高深的"文件"，心中一頓，覺得意外。為此想起那首詩來，而且理解為詩的第一句"萬山不許一溪奔"就指按照上級規定"辦文件"，第二句改一個字可叫"攔得溪聲貪夜喧"，說他熬夜寫雜文做"文化批判"甚至"自我批判"！一身而二任，怪麻煩的。以後他的職務越升越高直到副總編，雜文越寫越好被譽為"雜文界的領軍人物"，我卻總是記起他的那番話，想起古人的那首詩，似乎總聞山裏那咆哮之音，遠遠地為那"一身二任"的麻煩擔心。

　　現在看來，我那"山水"的聯想，真還不算瞎猜。鐵志作為北京大學哲學系畢業的優秀學者，作為以從事社會批判和文化批判而知名的雜文家，他所遵循的只能是獨立的精神自由的思想，像溪水一樣永恒地奔向遼闊的真理海洋；而他所從事的宣傳工作屬於政治事業，政治就必須分上下論高低辨敵我察形勢服從組織服從領導以主義的是非為是非以上級的然否為然否，特別是他服務的那種喉舌性機關，為老革命李銳評為"報刊只是看風轉"，如同崇山峻嶺山高風疾不得不轉。簡而言之，一個具有獨立思想追求真善美只問對不對的學者置身於從事階級鬥爭講究敵我友嚴分上下級的政治機關裏，猶如水性尚平而山勢崇高的這種關係，與《醉翁亭記》所謂意不在酒的那位醉翁大爺所留連的"山水之間"美景，確是大不一樣的。

　　回想鐵志大學畢業參加工作的時候，大陸中國還基本實行從50年代始建的"單位制"，知識份子都是名為"單位"的國家機器的螺絲釘，"服從分配"是每個大學畢業生的天職，他這股溪水，必須注入哪群崇山，只能命定。不過回想早他二十來年我自己和當年"入山"的多數人士，並不以受到山嶺的拘束而產生"日夜喧"或"貪夜喧"的要求，反而誠懇地接受了政治教育願意做"馴服工具"準備永遠成為"山人"了。自然也有一些心裏不服的睿智之士，收斂鋒銳作一潭絕望的死水狀以自淨自保。且不說他們，在我的記憶裏，似乎只有一位名人有過另一種選擇，那就是當局於1953年擬請史學大師陳寅恪去主持即將設立的中國科學院中古史研究所，他所提出的任職條件乃是"允許中古研究所不宗馬列主義，並不學習政治。"這個條件當然不被批准，他也就免於入山任職，只在學校當教授寫詩文創作《柳如是別傳》。不過細查他當年的要求，其實也不好批判。他沒有反對"宗馬列""學政治"，不算"反馬克思主義份子"，只是認為那是政界的事情，他搞的是學術研究歷史研究，應該山歸山水歸水，學術成果只能出現於研究的結尾，而非它的前頭，更無論依何主義去先驗地"指導"了。這位陳先生後來也未躲過政治之災，不過那已是群山發瘋不容滴水的"大革文化命"時代了。而考察在改革開放初期入山的鐵志，他的態度又與前人大不一樣。

他是一個誠實的人。"一身二任"的他，誠實地投身於每一個"任"，他在一次答記者問中說：他要"通過自己笨拙的筆觸努力闡釋黨的路線方針政策、努力回答幹部群眾普遍關心的熱點難點問題，為人民的利益鼓與呼，感到自己的人生價值與黨的理論宣傳事業，與人民群眾的熱切期盼找到了結合點，為此感到踏實和自豪。"（《偉大的戰役從不排斥弱小力量》，載《中國新聞出版報》）；在另一篇著作序言裏，更明白地解釋那"結合點"就是"民主與科學"："如今我在黨刊的工作之一，就是負責科教宣傳，倡言民主與科學，依然是我須臾不可疏離的責任。而作為一個雜文作者，崇尚民主與科學，幾乎是不需論證的天然道德律令；皈依民主與科學，是我此生追求的不二法門；奉獻民主與科學，是我樂此不疲的必然歸宿。"（《不忘民主與科學的呼喚》，《中國雜文（百部）•朱鐵志集》）如此美好的願望，如此巧妙的"結合"，如果真正得以實現，那就真是"山重水復疑無路，柳暗花明又一村"了。可惜即使"民主與科學"都是山水的共同追求，可是它們在政治家和思想家那裏，手段卻是迥異的。隨著政治需要，"黨的路線方針政策"是可以變化的而且不斷變化著，"幹部群眾普遍關心的熱點難點問題"也非隨便可干涉的，"人民的利益"也分輕重緩急更分短期的和長遠的現實的和根本的，宣傳或屏蔽它們的指令自然也會不斷變化。從這些政治群山的歷史上看，上述種種變化是十分驚人的，事後看來它們有對有錯有的接近民主與科學有的背離民主與科學有的根本反民主反科學，但是對於它們的宣傳或屏蔽卻從來無所謂對錯，上級制定的所有宣傳或不宣傳指令在當時都是絕對正確的必須執行的，這是政治紀律政治規矩的鐵則，從來沒有、今後也不會變化。所以我們可能看到某次會議對過去某種政策的檢討，但是絕無對其宣傳或禁止宣傳的追責；每過十年二十年若干十年，所有政治宣傳的工具即"喉舌"們總是熱烈紀念它們輝煌的十年二十年若干十年，沒有一點對於其中不輝煌行為的回顧或反思。這就是鐵志所進入的群山，在這樣莊嚴壁立的政治紀律政治規矩的群山裏，那個做夢都想著"獨立人格、獨到見解、獨特表達"的朱鐵志同志，看來只有如他寫給單位主要領導的遺書所說："長期超負荷的工作，使我身心俱疲，精神完全崩潰，實在撐不住了"，就不撐了。

　　前述楊萬里詩的最後兩句："到得前頭山腳盡，堂堂溪水出前村"，曾是我為鐵志如期退休以後的期望，也曾向他詢問過提前退休的可能性。他終於沒有能夠等到那天，倒是以這樣令人悲痛的方式告別了非他所長的政治宣傳，逕直奔赴"前村"，堂堂歸入浩瀚的大海去了。為了送他，我寫了如下挽聯：

　　　　萬山難囚一水
　　　　良知永伴忠魂

　　祝他安息。

2016 年 8 月 19 日

秀才遇到黨
——為"邵燕祥作品研討會"作

邵燕祥先生作為詩人和思想家，他的成就遠非我所能望項背；他成為知名詩人的時候，我不過是他的千百讀者之一；他以深刻尖銳的雜文使世驚俗駭的時候，我才戰戰兢兢開始在報屁股上晾習作。但是他又確是我推心置腹無話不談的摯友，原因是我們有著相當一致的經歷。我們於同年出生在同一個城市北平（北京時名），又同在一年受到嚴重的政治批判，同在次年被封為反黨反社會主義右派份子，而我們的"反黨"都同出於對於中國共產黨的追隨和熱愛；這後一不可思議的經歷，可以一言以蔽之曰："秀才遇到黨"。我相信，燕祥 70 年的創作生涯的歷史，一刻都沒有離開這五個字。對於燕祥的文學創作，我學習的願望遠多於評價的本領，而對於他和中國共產黨的關係，我由於與他上述的共同經歷，雖然彼此結交於出生半個世紀以後且居住相隔萬里，倒深感有話可說。

作為一個天真而聰慧的少年，燕祥的最初的文學創作很快就和追求光明捍衛自由的政治意識聯繫起來；而作為光明和自由的象徵，就是那個堅決反對國民黨的專制獨裁統治、為人民的民主自由而正在英勇奮鬥的中國共產黨。他對於黨的熱愛和信賴，曾經使他戴上革命詩人革命作家的桂冠，也使他成為"反黨反社會主義份子"，受到"黨和人民"的殘酷專政。甚至在後一種情況下，也難摧毀他對黨的忠誠，一次再次地對它寄予希望誨以忠言，直到他猛然醒悟而把自己的這段故事總結為"我死過，我幸存，我作證"，那就是他剛剛惠贈我的同名巨著了。他的"死過""幸存"和"作證"，以及大約占他作品一成數量的著作，《沉船》、《人生敗筆》、《找靈魂》等等，其實都講他和黨的關係的"小歷史"；而它們反映的，則是領導當代中國的"核心力量"和知識份子關係的大歷史："秀才遇到黨"。

讀了他的贈書，我分明看到，當初小小"秀才"燕祥遇到的共產黨不是一個，而是兩個。一個在他的心裏，一個是黨的真身。心裏的黨，就是上述他的所見所聞的形象，她堅決反對國民黨"一個主義一個領袖一個黨"的獨裁統治，而以為中國人民服務作自己的宗旨，以建立民主聯合政府、施行新民主主義為現實綱領，以實現"自由人的聯合體"大同世界為終極目標。燕祥當年所接觸並引導教育他的地下共產黨人們，也正是無私無畏為此奮鬥的人群。這樣的師友，同樣也是當年我所崇拜的對象，也同樣是我心目中的"共產黨"。所以我極能理解，對於心目中這樣的共產黨，他必然也只能做出他後來做的一切，包括……"反黨"！

原來，黨的"真身"，是他、我及可能大多數大小知識份子當時所不了解、經過不斷學習和實踐才有所認知的。黨說它是"馬克思列寧主義"的政黨，實際上它更是一個列寧黨，不僅在組織原則上效法列寧締造的蘇共，而且在追求的目標上實行列寧指示的"一切革命的根本問題是國家政權問題"：沒有政權時全心全意奪取政權，有了政權後全心全意保護政權，也就是"打江山坐江山"了。所謂為人民服務，所謂大同理想，以及所謂除了全人類的利益沒有自己的特殊利益等等，亦即所有"人權"問題，都如鏡花水月，倒是為了政權而"不把人當人"卻成為邏輯的必然了。衡諸史實，革命時期為了解放長春，可以"兵不血刃"地用五個月把它圍成死城，50萬居民餓死33萬（按照黨的宣傳口徑，其中"絕大多數"正在盼望著共產黨去解放他們）。政權到手以後成了"鎮壓之權"，先是不把投降歸順的國民黨軍警憲特以及"反動階級"地主富農當人，殺關管並舉予以消滅；繼而沒收所有私產不把有產者當人；再則大搞農奴公社搜刮農民糧食不把幾千萬餓殍當人；再則大革文化命實行"無產階級全面專政"全面地不把全國人民當人。最後乾脆莊嚴地下達"九號文件"嚴禁人類普適價值、不把包括他們自己在內的"人類"當人了。黨的這個"真身"雖然都是自己實踐且自我宣布的，可是對於衷心服膺它熱愛它的燕祥等等以及鄙人來說，認識和承認它卻是一個"丟掉幻想"的過程，付出了極大的代價。

燕祥參加共產黨是在1953年，雖然他早在6年前就參加了地下中共外圍的青年組織，算是"年輕幹部資格老"的"新貴"了，可是依然屬於"小資產階級知識份子"。對待知識份子,黨在取得政權以前連"識字份子"都稀缺的時候曾經"大量吸收",當然其條件是黨"有了掌握知識份子的能力";一旦"掌握"在手,就須服它調教了,首先是必須經過嚴格的思想改造。思想改造的目標是"克服帝國主義、封建主義和官僚資本主義的政治思想影響"和"批判資產階級思想"。現在想來,不說燕祥和我那樣的小青年,就是留學歸來的"大資產階級知識份子"們的腦袋究竟有多大的容量,除了專攻自己的術業以外,還能容納多少這主義那思想呢?環視今天在資本主義國家留學歸來的當朝長官在校教授,哪一位須經哪怕一天的思想改造才有資格上位呢?其實當年的那個改造的目標只在四個字:"轉變立場"!做學問不問對象的真偽,斷是非不依邏輯的推理,只看你站在什麼"立場":必須站在無產階級即它的當然代表共產黨的立場,依黨判真偽為真偽,以黨的是非為是非。這種要求,其實已經顯出黨不把知識人當思想人的一段真身,只是熱烈崇拜心中的黨的燕祥和廣大"進步青年"根本注意不到的。在1949年剛剛"投身革命大熔爐"時,他還以諧謔的筆觸去預測未來的考驗:"把問題／用階級分析的方法／從一顆一顆的花生米裏／不斷地嚼出"[14] 好不自在!而此後的"痛苦"經歷,在他的各回憶錄中有長篇的記載,可是它們總是驅使他努力地自我改造,覺得這是完成他心中的黨賦予的偉大使命的必須。對於這個"心中黨",他像智利詩人聶魯達所謂"作為您的一部分／我不僅僅是我自己",不把自己當外人,一頭栽進"干預生活"的浪潮裏去,用他的筆"干預"起不符"心中黨"的原則的生活了。他"認為:作為開天辟地以來最先進的社會力量,無產階級的先鋒隊,偉大、光榮、正確的中國共產黨,'特殊材料製造的'共產黨人,它的各級組織和每個成員,應該個個是符合於——至少是接近於黨綱黨章要求的,如有不合,也該虛心聽取群眾意見,發揚'批評與自我批評'的優良作風,'有則改之,無則加勉',對自己高標準、嚴要求,完全徹底地為人民服務。"於是他"開始被紛至沓來的一些現象激起不滿",就按照"黨綱黨章"的規矩執筆"干預"起來,引起"真身黨"的憤怒了。到了1957年,早在黨的領袖毛澤東發表《正確處理人民內部矛盾》的講話以前,邵某就連續發文揭露"領

---

[14] 引自《我死過,我幸存,我作證》,以下未註明出處的引文同。

導和群眾的矛盾",而且他的"同情一般都在群眾的方面"。對於他的"心中黨"來說,這正是克服官僚主義保護人民民主的可貴努力;而對於"真身黨",則是涉及"立場"的嚴重問題:"官"是政權是領導是專政,與官相矛盾的"民"是蟻民是刁民是亂民,事關無產階級政權的安危,你共產黨員邵某站的什麼立場?兩個"黨"於是公開打架,結果當然是"真身"大獲全勝。認真地幫助"心中黨"整風的百萬知識份子被"真身黨"打得落花流水,進而整個知識份子群體都被打進"兩個剝削階級"之一的深淵。這正是當年"反右派運動"的真諦,什麼"引蛇出洞"、"陰謀""陽謀",倒屬枝節小伎了。

不過勝利的反右派運動也導致勝利的破謊言運動,過去和此後"遇到黨"的秀才們難得再有那個"心中黨"了。而且國家不幸詩人幸,賦得滄桑句便工,我的摯友兼良師邵燕祥同志,從此告別了心中的霧障,成為目光如炬筆下行雷的思想家,走上為天地立心為生民立命的道路了。

2016年9月8日于不設防居

2017

為"十四年抗戰"備課

　　2017新學年前,各地教育部門接到上級通知,要求"各級各類教材"中所有"八年抗戰"字樣,一律改為"十四年抗戰","並視情況修改與此相關內容,確保樹立並突出十四年抗戰的概念。"這樣大規模地突然統一修改"各級各類教材"的"字樣"之舉,只有"文革"前後對於教材的置換與之類似,不過那時的改過來又改過去的根據是隨應否"與傳統徹底決裂"而變化的,尚屬事出有因,可以理解。而現在通令全國更改者,不過兩三個漢字一個"概念",而八年和十四年的抗戰均屬史實,彼此並不矛盾,現行的歷史教科書裏,僅把抗日戰爭分為"九一八事變"到1937年的"盧溝橋事變"的"局部抗戰",其後才是"全面抗戰"而已。兩個"概念"互相配合著敘述了幾十年,忽然說變就變,連究竟是把"局部抗戰"變成"全面抗戰"還是乾脆都算成"片面抗戰"都不說清楚,個中原委甚不分明。就我個人猜想,可能是因為在那個"局部抗戰"中,和駐防東北、華北的中國軍隊一起組織抗日義勇軍、同盟軍抵抗日軍侵略的,也有中共所派幹部楊靖宇(本名馬尚德),他從1932年起組織東北抗日聯軍,堅持抗日至1940年戰死,把"局部"和"全面"抗戰聯繫起來了,真給中共帶來光榮。和國民黨在"全面"抗戰中的領導地位和巨大犧牲相比較,也至少可表中共的抗日總比大多數國軍在時間上具有優勢吧!

　　這樣一來,"概念"上自然取消了"局部"和"全面"抗戰的區別,但是不僅歷史事實分毫未改,而且對於歷史教學來說,還增加了不得不為這個簡化而增加若干不得不回答的問題。我非歷史老師,但是如果我真站在哪怕是小學的歷史課堂上,我想真得為以下問題準備說明。

　　第一,"九一八事變"是日本侵略中國,它侵略的對象是中華民國。真是這樣嗎?是的。但是(討厭的"但是"!)只過了五十天,中華民國裏面又分裂出了另一個國家:1931年11月7日,在遠離瀋陽的江西瑞金，中共成立了一個"中華蘇維埃共和國"，而直接侵略這個國家的，卻非日本帝國主義，而是日本的侵略對象中華民國！在"九一八"前一年的11月、當年的2月和7月（那時它尚未建國，名為"蘇區"）、1932年的12月和1933年的9月對它進行無情的圍剿，終於迫使它放棄國土，進行有名的"萬里長征"！在此我須回答：為何民國不顧日本鬼子的侵略，反去侵略境內的蘇國？原來史實是中華民國的執政黨國民黨聲稱"攘外必先安內"，要攘外賊必先剿內匪——它不承認"兩個中國"，堅持中華民國政府是中國唯一合法的政府，"中蘇國"必須剿滅。所以那時就形成魯迅名文《天上地下》所說的，處於地下的中國百姓頭上遭到中日兩國飛機扔炸彈："一種是（民國向蘇國）炸進去，一種是（日本向民國）炸進來"（《偽自由書》），從中國百姓的頭顱來說，倒是一直"抗"著日本國和中華民國的。而中蘇國自己也在"安內"，對於地主富農和黨內不順眼人員實行肉體消滅，武器則不是炸彈而是鐮刀斧頭加大棒石頭了。

第二，為何毫未受到日本侵犯的蘇國，在自己危急存亡之際，倒要派人遠出萬里去東北幫助自己的敵人中華民國抵抗日本國？原來它的抗日，一點也不是為了幫助中華民國，而是為了保衛……蘇聯！"九一八"以後，中共中央連續發表《中國共產黨為日本帝國主義強暴侵占東三省宣言》及《第二次宣言》、《關於日本帝國主義搶占滿洲事變的決議》，鮮明地表示"國民黨近來更造出江西共產黨，江西工農紅軍的領袖朱德，毛澤東怎樣願意'一致對外'，投降國民黨，為國民黨效力的可笑萬分的謠言"，公開宣言"中國共產黨是帝國主義與國民黨最不能調和的死敵。""（日本的）占領和軍事行動是最露骨的反蘇聯戰爭的序幕，"現在的"偉大的歷史任務便是武裝保衛蘇聯。"原來蘇聯乃是全球無產階級的祖國，自然也是中國無產階級先鋒隊中共的祖國了。祖國有難，臣民勤王，和中共的死敵中華民國毫無關係。

第三，因此，中共以蘇聯為自己的祖國且要"保衛蘇聯"，也並非"九一八"以後的突發事件。如果說上述的保衛蘇聯究竟是要抗日，可稱抗日保蘇，在那以前還有一次"中東路事件"，則更直接地是"抗中（華民國）保蘇"了。此事說來話長，簡而言之，就是那個蘇聯的前身沙皇俄國，強迫與中華民國的前身大清帝國簽訂不平等條約，於十九世紀末葉在中國的土地上修建一條跨越東北三省的中東鐵路，與它的西伯利亞大鐵路相接，成了其境外的國中之國。雖然蘇維埃政府成立後，曾經一再聲明廢除對華不平等條約，卻並不實行，僅到 1924 年與中國協議對該鐵路"暫時"實行共管。實際上蘇方仍持管理大權，因此雙方爭執不斷。到 1929 年 7 月，終於引發了軍事衝突，導致蘇聯大規模軍事進攻，成為中華民國建立以後遭到的首次外敵武裝入侵。中國國民政府於 8 月正式對蘇宣戰，蘇方則出動海陸空軍在東西兩面先後占領滿洲里、海拉爾、同江和富錦等地，斃傷我軍近萬名。國民政府只得於年底屈辱地與蘇簽約求和。在這場抗蘇戰爭中，領導中華蘇維埃共和國的中共，根據共產國際的指令堅決"抗華"，發表《執行武裝保衛蘇聯的實際策略》，指出"帝國主義國民黨進攻蘇聯的世界大戰已經迫在目前"，要求全黨準備武裝暴動占領主要城市，以"促進革命的巨潮"。那架勢，真像今天毛左先生們天天辱罵的"帶路黨"了。這也就是"八年抗戰"以前中共所持的根本立場，不可忽略的。還有一件不可忽略的相關事實是，在"十四年抗日"開始的第二年，就在東北還建立了另一個中國，就是在日本卵翼下的"滿洲國"（1934 年改稱"滿洲帝國"）。不可思議的是，此"國"在外交上還曾受到多個外國的承認，其中包括從未承認"中蘇國"的無產階級祖國蘇聯，宣布尊重滿洲帝國"領土完整與神聖不可侵犯"。而到了"十四年抗日"結束以後，人民解放軍進入東北，全面接收了滿洲國軍二十多萬人，成為有名的第四野戰軍，又開始入關"抗"民國了。

以上三點，乃是假設我站在小學講臺上必須準備的教材大綱。不過還有一個問題，那就是歷來的歷史教材包括中共黨史的歷史分期都把"九一八"到"盧溝橋"事變之間的六年列入"國內（或土地）革命戰爭時期"，但又未把日本人算為"國內"的叛賊或地主，這個矛盾應當如何交待？幸而我們的教材都是以毛澤東思想為指導的，毛主席正有一篇名著叫《矛盾論》，應有解決一切矛盾的指示。一查果然：它說當帝國主義用非戰爭的形式壓迫人民時，"人民大眾往往採取國內戰爭的形式"去反對它，"中國的辛亥革命戰爭，一九二四年至一九二七年的革命戰爭，一九二七年以後的十年土地革命戰爭，都有這種情形。"

　　原來上述矛盾的解決，無須把日本算成"國內"，只須把中華民國算成帝國主義，不管我們內鬥多久，都是為了抗擊外敵，打自己就是打日本呀！我終於找到了"十四年抗日"的根據，並且發現當年面向西北"北上抗日"的"長征"都是可以論證的。備課到此勝利結束。

2017 年 2 月 3 日於不設防居

算算"黨費"賬

近來常聞這裏那裏的中共黨委向黨員催繳黨費，覺得有點奇怪。黨章頭條明明寫著黨員的條件之一就是向黨"按期繳納黨費"，且有規定半年不繳就算"自動脫黨"。現在黨員已經八九千萬，恐怕也不缺幾個"半年不繳"的同志非留黨內不可；他不繳費，就讓他"脫"，何必"催繳"呢？由此對黨費問題多了個心眼，加上本人也是此黨黨員，交了六十五年黨費（其中二十一年劃為右派開除黨籍可是所繳"黨費"卻更多得離譜，詳見下文），也確有權關心一下此事，查查黨費問題的來龍去脈。

一個社會團體，要向自己的成員收費，應是當然的事情，因為它們各有社會活動，總得花錢；大家湊著花，至少是一途徑。不過這也得有個先決條件，即該團體一非販毒集團二非盜竊匪幫，那兩者的"社會活動"乃是通過非法的手段斂錢，所以其成員即使也向它掏腰包，那是對它的投資，是追求經濟回報的成本。即使如此，各國現代政黨向自己黨員一律收取黨費的也並不多見，主要的經費來自各界捐助和自營經濟體的收入。倒是以蘇聯共產黨為首的第三國際諸黨，一體效法蘇共把"在物質上幫助黨"作為黨員三項基本條件（另二項為"承認黨綱"和"參加黨的一個組織"）之一，且將黨費數額和連續不繳即為退黨的規定正式列入黨章。其意義自然超過單純地"在物質上幫助黨"，更不是向斂錢團夥的投資了。儘管近年來查出甚多黨的高幹橫財億萬富可敵國，那的確與他們繳納多少黨費無關啊。所以近日解釋催收黨費的必要性的黨媒《光明日報》為此還發文舉當年周恩來如何重視繳納黨費以及內戰小說裏白區赤貧黨員如何泡腌菜向被圍的遊擊隊交黨費為例，說明它"凝聚黨的力量、規範黨的組織、堅定黨的信仰的重要作用"呢。不過細查中共歷屆黨章，奇怪的事情來了。

中共建黨九十六年，開了十八次全國代表大會，除了在船上匆匆開完的首次"大"會只通過了十五條"綱領"（且是俄文寫的還丟掉了第十一條的內文）外，以後的十七次大會一共制定了十七部黨章，每部都把"繳（交）納黨費"作為黨員的一個基本條件，但是只有二大至七大的黨章設有包括黨費在內的"經費"或"黨的財政"專章，而該專章從中共在全國建政後的十一部黨章中突然集體消失了，使其成為全球唯一沒有經費（但照樣收黨費）的政黨！千年以後的娃娃們讀到這段歷史，瞅著那建設了全球第二大經濟體的執政黨自己居然沒有"經費"，甚至還向自己的黨員討黨費花，不會產生"眼看著建黨了，眼看著黨富了，眼看著錢沒了"的錯覺嗎？

原來根據從前述黨章的"經費"章，中共的經費來源共有三項，黨費僅為其一，而且顯然不是大頭；其它兩項一為黨內派捐、生產及企業收入，二為"黨外協（捐）助"。具體說來，它在建黨之始是以蘇聯為後臺的共產國際的一個支部，直到 1926 年的"六大"，黨章上還直書"中國共產黨為共產國際之一部分，命名為'中國共產黨'，為共產國際支部。"那時花著蘇聯盧布；1927 年"十年內戰"開始和共產國際失聯，就花"打土豪"的錢；延安時期開始既領國民政府的抗日經費，還花南泥灣種售不明植物賺的錢；"解放戰爭"時期的"解放區"已全部成為黨產，國民黨統治區則有大批民主人士明裏暗裏的資助。以上這些項目，在黨章的"經費"章中均屬"派捐"、"生產及企業收入"和"黨外協助"。至於國統區地下黨員的"黨費"，倒是一筆不小的數目。我所認識的地下黨哥哥姐姐們就有好些人軟硬兼施明裏暗裏從自己的官僚地主家庭變賣土地輸出錢款一再繳納，直至中共取得政權。

獨攬了大陸政權以後的中共，除了大批黨員佔據了軍政經文領導崗位領取國家工資，還把黨的各級機構的開銷統統列入國家預算，"黨的經費"就是國家預算！立國以後很快又廢除私有制實行公有制即黨有制，屬行普天之下莫非黨土普天之物莫非黨財，自然無須在自己的章程裏白費筆墨專列"經費"去自限手腳了。我想這就是它在全國執政以後的所有代表大會所立黨章都刪去"經費"專章的原因，其實也是多年來屢提"黨政分開"而黨政屢分不開的根本原因。我曾懷疑這一判斷是否以小人我之心度君子黨之腹，而近來不斷聽說這裏那裏的國家財產都"姓黨"，還有不許"吃黨的飯砸黨的鍋"的嚴厲訓詞，都證明它並不錯。

　　現在可以回到為何在這個全球最大執政黨裏出演黨員和黨欠債討債劇目的原因了。黨在執政以前，雖然黨費收入並不占其經費的主要成分，但也確有相當作用，例如對於被圍困的遊擊隊員和在地下時期，但是更重要的作用乃是"凝聚黨的力量、規範黨的組織、堅定黨的信仰"。而到了黨發大財，已經不在乎自己的"經費"了，借上繳黨費煉黨員紅心的作用也空前削弱，所以若干黨員同志們也不以為意大而化之了。現在上峰似已覺察到黨的信仰、力量和組織都在出問題，因而重提"要做合格黨員"，想起不繳黨費不算合格，所以才有討債之舉了。這是我的又一判斷，當否待考。

　　不過現在已非一九二一年一九三七年一九四九年了，中共執政即將七十年，在這麼長的時段中，它與全黨黨員乃至全國非黨員的經濟關係走過了長長的道路，在債權債務的領域裏，已絕對不只黨員是否欠黨的黨費一案了。僅舉一例即一九五七年的反右運動案，那時由中共各級黨委（而非政府）出面"錯劃"了百分之九十九的黨內外右派份子，他們於二十多年以後獲得一張"改正"通知書但卻被欠著黨所扣走的工資。筆者有幸也是這筆欠款的債主之一，不過我看到收款無望，早就在心裏把它當做超額黨費上繳了，總不好意思說我遭我的黨搶劫了吧！想來全黨的右派同志們不管是否願意，也只好如此作罷了。幸逢黨討黨費債，我就趁機自我算計了一下，比照規定我所繳納的黨費究竟"超額"(或"負欠")到多少了：

　　1）我於一九五八年一月被劃為右派份子。所給處分按當年當月《中共中央、國務院關於在國家薪給人員和高等學校學生中的右派份子處理原則的規定》，屬於第二條"撤銷原有職務，送農場或其它勞動場所監督勞動"和第三條"降低原有待遇"，比較溫和。

　　2）我的月工資從"原有待遇"八十餘元下降三級到五十餘元，扣去三十餘元，約相當於原工資的百分之四十。直到二十一年以後的一九七九年一月，恢復到八十餘元原工資。

　　3）當時實行的是"八大"通過的黨章，已無"經費"專章以及黨費繳納標準的規定，此前我每月自動繳納一元，為工資的百分之一以上，適合二零零八年中央重新規定的繳納比例。

4）那麼，我被扣二十一年的工資，相當於按百分之一繳納黨費的四十倍以上，每年多繳了三十九年的黨費！按此計算，已經繳至二七九八年！也就是說，從一九七九年二月起，我可以在絲毫無損於黨的力量、組織和信仰的前提下，免繳黨費八百一十九年。我自然不能活到那一年，不過黨呢？

5）准此，那些比我下場還慘，例如扣掉全部工資送去勞改勞教幾十年的同志們，他們擁有免繳黨費的時期當在千年以上了。至於右派中的大批非黨員，他們所擁有的債權自然難以如此結清，怎麼辦呢？不過這已越出本文範圍，且不說了吧。

2017 年 3 月 3 日於不設防居

我的"反黨反社會主義"

——紀念反右運動六十週年

60年前那場反右派運動,挨整的罪人們的共同罪名,無一例外地都是"反黨反社會主義"。在一個960萬平方公里幾億人口的大國,居然在於半個月之內鑽出幾十萬名讀書人同聲"反黨反社會主義",不能不算一個歷史奇跡,使千百年後的人們懷疑當年的神州大地除了一個中國共產黨和它的附屬"民主黨派"以外,還有一個"反黨反社會主義黨",或者至少有首同名的流行歌曲吧?

以上幾句調侃,不過反映當年的"反黨反社會主義罪"之虛妄。事實上,到了1978年9月中共中央發了個五十五號文件以後,右派分子們的上述罪狀即被成批地"改正"而消失。改正的理由,乃是他們當時的言論,既不反黨,也不反社會主義;黨把他們誤會了。從那時起至今,已近四十年了,"改正右派"們對於這樣的結論,看來多數是欣然接受了,至少並不反對吧。查諸當年各位右派的初心,他們對黨豈僅"不反"而已,倒多數是如癡如醉地熱愛著,所以才在那場聽說黨要進行美容修整自己的這主義那主義以變得更美麗,滿腔熱情地貢獻自己的見聞和建議;而由於愛黨,也就熱愛黨所熱愛的主義,如同對於心愛的姑娘所鐘情的衣帽裙裳不問理由一體熱愛一樣。所以雖然那個名為"社會"的主義究竟是什麼,在那時連在反右刑場操刀殺人的鄧小平同志都不明白,一直到30年以後還在要求"要弄清什麼叫社會主義"呢。

不過這樣理解當年的反右和後來的"改正",卻帶來了一個問題,就是:要是有人真正發表了反黨反社會主義亦即"我不愛你"的言論,是否就該治罪呢?查看1978年的"改正史",果然如此。全國55萬(一說還更多)右派裏,除了若干因為單位撤銷情況不明者以外,究竟還抓住章伯鈞、羅隆基、儲安平、彭文應、陳仁炳五位"極少數右派分子……妄圖取代共產黨的領導"(《關於建國以來黨的若干歷史問題的決議》語）者永不改正，以證明打擊 5×100000 人的反右運動"是完全正確和必要的"（同上）。這一板著面孔說謊的表演，自然留下千古笑柄。不過比笑柄還更為嚴肅的問題是，有什麼法律可對這幾位發表"真正"反黨反社會主義的言論的人們治罪嗎？

　　沒有。當時實行的刑事法令《懲治反革命罪條例》從正文到"關聯法規"共計 21 條裏，都是針對"反革命"的行為，沒有一條規定以寫字說話治罪的，而在那三年前制定的首部憲法更明白規定，"中華人民共和國公民有言論、出版、集會、結社、遊行、示威的自由。"言論自由自然包括發表贊成和反對什麼的意見之自由。有說憲法序言裏面寫了"黨的領導"所以反對它就是犯法，可是載於序言的全文都是對於國家憲法背景的敘述，並無任何強制性的規定，更無針對言論自由的限制；而且在 1954 年的那部憲法裏，敘述"黨的領導"也僅止於說到中國人民經過百年奮鬥"終於在中國共產黨領導下"建立了人民共和國的歷史為止，並無後來各部憲法在其後添加的人民還將"繼續"在它的"領導下"如何如何的預言，更無文革期間四屆人大在憲法總綱中所加中共是"全中國人民的領導核心"的規定。所以，對於"反黨反社會主義"言論的任何治罪都毫無法律根據，也就是說，1957 年懲治 55 萬右派的任何一人都是違憲犯法的，1978 年至今還堅持懲治那五位右派並且從而堅持反右運動的"必要性"也是違憲犯法的。它是一場有組織有領導的違憲犯法運動；以情場的規則來說，即使你真是蓋世美女，也無懲罰不向自己求愛的無情郎的權利嘛。

　　那麼現在或將來的孩子們可能會問他們的右派前輩，聽說你們的絕大多數後來都"認罪"接受懲罰了，你們怎麼會承認自己反對心愛的黨和主義之罪呢？你們是屈打成招的呢，還是居心欺騙親愛的黨呢？

　　可能出乎娃娃們的預料，右派們的多數既未被"屈打"，也非違心地"成招"。那時雖然黨領導下的群眾運動已經轟轟烈烈地搞過多年，並且不乏"鎮反""土改"那樣血腥的階級鬥爭，但在 1957 年對於準右派的鬥爭，儘管口號震天辱罵遍耳，不過絕大多數都是分散在各個"單位"裏面的"言論"，直到判罪都沒有讓專政機關公開插手，連罪狀即"右派分子處分決定"都是由中共各級組織製造和簽發的。至於很多人被送去勞教勞改挨打挨餓摧殘致死以致"依法"槍斃還繳子彈費，都是戴上右派帽子以後的事；但"戴上右派帽子"基本不是刑訊逼供的結果，而是右派同志們"誠懇"招認的。須知右派們多數並非無知之徒，他們對於自己心愛的黨的進諫，也非一時的口誤。所以一夜之間遇到那懇求批評的黨姑娘突然轉身變臉，他們當然不會不據理力辯。無奈那個變臉黨同時也成了不講理黨，只須搬出偉大領袖痛斥右派的這指示那語錄而且不承認他的相反語錄，一句話"你比毛主席還高明嗎？"就可以消滅你的任何理由。講理對撒潑相糾纏到最後，就是承認雖然我是真心愛你的，可是我在實際上傷害了你！好一個"實際上"，三個字就令 55 萬右派俯首認罪，也給憤怒而美麗的黨姑娘以臺階下了！而到了 1978 年，黨又承認當時眼睛看花了，"實際上"反黨反社會主義的無情郎只有五名，其他都屬"把一批知識分子、愛國人士和黨內幹部錯劃為'右派分子'，造成了不幸的後果"（同上）。這段公案到此似乎完滿結束了。不過 28 年前天安門前響起那一陣槍聲，至少使我這個"錯劃右派"的悲淒愛情，又添加了新的波浪。

那次對於和平人民的血腥屠殺，使得黨娘娘的真容震撼了全民，更震撼了她的鐵桿粉絲鄙人。聽到那消息後，我猛然自問：當年癡心熱戀的那個女神果真是她嗎？她能做出這樣的事來嗎？須知右派們多數是生於上世紀二三十年代（我生於三十年代），歷經國共兩朝，他們最初的政治感情正是投向那位宣揚民主和科學的普世價值、反對以"一個黨一個主義一個領袖"的原則奴役和屠殺人民的國民黨反動政權的偶像的，她的名字就叫中國共產黨；我和同代的那些同志們一樣，日夜思念衷心熱愛的就是這個她。至於中共取得政權以後，儘管一再犯下史無前例的錯誤，包括以反右打擊知識分子，搞大躍進餓死千萬農民，甚至發動文革搞全面內戰，我們都曾認為那是領導層的"經驗不足"或個別一二人幫四五人幫的錯誤或罪行。只是到了屠殺民眾槍響以及其後不僅不為此認罪反而不斷朝向剝奪人民鎮壓人民的方向疾馳猛進，一直跑到公開宣稱反人權反憲政反人類的一切共同價值的今天。看見了她的這個面目，再回頭清理她所提倡的社會主義衣裙即"消滅私有制"，原來不過是為了實現"她有制"，天下百姓跟她姓，天下財富歸她有！這才從尚未被"虛無"的黨史中尋找出這一切動作的全面實施，正是當年捂住天下嘴巴的反右派運動，而它的起點則更在以前，包括延安時期以"妄議中央"罪揮大刀砍掉王實味的頭，"蘇維埃"時期以莫須有罪用石頭砸爛千百同志的頭，所有那些作為不正是我從入黨以前直到幸入右派以後所堅決反對的嗎？然則我的反對行為不正是貨真價實的"反黨反社會主義"嗎？這才使我這個幸存的右派斷定：——當年我所承認的"實際上反黨"的實際內涵，乃是反了"實際的黨"而非反我心中的黨；我心中的黨呢？上窮碧落下黃泉，她在虛無縹緲間。原來"虛無"的並非我的反黨之罪，只是我心中的她啊！

　　　　　　　　　　　　　　　2017 年 6 月 8 日於不設防居

逆向考察打撈信史

人類歷史乃是因果關係不斷遞進的過程：前因導致後果，後果更為更後之果的前因。人們對於歷史的記憶，大體也是循著這條路線前進，先遠後近：三皇五帝禹湯文武秦漢魏晉唐宋元明清。至於歷史研究，看來也是順著這個方向，先因後果，順著原因找結果。翻翻我們的教科書和通史乃至斷代史，大體如此。

也有根據後果去查找原因的，這就是所謂對歷史的"逆向考察"了。既然所有現實都不是天上掉下來的，都有其歷史的原因，那麼手握紮紮實實的"後果"，去追尋它是由於同樣紮實的什麼歷史事實造成的，自然也是研究歷史的一條路徑。人們說，這是和前一路徑方向相反但效果一致的路徑。

從道理上講，兩種方法"效果一致"該無問題，如果歷史僅僅是歷史學家的研究對象的話。可是和很多社會科學（及社會非科學）一樣，它的結論是有社會效果的，這就和那些與學者同樣甚至更加關心"社會"問題的政治家攪在一起了。政治家對於某些歷史問題的關心，遠遠勝於歷史學家，要是那些問題就是他的政權他的黨派的歷史的話。其結果則是近年來到處聽到的驚呼或斥責歷史被"虛無"了。歷史作為某時某地已經發生的"事實"，顯然沒有虛無成"並未發生"的可能，倒是政治家們的遮遮掩掩虛虛實實的攪和，導致歷史"敘述"的嚴重失真。而衡諸上述兩種歷史研究的方向，這種虛實遮掩的作業，倒多係借重於順向而絕對排斥逆向考察的。請試證之。

關於中華人民共和國建立至今近七十年的歷史，有一段經典的敘述，其敘述就是順向的：

> 中華人民共和國成立以後，我國社會逐步實現了由新民主主義到社會主義的過渡。生產資料私有制的社會主義改造已經

完成，人剝削人的制度已經消滅，社會主義制度已經確立。工人階級領導的、以工農聯盟為基礎的人民民主專政，實質上即無產階級專政，得到鞏固和發展。中國人民和中國人民解放軍戰勝了帝國主義、霸權主義的侵略、破壞和武裝挑釁，維護了國家的獨立和安全，增強了國防。經濟建設取得了重大的成就，獨立的、比較完整的社會主義工業體系已經基本形成，農業生產顯著提高。教育、科學、文化等事業有了很大的發展，社會主義思想教育取得了明顯的成效。廣大人民的生活有了較大的改善。

這段見於現行憲法的敘述，也是大陸各種當代歷史包括中共黨史著作的共同順序：先給一個當代中國歷史進程的總原因，即新政權新專政的建立。由此產生社會改造遞進、民族地位上升、經濟文化發展、人民生活改善的如意結果。說它如"意"，乃是如在朝執政的政治家們之意，因為他們"執政的合法性"須從也只有從這裏取得。可是它是否如"實"，歷史學者和這段歷史的參與者就未必承認了。例如其中的"社會主義制度已經確立"，其標準乃是"私有制"（以及"人剝削人的制度"）已經消滅。這顯然離現實太遠了，但是"保衛人民民主專政的政權和社會主義制度"依然是現行刑法的根本目標，是否"反黨反社會主義"仍是鑒別是否"敵我矛盾"的根本準則。也就是說，人們可以因為觸犯毫無蹤影的"社會主義制度"而犯罪。這就說明，"順向考察"歷史，不僅可以歪曲歷史，而且可能極大地影響現實呢。

由此可以發現，對於歷史因果關係的順向或者逆向考察，確有一個重大區別：從邏輯上看，一個因可能導致若干果乃至無限果，但那尚是存在於邏輯推理的"可能性"，有的或很多可能性並未成為現實，能否實現決定於後來的實踐。馬克思講消滅私有制就會實現共產主義，那算推理上的可能性之一吧，可是它在實踐中冒出了個不事生產專收稅負的"司庫"階級，普天之下莫非公土率土之濱莫非黨權，非私有即公有化了的社會財富通通進入司庫人的荷包裏，共產主義就變成了權錢交易，"廣大人民的生活"和司庫人的腐敗就成了冰火天地。但是，那些司庫人恰恰就是最關心歷史的政治家，在他們關心下寫出的中國當代歷史就是上引的那個"順向"

的樣子，把如他們意的"可能性"當成已然的現實。而逆向考察呢，任何已成的結果，總有歷史上確實存在的原因，不容任何人去臆造，因而一定是真實的。例如今天剛到的消息說，上半年國家查處貪污涉案金額超過千萬元的村幹部案不過 22 起，金額就達 52 億元，其中一人超過 5 億，六人超過 2 億。據此推算，全國 70 萬個行政村（村以上的直到正副國級就不用說了，你知道的）裏，"廣大人民的生活"須要為這無所不在的巨額貪腐支付多少成本呢？繼不到一年以前甘肅農民楊改蘭因她家在全國七千餘萬分之一的"低保"（最低生活保障）身份被官家取消，殺死 4 個孩子並夫妻自殺以減輕國家負擔後，昨天河南又有一位農民女兒在街上舉著"好心人，把我買了吧！"的牌子自力賣身為病危的爸爸籌集醫療費。與這些曠古的悲劇上演同時，朝廷的司庫官員們正在大方地向全球撒錢六萬億（包括嬰兒在內的國民平均負擔 4378.28 元），優雅地推行其"和平、繁榮、開放、創新、文明"的"一帶一路"！我們根據這種不可思議的"結果"，逆向追問它的原因，還不能清清楚楚地找出那個手握專政的刀把子把所有人的財產首先是土地都充公的"消滅私有制"嗎？如果我們放手實行這樣的"逆向考察"，有多少被"虛無"了的歷史真相即信史會被打撈回來啊！

有趣的是，那些虛無了歷史真相的當政者們，總是斥責逆向考察撈回信史的人們搞"歷史虛無主義"而"公開醜化黨和國家的形象"；可憐這些自稱為馬克思主義者的白癡們，居然不知道，正是馬克思同志，曾以比本文更鮮明的話語，界定逆向考察歷史的科學功能。他說：

> 對人類生活形式的的思索，從而對它的科學分析，總是採取同實際發展相反的道路。這種思索是從事後開始的，就是說，是從發展過程的完成的結果開始的。（《資本論》第一卷）

他似乎早已預料到，他播下龍種以後的衍生物們往往不敢正視其自製的"發展過程的完成的結果"，更不敢追問它們的原因啊。

2017 年 7 月 7 日於不設防居

論貪腐同志的正能量

眾所週知,辯證唯物主義是馬克思主義的哲學基礎,它教導說世間一切事物都是"矛盾統一體"。根據這個道理,觀察幾年來在反腐運動中落馬的過百萬中共(腐)同志,我發現他們除了貪財透頂腐敗透頂下流透頂無恥透頂的負能量以外,也有值得歌頌值得學習值得宣傳值得頌揚的正能量,構成有中國特色社會主義的矛盾統一體,符合馬克思主義。

要宣傳腐敗同志們的正能量,最簡便的辦法自然是復述他們落馬以前黨媒對他們的宣傳,某某領導參加了主持了什麼會議作了什麼報告考察了什麼事業做了什麼指示等等,那是絕對正確也絕對真實的正能量,因為他們就是黨的領導,他們就是黨;對他們的任何懷疑倒是抹黑黨的負能量。自然,由於他們的落馬,取而代之的先是黨的紀委的雙規公告,說他們違反黨紀從而劃清黨與他們的界限,繼而是某個法院的判決書歷數他們貪腐的罪行,從而把他們打入犯罪份子的行列。根據依法治國的規矩,對他們的評價,也該"依法"遵守判決書了。而所有的判決書,都僅宣告罪犯犯了什麼罪,亦即只說了"負能量",難道我們能夠在判決書裏找到什麼正能量嗎?

能。

他們不曾是充滿正能量的黨代表嗎?他們不是曾受到黨媒的種種宣揚嗎?而他們的所有正能量言行不是並未在判決書裏被否定嗎?這就代表著他們依然擁有為法律承認的光輝形象嘛!而且,無論貪腐同志們盜竊國家財富多少億多少萬億把國家弄得民窮財盡,都沒有一份判決書判處他"顛覆國家政權罪"。我們不妨把他們與其他涉及"顛覆國家政權"的重罪群體作一比較。

例如,黨和政府的大敵"反黨反社會主義"群體。這類人士,在監牢外面的時候被名"公知":公共知識份子;進去以後就是

"公敵"：黨國和人民的敵人。他們的罪狀，就是發表意見。一個人每天都要說話即發表意見，抄成文字成千上萬，但是聰明的司法機關總能從其中查到它不喜歡（或很喜歡）的東西。以其中一位最近"因病死亡"的罪犯先生為例，他因 "出於對我國人民民主專政的國家政權和社會主義制度的不滿"，"夥同他人撰寫了專題文章，提出'取消一黨壟斷執政特權'、'在民主憲政的架構下建立中華聯邦共和國' 等多項煽動性主張"（引號內為司法文書原文，下同），被北京市中級法院第一分院賈連春審判長判犯"煽動顛覆國家政權罪"。那麼請找找，千百萬貪腐罪犯同志中，有哪一位也因對我國的國家政權不滿而煽動顛覆它因而被法院判罪？假使他對黨國也有一絲如同病亡先生那樣不敬，法院還能不嚴加判處嗎？這就從反面證明，這些同志即使腐敗透頂無恥透頂，也不忘熱愛國家政權熱愛社會主義。這樣可敬的精神，還不算正能量嗎？

另一個群體是"維權律師"，幫助被告維護合法權利的，或稱"死磕律師"，死死抓住法律條款絕不鬆手棄權的。其實維護公民的法律權益本來就是"律"師的職責，"死磕"自己的職責更是任何從業人員的基本操守，這種人士在現在的司法環境裏卻成了異類，其一個代表就是浦志強先生。他有個嘴巴，自然也天天說話，還上互聯網發表意見。明察秋毫的司法機關毫不費力地從他千言萬語中查明，他和友人在家裏居然研討敏感問題，從而實行抓捕，捕了不好定罪，更以"在網絡上多次發佈挑撥民族關係、煽動民族仇恨內容的微博，並激起部分網民的民族仇恨、民族對立情緒，具有現實的社會危害性，達到了情節嚴重的程度"，和"利用網絡辱罵多人，用語不僅粗俗而且惡意明顯，具有辱罵、中傷、攻擊和貶低他人人格的特點"，由北京市第二中級法院張素蓮審判長判犯"煽動民族仇恨罪"和"尋釁滋事罪"。試問以上兩項罪名，哪位貪腐同志的罪狀裏面出現過呢？貪腐同志們既不煽動民族仇恨也不辱罵他人，要煽動仇恨也只煽階級仇恨，要罵人也只罵下屬，都是合乎馬克思主義和黨規黨法亦即正能量的。所以也是可敬的人啊。

說了以上言論，深感有為腐敗份子洗地之嫌，甚至可被懷疑當了誰誰的白手套，參與把他老婆二奶的錢財往美國轉移。所以，如果僅僅為這些眾所不齒的家夥說點公道話，權衡利弊，我也不願多此一舉。只是澄清這個問題尚有一個重大的作用，遠高於詢問某個前長官今囚徒有無正能量。因為我們的國家是黨經由上上下下千千萬萬領導人領導的，而貪腐份子也是不斷從上上下下千千萬萬這些領導人群體裏面抓出來的。由此發生的問題是，難道那些呆在監獄裏的同志，是被抓以後或者判決以後才成"份子"的嗎？假如不是，那麼那些當時暫處監外從鄉到省到最高層的同志，他們所領導的單位是在黨領導下呢，還是在"份子"領導下？因而當時那裏實行的是社會主義呢，還是貪腐主義？是貪腐份子也可以領導社會主義，還是他們已經領導著貪腐主義而使社會主義的某些江山變色了？我們成天在批判"抹黑"黨國歷史，如果上述疑問的答案居然是後者，不正是最嚴重地抹黑了黨國嗎？因此，理直氣壯地為貪腐同志正名，宣傳他們在踏進監牢以前為黨為國所建的功勳，以及入監前後的愛黨愛國正能量，正是黨的思想政治工作的迫切任務。

　　這就給理論創作部門和輿論宣傳部門提出了一個研究任務，貪污腐敗這種盜黨盜國的滔天罪行，怎麼能夠和愛黨愛國的高尚品格共處於一個份子同志身上呢？我在這裏提出一說，供他們參考。我看貪腐諸公的愛黨愛國，絕非一時的欺世謊言，而是出於他們本身的迫切需要。如果沒有一個高度集中的黨國，他們怎能把憲法賦予每個公民的"一切國家權力"撈在自己手裏用以賣錢貪腐？而對於暫時掌握黨國某些權力的貪腐同志高擡貴手，又是當局履行"革命的根本問題是政權問題"的列寧主義理論的必然選擇。因為如果真要杜絕從上到下無處不在的中國特色腐敗，非讓全民動員起來監督權力不可，而這就一定落入"公敵"們宣傳的西方民主自由的陷阱了。——這種"陷阱"，在文獻上看似乎正是多數中共先賢的初心，但是它如真正實現，不是完全顛覆了黨所不容分享的革命政權了嗎？所以，一部當代中國的發展史，事實上就是中共領導下的反貪腐力量、不貪腐力量、待貪腐力量和那些已入獄貪官、待入獄貪官、躲過入獄的貪官既互相對立彼此亮劍又合力奮鬥共同專政的歷史。"矛盾統一"的宇宙真理，在當代中國得到完美的體現了。

2017 年 9 月 1 日於不設防居

2018

《反右運動留言集》[15] 轉發引言

  轉發者按：六十年前的"反右運動"，至今仍被官方稱為"完全必要的和正確的"政治功勳，可是多年以來他們自己既不為此慶功，又不准民間進行紀念，完全一副為盜為娼生怕見人的樣子，卻又繼續幹著偷財偷人的骯髒生意。到 1987 年一批知名右派準備紀念它的 30 週年時，卻被內奸告密出賣而失敗；經過兩年以後的柳絲政變，當局更是對它的這段光榮歷史敏感萬分，說好不敢，說壞更怕；到了 2012 年 55 週年，趕在今上上臺大反所謂"歷史虛無主義"以前，民間出版了這部由二百多名尚存人間的資深右派撰寫的《反右運動 55 週年留言集》，把中共、中國和華夏民族的那段黨恥、國恥、民族恥留下了一絲痕跡，供我們親愛的子孫們在某個人性回歸的時刻，打開被漢奸們遮蔽、虛無了的信史閘門，恢復我們真正的勇氣，融入世界先進文明之列。語云知恥近乎勇，就是這個意思吧！所以，在該運動過去一個甲子而遭到更加禁聲之際，我在取得本書主編謝小玲女士同意以後，將本書借張偉國先生的學術網《新世紀》再次陸續發佈，冀得有心網友的悉心收存和廣泛傳播。轉發人黃一龍於慶豐元年。

2018 年 1 月 6 日於不設防居

---

[15] 《反右運動 55 週年留言集（1957-2012）》，民間出版物，謝小玲主編。

走上"野蠻自信"之路

為律媒觀察法治論壇"九一一事件 17 週年祭思沙龍"作

"九一一"事件發生以後,全球主要媒體都當成特大噩耗登上頭版頭條。中國除《南方都市報》以外都沒有。有文說"9月12日那天各個國家報紙的頭版都是 911,只有我們的是領導接見。"這倒是有點誤傳。當天的人民日報頭版其實也刊出了四篇相關的報道,只是沒上頭條;它們分別是:《江澤民主席致電布什總統》(慰問和哀悼)、《江主席對我在美人員安全深表關心》、《外交部發言人發表談話》和《美國紐約華盛頓受到嚴重襲擊》(新聞)。比不上新聞頭條更驚人的是我國各界的反應。流傳得極廣的是劉亞洲先生的記載:

"我國有一個記者代表團,當時正在美國訪問,看到世貿大樓被撞,這些記者團的成員情不自禁地鼓起掌來。"

"我在北空,那幾天不時來人看我,我都問他們對 911 有什麼看法。眾口一詞:炸得好。"

這兩批人,一是文化精英,一是軍政人士,居然"眾口一詞"地這樣反應,令人無比傷感。因為面對那樣無恥而殘酷的屠殺,那麼多無辜男女的犧牲,除了作惡者自己外,地球上很難找到像這樣是非不分善惡不分的腦殘反應了。但是它居然在我們的數千年文明古國大搖大擺地出現了!這是由於什麼原因?

我以為,這充分反映了近七十年來我國文化發展的奇怪方向。前三十年以貫徹改變傳統的"一切觀念"(張春橋引馬克思 32 歲的著作《1848 年至 1850 年的法蘭西階級鬥爭》語,並據以發令"對資產階級實行全面專政"）為目標，拒絕華夏文化仁義禮智信的優良傳統，以階級鬥爭為綱；近年來又進一步拒絕自由民主人權的普世價值，以領袖咳唾為綱。總之不把人當人，億萬人民不做階級之奴就做皇上之奴，並且把這種走向野蠻的道路當做自己的"文化自信"即"野蠻自信"，使全民"融化在血液裏"。對於"九一一"事件的那種反應，正是中華民族被驅趕向那背離人性野蠻之路狂奔的預報。我的這一點看法，尚煩今天與會朋友們賜教。

順便說，我們夫婦曾在"九一一"事件發生的前一年零一天的2000年9月10日登上"雙子塔"參觀。在那裏的一樓到頂樓受到服務人員的種種殷勤接待，次年一聽到噩耗，最先想起的就是他們的音容笑貌，當然也想到如果我們遲去一年，也一定和他們一起犧牲了。

2018年9月15日於不設防居

附　錄
閱讀筆記二則

讀趙紫陽禁中談話[16]的筆記

——紀念紫陽同志逝世四週年

兩段"認識史"

原文一：自從我去年初在廣東提出"黨政機關要廉潔"以來，我開始認識到制止腐敗，解決廉潔問題的重要。

——1989年6月23日在十三屆四中全會上的發言

筆記：這裏的"去年"是1988年，中共的總書記是到那時才"開始認識到制止腐敗、解決廉潔問題的重要"的。值得一記。

原文二：我原來曾想，只要經濟體制改革搞好，把經濟發展起來，人們的生活水準得到提高，人們就會滿意，社會就會安定，但後來發現，情況不完全是這樣。人民的生活水準、文化水準提高以後，政治參與意識、民主意識都會增強。

——同上

筆記：這裏記載了趙公作為黨的最高領導人對於"人民"和"社會安定"的認識史，從"原來"發展到"後來"，實現了從經濟層次發展到政治層次，從物質層次發展到精神層次，從淺層次發展到深層次，從感性層次發展到理性層次的飛躍。惜乎能夠和他一樣"飛躍"的高官極少，多數人至今還停留在"原來"的狀態，毫無進步。

浪漫想象

原文：我們黨從來沒有把黨的會議上提出不同意見，甚至表示

---

[16] 書名《趙紫陽軟禁中的談話》，記述者：宗鳳鳴，（香港）開放出版社2001年出版。

保留意見就叫做"分裂黨"的。

——同上

筆記：這一句話，反映了這一任總書記對"我們黨"的浪漫主義想象。30 年前彭德懷在"黨的會議上提出不同意見"，不是被黨的主席斥為"不拿團結的旗子，要打分裂的旗子"，成了"反黨集團"的頭子了嗎？可以說，這樣的事情不僅不是"從來沒有"，倒是"從來如此"的。在他發表此言的那個"黨的會議上"，又在重演收拾彭德懷的那一幕。他的浪漫之夢總該醒了。

政治家的選擇

原文：我個人這個結局全是個人的選擇。……我不願在歷史上留下一筆帳。

——1991 年 7 月 10 日談話：《"這是自我選擇"》

筆記：關不關心自己是否會在歷史上留下欠賬，是政治家和政客的最基本的區別。趙公之所以值得人們永遠尊崇和紀念，首先就在他的偉大的政治家的品格。

真 相

原文：無論在蘇聯或中國，過去在長期執政中，實行的封閉集權統治比國民黨還厲害，可以說，人民什麼自由也沒有。

——1991 年 10 月 9 日談話：《一個奇特的現象》

筆記：這是一位十年間先後擔任國務院總理和黨中央總書記的老戰士對於當代中國政治狀況的直率描述。請比較後來的小弟妹們的作文："中國的民主是由最廣大人民當家作主的民主"(《中國的民主政治》白皮書[17])，何為真相，何為囈語，應該不難鑒別吧。

---

[17] 2005 年 10 月 19 日由國務院新聞辦公室發佈，是中國政府首次發表的關於民主政治建設的政府文告。

理論創見兩例

原文一：發達國家各階級是經過了彼此多次的廝殺，搞你死我活的鬥爭。但為了不同歸於盡，經過這個痛苦的階段後，彼此開始妥協，實行了多黨制。

——同上

筆記：此即恩格斯所謂"國家是階級矛盾不可調和的產物"的確解：國家就是用來調和（在沒有國家的時候）不可調和的階級矛盾的，以達到"為了不同歸於盡"的目的。在這個意義上，多黨制是國家在一定階段上的必然產物；可以說，沒有多黨制就不可調和階級矛盾，就會導致社會各階級"同歸於盡"。

中國的規矩，當了黨國領袖，就有資格發展馬克思主義。只憑趙公這句話，就不愧此殊榮。惜乎後來的學舌者們實在不濟，東拉西扯拼湊個三言八句，也想登上理論殿堂，徒為天下增加笑料。

原文二：今後對社會進步的指標是否可以以生態環境即生活品質，文化水準即人的素質，生活水準即富裕程度，以及腦力勞動體力勞動差別、城鄉差別、勞動生產率、經濟效益、人均收入、社會公平為指標，不以社會制度如社會主義資本主義為界線來作為先進與否的指標。……今後國家的類型是否以生產力水準來劃分，即生產力高度發展的國家，中度發展的國家，與低發展的國家。

——1992年1月12日談話：《社會進步新指標的探討》

筆記：鄧小平講"不問姓社姓資"，主意是好，只是理論不足。姓什麼的問題還擺在那裏，"不問"而已。既然如此，怎能禁止左公們撿起來打人！只有證明對於社會進步來說，姓社姓資其實不過是個偽問題，而以真問題取代之，才是正道。"新指標"的理論意義，正在這裏。

跟著黨違背馬克思主義

原文：過去我們建設社會主義完全違背馬克思、恩格斯的論斷，不是根據經濟的發展、生產力的水準，而是依靠發動群眾、用政治鬥爭手段來推進社會主義，這就必然強調意識形態鬥爭，大力開展階級鬥爭，實行領袖獨裁的無產階級專政，以及嚴格的組織紀律，採取高壓的手段甚至鎮壓的辦法。其嚴重後果是，變成畸形的社會主義，成為人民的對立面。

——1992年4月12日談話：
《落後國家勝利後不能實行社會主義》

筆記：本來，治國遵循或違背什麼人的論斷並不重要，重要的是兩條：一是你的辦法要"治"國而不是亂國；二是不宜自稱為馬克思主義政黨又"完全違背馬克思、恩格斯的論斷"。"過去我們"這兩條都不及格，廣大黨員還被蒙在鼓裏，跟著黨去違背馬克思主義。前總書記的觀察該使我們清醒了。

保守派常常言中

原文一：所謂社會主義初級階段，就是要在共產黨領導下通過發展資本主義，來增加社會主義成分，來發展經濟，發展社會生產力。

——1992年7月5日談話：
《改革的理論與中國改革的特色》

原文二：中國經濟改革的理論，就是在中國共產黨的領導下，發展資本主義，走向共同富裕。

——1993年7月1日談話：
《約請于光遠談中國改革的理論問題》

筆記：改革就是發展資本主義以發展社會生產力，這樣簡單明白的語言，改革以來從未見於任何官方宣言；他們總把簡單的事情表述得十分複雜，讓人摸不著頭腦。倒是反對改革的老左們找到了要害，把它捅了出來。其實在中國任何改革，首先看清楚它的實質亦即它將如何破壞舊體制並且把它說出來的，常是反改革的保守勢力。當年洋務運動初起，守舊派就攻擊它"逐彼奇技淫巧之小慧，而失我尊君親上之民心"，"可以富國強兵，或恐不利社稷"。看出了"西化"之後自由化思潮侵蝕，擾亂人心，不利於皇上的統一領導，最後導致大清亡國。他們其實看對了。而要改革者自己這樣明白說出來，倒是難能可貴了。

實話與官話

原文：改革開放與政治上的四項基本原則是有矛盾的。抓了這一方面，必然影響那一方面。

——1992年10月11日談話：《鄧小平的"模糊政治學"》

筆記：這又是一句大實話。大約凡是實話，放進官話體系裏，就要反著說：堅持改革開放，堅持四項基本原則，"兩手都要硬！"

此不變彼變

原文：鄧的指導方針是，經濟上無論怎樣改革都行，什麼樣的所有制形式都無所謂，但黨的領導權力決不能放。

——1992年11月6日談話：《鄧小平的悲劇》

筆記：從形式上看，這裏說的是前者隨便變化，"什麼樣的……都無所謂"；後者則堅持不變，都是"黨的領導"。"黨的領導"誠然可以不變，"黨"卻是一定會變的，不會總是那一群人。山西省黑窯事件裏"黨的領導"依舊，可是那"黨"裏已有95名人士事實上成為奴隸黑窯的保護傘；而且由於那不設限制不得分享不受監督的領導權"決不能放"，"黨"遲早會為那樣的勢力所掌握。可怕啊！

複雜和簡單

原文：有些複雜而又麻煩的問題，採取簡單化的辦法，就圓滿地解決了。例如，農業生產問題，過去人民公社時期，鄉村幹部一年四季催收、催種，……忙個不停。可以說，村幹部辛苦極了。結果，土地產量卻越來越少，群眾生產積極性更是越來越低。改為"承包制"後，村幹部只管公用事業，……其他什麼也不用管了；但土地產量上去了，群眾的積極性也提高了。

——1993年1月4日談話：《複雜麻煩問題簡單化處理》

筆記：複雜問題為何可以"簡單化處理"，原因乃在我們把本來簡單的問題搞複雜了。農民守著土地，他哪裏不會種不會收？問題是"我們"把別人的土地收了，種地也就成了公家的事，自然得聽公家人調度了。當年我在農村享受"監督勞動"，就常聽到大喇叭裏發佈命令："今天全縣下地淄糞：大糞瓢一瓢四窩，小糞瓢一瓢三窩！"多麼複雜！

言論和監督也很可怕

原文：在一黨制領導下，應該開放輿論，開放報禁，實行言論自由，進行公開監督。香港是殖民地統治，政治上是集中的，權力是不能分享的，但人民是自由的，報紙是開放的，可以公開批評任何領導人，也可以進行示威，對政府及領導人進行制約和監督。

——1993年4月3日談話：
《老人領導：中國政治領導的特色》

筆記：這裏是認為在"殖民地統治"下可以實行的"言論自由"、"公開監督"，"一黨制"也經受得起。我看很懸。前者的存在，是由條約規定的；儘管屬於"不平等條約"，總算一個法理根據。所以言論也好監督也好，不會動搖它存在的根基。而後者，恐怕就難有這樣的自信了。因為法律固然可以規定"一黨制"因而保護它的存在，可是一黨制在本質上又要求它凌駕於法律之上，使法律不成其為法律因而保護不了任何東西。在後一種情形下，言論和監督，就十分可怕了。

客觀存在的和想象出來的

原文：私有制也能為社會帶來繁榮，這是馬克思所沒能預見到的，但這卻是資本主義的實踐所證明了的事實。而東歐的巨變，蘇聯的瓦解，實際上又是公有制的失敗。所以，"公有"、"私有"的劃分，不能作為社會主義形態與資本主義形態的標誌了。

——1993年4月3日談話：
《馬克思對資本主義的分析與事實不符》

筆記："私有制"是客觀存在的，而所謂"公有制"是想出來的，現實世界裏還沒有符合這種想象的公有制，有的乃是"管庫人"的隱蔽的即腐敗的私有制。更無論"為社會帶來繁榮"了。

誰的改革失敗

原文：蘇聯改革的失敗，一是首先從政治改革開始，而不是從經濟改革開始，政治上一亂，就不可收拾；二是採取了休克療法，就是完全放開價格一步到位，使通貨膨脹起來，人民遭受極大痛苦，代價很大。

——1993年4月28日談話：《走漸進的改革道路效果好》

筆記：這個評價可能說早了點。再過十來年，例如到現在來看，他也許不會再斷言"蘇聯改革的失敗"了。何況使他自己下臺的那場"風波"，不僅使"人民遭受極大痛苦"，還使黨政軍蒙受極大恥辱，丟盡臉面。兩相比較，勝負難說呢。

過鬼門關

原文：過去我們……建立社會主義缺乏條件，超越了階段，致使按主觀意志辦事，這自然就要按行政命令來推行，實行強迫甚至鎮壓的辦法：為了順利起見，自然要製造個人迷信，靠"權威"來駕馭局勢；為了統一意志，必須搞輿論一律，不能允許新聞和言論自由；為了穩定，進行統治，當然不能允許有不同政見者存在，實行黨外無黨，黨內無派，更不能允許政治多元化，實行多黨制，這自然就走上了獨裁專政的道路，而且是要使人人變成"馴服工具"的思想專政道路。

——1993年5月6日談話：《無產階級專政的由來》

筆記：可見這樣的"社會主義"，乃是萬惡之源；無怪乎當年開始要人們搞社會主義時，稱為"過社會主義關"，像驅人"過鬼門關"似的！

都該領悟潛規則

原文：我領悟了：一切為了自己的權力，為了統治的需要，就不會考慮什麼憲法，也不會以事實為根據來處理問題了，人治的國家就是這樣，這大概就是問題的本質所在，也就是專制政體的特徵。法同虛設，公民沒有法律保護，談何人權！

——1993年5月31日談話：《指軟禁違反黨章憲法》

筆記：這是一位"體制內"高層人物對這個體制的潛規則的深刻"領悟"，足為"不明真相的廣大群眾"包括廣大書呆子借鑒。

不一致權

原文：最好讓各省自治，就是讓各省根據自己的人力、物力、財力各自去發展。這樣，就不攀比了，都會眼睛向內，發掘自己的潛力，或許經濟都會發展很快。

——1993年10月7日談話：《機不可失，時不再來》

筆記：與這個方針相對立的就是"和中央保持高度一致"，看來後者一定會使中央和地方都付出高成本的，所以應該創立"不一致權"。

想入非非

原文：如果鄧走之前能留句話，對"六四"問題能鬆動一下，由後人酌情來處理，就不會再讓"左"派的一些人來利用"六四"來搞傾軋。這樣就不至於使政局陷於混亂。

——1993年10月18日談話：《會見蔡德誠表心跡》

筆記：此公對黨對領袖，始終抱有浪漫主義情懷。須知那人如在這件事情上"鬆動一下"，就把他的最後的"基本原則"都"鬆動"了，他是絕不幹的。

"明白官"難得

原文：市場經濟必須有產權約束，在資本主義國家如果沒有效益，誰也不會去進行重複建設，誰也不會去搞豪華賓館和高樓大廈，在那裏是市場經濟，有社會輿論進行公開監督，有法律制約，而社會主義國家則不行，既沒有產權約束，又沒有社會輿論的公開監督，改革開放以後，把公有制當成一塊大肥肉，發展成為個人資本，實際變成了官僚階層所有，利用手中的權力大撈一把，企業再困難，再虧損，也得吃喝、買豪華臥車、蓋房子，進行揮霍。尤其是在上層，暴露出來是比較大的。高幹子弟有的利用內部關係、內部資訊發了財，有的把非法占據的錢存入外國銀行，去搞個人享受，群眾極為不滿。在下邊的工作人員中，很多人則拼命搞行賄受賄，進行權錢交易，甚至"買官"，再把錢搜刮回來，更為群眾所痛恨。個體戶，不少人拼命在制造假冒偽劣產品撈錢，靠坑害群眾，撈不義之財。種種不良行為和腐敗之風泛濫之廣，實為歷史所罕見！

——1995 年 4 月 11 日談話：
《實行市場經濟，就不能實行公有制和一黨專政》

筆記：近十四年前這一席話，至今仍是中國官場中國社會中國經濟的真實圖像，是中國官場病中國社會病中國經濟病的準確診斷。看清這些弊病，老百姓並不難，官員就相當難，居於最高官位的官員就更難；看清了又堅決反對之而不是堅決保護之則難上加難難於上青天。趙公就是這樣的"明白官"，這就是他失勢的最最可惜之處，也是他失勢的最最必然之處。

誰的責任？

原文：沒有一定的經濟發展，不形成中間階層，一下子就實行多黨制、議會民主，中國就可能出現一千個政黨，是要亂的。人民素質不提高，亂了更可怕，會發生以暴易暴，出現獨裁政治，像緬甸那樣。

——1995 年 4 月 11 日談話：
《經濟上不能烏托邦，政治上也不能烏托邦》

筆記：50 年前，中共就鄭重地主張"實行多黨制、議會民主"，即毛澤東所謂"我們所希望於國民政府、國民黨及一切黨派的，就是從各方面實行民主"（1944 年 6 月 12 日答中外記者團）也。現在卻發現社會和人民的"素質"都不具備條件實現這樣的民主。這只能說明，或者 50 年前的話是騙人的，或者這 50 年間特別是在"解放後"中國的社會和人民在中共領導之下，其"素質"不是進步了而是退步了，或者騙人和退步兩者兼而有之。責任在誰，還用問嗎？

"新人物"的旗幟

原文：（預料鄧逝世後）"左派"會以反腐敗、貧富不均、兩極分化等名義來反對改革；老工人、老幹部有不滿情緒，會以社會風氣不好、治安不好等懷舊心態表現出來；改革者則認為改革不徹底，裏足不前，在政治上又嚴加控制，進行輿論封鎖，表現不滿，但這是弱音。當政者會對"左派"表示某種程度迎合，但不積極表態，仍打著鄧的旗幟進行專政。而這樣下去，卻要積累矛盾，到一定氣候會發生社會危機。到那時，上層可能產生分化，會湧現出新人物來。

——1995 年 5 月 27 日談話：《中國不能出現權力真空》

筆記：十四年前預言，如今逐條兌現——除了未見"新人物"。不過，"反腐敗、貧富不均、兩極分化"不僅是"左派"反改革的工具，也是"改革者"力促政治改革的理由。所以無論潛在的"新人物"是何種人物，他都會打這面旗幟。

"內外有別"一例

原文：我是在不自由的狀態下，一切都攥在他們的手心裏。如這次我又提出去廣東，可以不去廣州市，只去一些縣，也不同意。在北京市，不讓去繁華的地方；在郊區，慕田峪也不讓去。我提出，這樣限制個人自由是違反憲法的，也不符合黨章，也不予答復。提出要求派人來談談，一再督促，也不理睬。過去我也提出要寫點回憶材料，要求把自己公開的、未公開的講話材料調來看一下，也置之不理。我也曾托段君毅捎話給江澤民："這樣對待我，是違反黨章憲法的"，"不要把我當做不穩定因素，你們有什麼矛盾，我可以出面去化解，"也未起什麼作用。對定我為"支持動亂，分裂黨"的材料，要求進行公布。又未採納。

——1995年11月23日談話：
《李鵬報復性強，欲置趙於死地》

筆記：引用胡績偉同志的話："我們的元首人物在國際談判中，一再強調對不同政見要寬容，主張和平協商，反對武力解決和武力威懾；可是為什麼對國內問題，對自己的同胞，就那麼容不得不同政見？就那麼反對協商對話？就那樣進行武裝鎮壓和武力威懾呢？"(《黨正確，能把壞事變好事；黨錯誤，能把好事變壞事》)只須在"對自己的同胞，"後加"對自己的前首長。"

認識遲了，判斷對了

原文：根據這一時期的思考，對社會主義轉型的國家，自己有這樣一個看法：中國的改革已形成了一個特權階級，這些人利用手中的權力建立了社會關係網，利用內部資訊、各種批件、貸款額度、外匯差價、地租差價以及買賣股票，至於回扣更是普遍化、公開化，尤其在實行股份化後，乘機把國有資產流入個人手中，一舉暴富成上億富翁。這些人利用市場經濟這個機遇，利用公有制這個條件，大量侵吞國有資產，簡直是無孔不入。這種情況越持久就越嚴重，越日益尖銳化，使市場經濟向畸形方面發展，這是很糟糕的。

這些人也形不成中產階級，也不是平等競爭中成長起來的企業家。他們既不要退回原來的計劃體制，也不願再繼續深入進行改革去形成平等競爭的市場經濟機制；但這恰符合目前當政者"求穩""怕亂"的要求，形成了當政者的社會基礎。這也是中央各部門、地方各省市各機關都抓住權力不放，政企難以分開的根本原因所在。

——1996年9月26日談話：《中國改革出現了特權階層》

筆記：到 1996 年才看到中國出了特權階層，趙公的認識顯然不僅滯後於學界而且滯後於百姓，但是他對這個階層正是當權派的社會基礎同時也是改革的主要阻力的論斷，是一針見血的。

從鼓掌看程序

原文：十三屆一中全會關於"在最重要的問題上，仍然需要鄧小平同志掌舵"的決定，是有記錄的。事情經過是這樣的，事先大家都談好了，然後通過我的講話，當眾講出來，大家鼓掌通過，給予他合法性：贊成不贊成，合法不合法是一回事。

——1997 年 7 月 6 日談話：
《和戈爾巴喬夫的談話，事與願違》(P. 123)

筆記："事先大家都談好了"的"大家"，不會是百來個中央委員（如加上候補委員則為兩百多），不過幾個管事的人。這樣重大的決定，幾個人咬咬耳朵，到會上一陣鼓掌，就這麼定了，就這麼"合法"了。黨內議事程序的嚴肅性鄭重性就是這個樣子。

留此存照

原文：那次學潮不管存在什麼偏激、錯誤和可指責之處，但把它定性為"反革命暴亂"是沒有根據的，既然不是反革命暴亂就不應該用武裝鎮壓的手段去解決。當時的武裝鎮壓，雖然迅速平息了事態，但不能不說人民也好，軍隊也好，黨和政府也好，我們的國家也好，都為當時的那種決策和行為付出了不小的代價。其消極影響直到今天還在黨群關係、臺海兩岸關係以至我國的對外關係中繼續存在。由於這一事件的影響，還使十三大開始的政治改革中途夭折，政治體制改革嚴重滯後。以至在我國經濟上改革開放取得豐碩成果的同時，出現種種社會弊端迅速滋生蔓延，社會矛盾加劇，黨內外腐敗愈演愈烈的嚴重情況。

——1997 年 9 月致十五大主席團及全體代表信

筆記：此信發出後的第三天，中央辦公廳即派人來指責他違反紀律，不照顧大局。從此就對他實行軟禁至死。這是一封中共前總書記寫給黨的代表大會的公開信件，是黨的重要文獻，不知違反了何種紀律，特留此存照。

欺騙洋人和鎮壓國人

原文：江澤民究竟是前進還是倒退，歷史的方向盤完全掌握在他自己手中；如果採用一面欺騙洋人，一面鎮壓國人的兩面手法，是不可能掩天下之耳目的。

——1998年11月17日談話：《談人權》

筆記：這是對他的繼任者所玩把戲的準確描述，入木三分。不過在人權問題上以至在一切問題上"採用一面欺騙洋人，一面鎮壓國人的兩面手法"，不僅對於掌握"歷史的方向盤"的江某一人，有強烈的吸引力呢。

專政壓倒民主法制

原文：總之，無產階級專政這一理論不放棄，民主政治、法治建設難以實現。

——2000年5月13日談話：《我們不能過於苛求馬克思》

筆記：這個"總之"用得好，當代馬克思主義的全部困難盡在這個"總之"裏。

壓力在哪裏？

原文：中國在目前這種情況下，沒有一定的壓力，是不能轉向民主政治的。例如，南韓、印尼都是在反對派的壓力下，才能轉向民主政治的。目前在中國實行的村民選舉是無濟於事的。

——2000年5月30日談話：
《一切社會弊病淵源於高度集權的政治體制》

筆記：除了人民，哪來壓力？

朝中無人

原文：在中國目前實行社會民主黨的綱領路線，進行社會主義的自我更新，轉向民主政治是不可能的。因為中國目前既沒有戈爾巴喬夫式的人物來進行新思維，提倡民主化、公開化，也沒有蔣經國氏的人物來主動推進民主政治。

——2000 年 7 月 4 日談話：《蔣經國是一個了不得的人物》

筆記：偌大神州，居然到了"州中無人"的地步。可嘆！

世界眼光

原文：所謂"三個代表"，從國際範圍來看，美國才是三個代表。

——2001 年多次談話綜合紀錄

筆記：中國領導人什麼時候承認這點，中國什麼時候才真有希望"崛起"。

為政 ABC

原文：趙紫陽說，……我對這個主義那個主義已不感興趣，而現在的時代很難建立什麼理論學說。從社會的歷史發展來看，本是個自然過程，是根據實踐發展形成的潮流，也就是根據民意一步步向前發展，民意就是人們內心裏真正的需求。當然在實踐中會有曲折，而不是靠什麼理論、主義或設計來推動。過去正是靠理想的設計，從而走上了空想、烏托邦。

——2002 年 2 月 23 日談話

筆記：把"人們內心裏真正的需求"放在"這個主義那個主義"之上，這是趙公畢生從政的寶貴經驗。當政者要真想有所作為，這一課是 ABC，必須及格。

美主沉浮

原文：如果人類發展需要有個主導的話，由美國來主導，比蘇聯，比中國來主導好，更不要說德國和日本了。因為美國沒有領土野心，不搞殖民地。

——2002年6月22日談話：《最好由美國主導人類社會》

筆記：沒有透徹的世界眼光，說不出這樣的話。

出路何在

原文：過去認為強人鄧小平走了，今後中央會有不同政見者出現，從而發生互相制約。現在看來，這個看法錯了。一旦當政，都會形成利益集團，為了維護自己這個集團的既得利益，對外也就都一致起來了。因而，無論誰當政都會這樣那樣的要來維護這個體制，而對其它不同政見者的言論一概不准出頭，不准表現。長此下去，中國也走不上社會民主黨的道路，因為沒有這樣的改革人物。

——2002年10月5日談話

筆記：這裏只少預料一種情況：如果出現了無論什麼人"維護這個體制"均不可得的局面，又當如何？

人權精義

原文：自由比民主重要，香港在英國殖民統治時，沒有民主，但有自由，任何人可以批評港督，司法又是獨立的，不受政府控制，然後再允許結社，這樣來啟發民智，提高人民的民主意識。

——2003年8月15日談話：《人們對胡錦濤期望過高》

筆記：若為自由故，一切皆可拋。這樣的認識，已經進入人權理論的核心。趙公的知識結構從十二本《幹部必讀》和四卷毛選，進到當代人文科學領域的最前沿，實現了從領導人到明白人的轉變，令人敬佩。

先求自由，再求民主，是不是又一條"政治改革"的道路呢？

修憲的辯證法

原文：這次將三個代表列入憲法，到將來修憲時，同樣也能把三個代表刪掉。中國的憲法機動性太大，每個國家領導人都可以定自己的憲法。

——2003 年 10 月 17 日談話：
《往事的一個遺憾》

筆記：憲法要是可以隨便塞東西進去，也就可以隨便把它扔出來。這是講的辯證法，"每個國家領導人"都該懂又難得懂的。

戳穿戲法

原文：中國目前發展的就是權貴資本主義。政府圈地，把群眾的土地圈起來，把地價壓得很低，然後批發給開發商，高價銷售。致使發生多次群眾自焚事件。又操縱股票，圈股票，把社會上的資金收集過來；還圈走儲蓄，就是把老百姓的錢拿過來，政府再用這些錢進行公共設施投資，刺激內需，以求高增長。

——2003 年 10 月 25 日談話：
《中國目前發展的就是權貴資本主義》

筆記：魔術師在前臺變戲法，趙公從旁告訴觀眾他那鴿子是從哪裏鉆出來的，壞了人家的生意，怎不令其氣憤！

"權貴資本主義"，亦即官僚資本主義，近一個甲子以前被中國人民搬走的"三座大山"之一。搬來搬去，原來還在人民頭上。這也是一個戲法呢。

有沒有主義?

原文：現在哪還有意識形態鬥爭？還提什麼保衛馬列主義意識形態？當政者目前一切是保衛維護一黨專政，這一點，在他們看來絕對不能動，這是一切的出發點和歸宿點。其它都是虛的。維護一黨專政也就是維護個人權力。……所謂中國特色的社會主義就是鞏固一黨專政。

——2003年10月25日談話：
《中國特色社會主義就是鞏固一黨專政》

筆記：也還要保衛一個主義："共產黨主義"。

中俄改革模式比較

原文：真實的情況是，中國的改革與經濟發展是在黑箱作業下做起來的。這便於權錢交易，便於侵吞國有財產，致使國有財產大量流失，尤其以建設為名，大搞圈地、圈錢，實際上是對人民的一種掠奪。這跟蘇聯不同，他們是在現代民主轉型中改革的，是公開發股票，每人一份，雖也有貪污腐敗，但都受公開輿論監督，又有多黨相互競爭，誰也不敢作得過份。俄羅斯改革曾一度震動較大，但現在他們的經濟也在高速發展。也就是說，經濟發展了，現代政治也轉型了。……中國模式和蘇聯模式究竟哪個好？還很難說。

——2004年6月20日談話：《這個體制實際上是腐爛了》

筆記：公開改革是改革，黑箱改革是魔術。中俄改革"模式"的不同，盡在這裏。

一個死結

原文：如果政治改革再拖上幾十年，首先人民承受不了，社會上也難以接受。由於中國的改革與原蘇聯不一樣，那裏是公開實行私有化，把國家的公共財產平均的分配給每個人，後來雖然被大企業家收購了，乃是通過市場經濟公開進行的。中國的改革和拉美等發展中國家的改革也不一樣，那裏原來就是私有制，財產是不能隨便被別人侵吞的。中國的公有制為權力者所有，全國的資源實際上都是由這些人來壟斷，把全國人民用血汗積累起來的資源，用黑箱作業的方式被一些權錢勾結者侵吞，這當然要引起人民的不滿。各種矛盾會越積累越大，形成社會危機。………所謂政治改革，就是要放棄黨壟斷一切的權力。

——2004年9月8日談話：
《政治改革就是要放棄黨的壟斷權力》

筆記：不放棄壟斷權力，"首先人民承受不了"；放棄壟斷權力即放棄權錢勾結，領導又承受不了。這也就是"改革亡黨不改革亡國"的死結了。

光明的尾巴

原文：最近國外學者在紐約哥倫比亞大學召開中國改革研討會，題目之一是"趙□□與政治改革"。……認為鄧小平的改革是市場經濟加專政，其發展道路越走越窄，最後走不通的。而趙□□的改革是市場經濟加民主與法制，這條道路會越走越寬，會發展成一個好的市場經濟。這就是兩個改革發展道路的不同點。目前中國當政者特別強調黨的執政能力，一切都是為了保持黨的專政地位不能動搖，無論誰觸犯這一條絕對不允許。（一陣止不住地咳嗽）但中國社會的發展，無疑會轉向社會民主黨主導的方向……（咳嗽）

——2004 年 10 月 24 日談話：
《鄧小平改革與趙紫陽改革發展道路的不同點》

筆記：這是本書所記趙公最後一天的談話，作者說："此後不久，□□（紫陽）便住進了醫院，再也沒有出來。"幸好他還講到一個"無疑會轉到"的方向，使讀者也使他本人有個安慰，也算一本書，以及一個人，的"光明的尾巴"吧。

讀書後記

本書的主人於當代中國走向民主的關鍵時期進入中央，秉政十年；又於它不幸的轉折點失勢，被囚十六年。本書正是十幾年間他對那個時期那個轉折的嚴肅反思，因此決不僅僅具有文獻學的意義。我們的國庫養著若干專門編輯領導人著作的機構，不斷出版包括倩人捉刀的種種領袖著作，公款發行公款購買，卻單單不編也不出這樣的書。幸好我們有個"一國兩制"，使它得以在本國領土的香港出版，僅憑這點，就該年年熱烈慶祝香港回歸□□週年！

沿著本書主人十幾年間思想發展的脈絡，我們看見趙公如何實現從真誠的革命家到成熟的政治家到卓越的思想家的轉變,看到它成為與陳獨秀和胡耀邦齊驅的中共最偉大的領導人。作為一個中共黨員,我以本黨總還有過這樣的領袖而引為榮光。

2009 年 1 月 17 日

清黨和清場

——讀邵燕祥:《1990-1991:我所經歷的
"黨員重新登記"》筆記

文： 邵燕祥

評註：黃一龍

評註者按：二十年前的那場名稱與時俱變的怪事，是以"清場"的名義動手的。清什麼場？清那個中國現代史上名聲顯赫的廣場，她的名聲總和一定的數碼相聯繫：五四、三一八、一二九、四五、六四。所謂清場，年輕的朋友如果以為就是拿起掃把掃大街的環衛活動，實際上也相去不遠了，只須把"掃把"改成"槍炮"即可，目的都是"清理"那個廣場：前者清除垃圾，後者清除人民。詳情我不便在這裏寫，問你們的爸爸媽媽去吧。我在這裏要說的是，現在推薦給諸位的這篇文章，講了那天清場以後延續數年繼續清場的故事，其對象涉及中國共產黨的全體黨員，目的是清理全黨的大廣場。欲知詳情究竟如何，且聽邵公娓娓道來。

不久前清理故紙堆，發現了當年黨員重新登記時的一些材料，其中有中國作協"清查清理工作領導小組"的名義，原先沒有注意，只叫"清查辦公室"，這回卻觸動了幾乎塵封的記憶：那時我們就曾是"清查"和"清理"的對象啊。一九八九年春夏之交發生在北京並震動世界的歷史事件，早已逐漸被歌舞升平所淡化，隨後曾經"考驗"千百萬黨員的重新登記運動，不但年輕人沒聽說過，連過來人也近於淡忘了。

而我記得，當我在 1989 年末或 1990 年初聽說黨員要進行重新登記的時候，頭一個反應，是想起蘇聯的"清黨"。[18] 中國黨雖不止一次地"審幹"、"肅反"，而以重新登記的方式把黨員過一遍篩子，應該說還是創舉。

  評：蘇共清黨 70 年後的中共清黨"創舉"，也是在一次"勝利"以後發動的，不過對象並非趁機入黨和升遷的"野心家、趨炎附勢和巧於鑽營的人"，而恰恰是依靠這檔子人去收拾那些在那勝利了的"震動世界的歷史事件"當中未及清除的力量；像在廣場上"清場"一樣，要把全球最大的一個"黨場"清理得乾乾淨淨。僅僅就其性質和規模，此事就須在當代中國史上大書一筆。可是二十年過去，創作者不說，歷史書不載，如今只見邵先生把它發掘於"故紙堆"，更見此文之彌足珍貴了。

我所以記不清重新登記這一決策的來龍去脈，是因為我從一九八二年起就把閱讀黨內文件的習慣給"戒"掉了。那年參加作協主辦的詩集評獎具體工作，據說評委會內決定"安排名次不按得票多少"的討論過程，不知怎麼被香港傳媒披露，中宣部視為"泄密"，指示作協追查。經這一塹，我長一智，知道要避免麻煩，最好的辦法就是遠離一切秘密。

  旁批：對於年高德劭名滿天下的邵先生，他這一"智"也許有效，不過我順便提醒讀者，不要把它的有效性估計過高。現在不是不時傳來毫無接觸"一切秘密"機會的草根民眾，身負"泄露國家機密"之罪鋃鐺入獄嗎！——也不追究他的機密是哪個創作機密的人士給他的。

我能夠接觸什麼"秘密"呢，無非是一些黨內文件，有的標有"密件，注意保存"，那末，從此不看就是了。這不妨礙我了解大政方針，看看報紙電視就足夠了。

一九八九年，我所在的詩刊社黨支部，硬是通過門縫給我送來

---

[18] 註：史載俄共的"清黨"開始於 1919 年"八大"以後，目的是為解決革命勝利以後黨的組織成分變化和黨員數量劇增所帶來的黨內紀律鬆弛、違法亂紀等問題，辦法是進行全體黨員重新登記,對各個黨組織的全體人員進行考核,清除混進黨內的"野心家、趨炎附勢和巧於鑽營的人"。

一份"秘密"的黨內文件,意思是非看不可,我趕緊看了趕緊邊掉。這是中共北京市委清查六月前後"犯錯誤"黨員幹部的範圍、界限和處分辦法等等,推廣全國做樣板的。

> 評:雖說清查對象是"犯錯誤"的黨員幹部,又說凡是黨員都要"過一遍篩子",其原因是在那次事件當中沒有黨員不犯錯誤;中共中央總書記就是"犯錯誤"的第一人,跟著他自然就是犯錯誤;可是按照"和中央保持高度一致"的原則,不跟著他犯錯誤者也就早犯了"不跟著他"的錯誤。唉,說起來有點像拗口令了。

接著就布置每個黨員做一個思想總結,重點放在對中共中央、國務院處理這一重大事件的表態上。每個人先寫出稿子交給支部,支部提出意見退回補充。

我在寫個人總結之前,重溫了中國共產黨第十二次全國代表大會一九八二年九月六日通過的《中國共產黨章程》第一章第四條黨員權利第七款:"對黨的決議和政策如有不同意見,在堅決執行的前提下,可以聲明保留,並且可以把自己的意見向黨的上級組織直至中央提出。"我想,這回我要行使這一權利了。

> 旁批:在中共第十七次全國代表大會 2007 年 10 月 21 日通過的現行的黨章同章同條同款裏,這一條權利一字不改地保留著。只是似乎更時興把"不同意見"視為"不同政見"視為別有用心視為不穩定因素,屬行打壓不已;邵氏如果現在要來"行使這一權利",也許更加困難了。

詩刊社支部大會是在一九九〇年六月廿八日召開的。下面就是我在會上宣讀的《個人總結》的定稿(其中看得出本人的"局限性",請讀者明察):

> 評:請讀者細讀以下的"個人總結"。這是一個共產黨人的磊落心跡。自有共產主義運動以來,已經有過無數共產黨人面對世界表明自己的心跡,有名的外如季米特洛夫,中如陳獨秀,他們的言論均珠玉紛呈,擲地有聲。

個人總結（1990年6月）

第一部分　去年春夏之交的思想認識和實際表現

（一）"六四"以前

我在今年四月初為幹部考察所寫材料中，曾經概述這一階段的情況："（1989年）風波初起時未多留意，後從報道得知，廣大學生要求反對腐敗，推進改革，加強民主和法制，他們的愛國熱情並曾經黨中央和國務院肯定；但我也擔心曠日持久，各種複雜因素會導致矛盾激化，尤其擔心一旦不幸發生流血事件，各方面的後果將難於設想。這就是'六四'以前我的觀點。"

我在去年四月十八日去無錫開會，二十五日由滬赴美參加中國文化研討會。五月十八夜返抵北京。

原曾聽說不少大學生忙於考"托福"、經商或打麻將，對國家大事似已漠不關心。私心以為，一個民族的希望在青年，長此以往，國將不國。胡耀邦逝世，看來青年學生以悼念為契機，化旁觀為參與，化悲痛為力量，證明民心不死，民氣可用；我們黨也正好以此為契機，站在他們的前頭，把自發的愛國熱情引導到同心同德、群策群勵的軌道上來。

　　旁批：邵氏在少年時期就在地下中共領導下從事爭取民主自由的學生運動。他此處看待此次學運中的學生和中共雙方，似乎尚未擺脫當年的眼光也。

但從傳播媒介得到的片斷訊息，使我感到事態的嚴重出我意外。我十分擔心學生在遊行中與軍警沖突以至流血，那將是玉石俱焚，令親者痛而仇者快，不止是一個政治影響而已。直到看見電視，學生張出擁護黨和社會主義的橫幅，警察也持克制態度，才稍解心中的不安。我想，只要依照正確處理人民內部矛盾的原則辦事，矛盾當獲疏導和緩解，不致發展到對抗；而且只要堅定地相信和依靠群眾的大多數，那末縱有個別人撥亂其間，陰謀把事態推向極端，也就無所施其技了。

在美期間，我也不諱言對我們國家、我們黨和青年學生的這種隱憂。話題涉及國內時，我即興的發言都未超出自己以往文章中表述過的內容。在同國外境外人士的接觸中，我努力維護了國格、黨格，從而也維護了自己的人格。

然而，回到北京以後，聽說絕食仍在繼續，對話迄未進行，接著宣布戒嚴，使我深感震驚。

在中國國情下，我從來主張認真執行憲法所規定的民主制度，使人民自由發表意見的權利和其他民主權利受到應有的尊重和保障，即所謂小民主。如果沒有小民主，則難免發生所謂大民主，即大規模的群眾鬥爭或"鬧事"。然而，如鄧小平所說的，嚴重的官僚主義者總是會有的，有時"鬧事"也不可避免。遇到這種情況要沉住氣，要善於面對群眾，依靠群眾，耐心地去做工作，這樣問題就可以解決。

這次學潮和各界群眾的卷入，絕大多數人是由於對我們社會還有腐敗現象，以及對黨和政府在前一段工作中的失誤，有不滿，有氣；而黨的首腦部門多年來對那麼嚴重的腐敗現象警惕不足，糾正的措施也不得力。如果周恩來健在，一定不會迴避接觸群眾，深入群眾，面對群眾，並會以協商對話的精神，堅持原則性和靈活性的統一，重視並接受合理意見和要求，對不合理的加以批評說服。他在文革中多次接見紅衛兵和各派群眾，排難解紛，堪為力挽狂瀾的典範。我甚至懷想起周恩來在西安事變後內戰一觸即發的險惡形勢下，處理危局，化干戈相向為聯合抗戰的成功；雖然歷史條件不同，具體矛盾不同，但其膽識是永遠值得學習的。

我相信戒嚴的決策出於不得已。戒嚴一舉，不管是不是針對學生的，事實上增加了學生和市民的疑慮戒懼之心，且關閉了黨內外各方人士建言調解和斡旋的途徑。一方箭在弦上，一方騎虎難下，而我作為一個中國公民、一個共產黨人竟完全無能為力，痛心之極！我參加五月二十五日的遊行，就是懷著這種負疚又無奈的複雜心情的。——事後回顧，在黨中央到國務院戒嚴令形式公布以後，參加上述的遊行，使個人的不理解和不同意見訴諸行動，無異於同黨章要求的"自覺地遵守黨的紀律和國家的法律"背道而馳。北京市委文件決定對有上述表現的黨員幹部一律給予黨紀處理；我願為此接受應得的處分。

評：以上交待事件以前的"思想認識和實際表現"，一共九段。其中八段都極符合憲法黨章，又與當時當局肯定學生愛國熱情的公開表態保持了高度一致。只是到了最後一段，處於"一個共產黨人竟完全無能為力"的境況（這一境況六十年前只存在於國民黨反動派的監獄裏）之下，才出於不得已，於戒嚴期間冒死參加了一次遊行，算是犯了規，"願為此接受應得的處分"。不過那條戒嚴之規之施行，據信也是"出於不得已"，而至今卻無人為其並未取得國家最高權力機關授權因而更是違背了憲法和黨章而"接受應得的處分"，真是咄咄怪事。

（二）"六四"以後

　　"六四"以後，鄧小平說，大家的頭腦清醒了。面對過去和未來，需要冷靜思考，總結經驗教訓。決策者當時出於"沒有退路"的形勢估計，決定武裝入城的背景和依據，在聽文件傳達後逐漸有所理解；然而我以為，如果在緊急狀態下仍能堅持決策的民主化和科學化，那末，以現代武器最後解決問題，恐不是最佳選擇。

　　閉門讀書一年來，圍繞這個使人困擾的問題，我重溫了中外歷史和馬克思主義的基本原理。我們黨多年來教育幹部和黨員，並用以團結了廣大群眾的根本原則就是：全心全意為人民服務；從群眾中來，到群眾中去；站在絕大多數人一邊；即使對邊不覺悟的人們，也要善於等待，努力說服，不可用對待敵人的態度和方法對待人民。保持黨與人民群眾的血肉聯繫，不是一時權宜之計，而是黨的生命線。千百萬先烈為此犧牲了生命。

　　黨的十三屆四中全會通過的決議，按照組織原則我服從。不過，每想到北京這場政治風波最後解決的方式，我總記起革命導師一再指出在執政條件下對內不要輕易使用武力，毛澤東早在五十年代初就曾告誡我們絕對不許向群眾開槍；因此，在這方面，請允許我保留個人的意見。[19]

---

[19] 註："絕對不可向群眾開槍"這條毛主席語錄，白紙黑字見於《在中央轉發的華東局關於鎮壓反革命暴動及處理群眾性騷動事件的指示加寫的話》，載

評:"在這方面,請允許我保留個人意見",形式上是祈使句,允許不允許的權力似在對方。但是,有什麼自稱共產黨的組織,自稱"為人民服務"的組織,自稱遵循"毛澤東思想"的組織,敢於公開食言自肥,命令黨員必須擁護向群眾開槍嗎?前文所說"這次我要行使這一權利了","這一權利"的內容雖係區區一言,行使它的雖係區區一人,卻有雷霆萬鈞之力,所向無敵,誰敢不允許!

我說"區區一人",是根據原文所謂"個人意見"而言。其實如果在那次事件中七千萬黨員裏面只有邵某一"個人"或十來個幾十個幾百幾千幾萬個黨員即極少數人抱有這條"個人意見",那麼這個黨的性質著實堪憂。我可以不做任何調查統計地在這裏說,抱有邵氏的"個人意見"者,一定占大多數。本人所以這樣武斷,乃在於我對中共性質依然保留信任,認為絕對不會有多數黨員擁護大刀向人民頭上砍去,更無論機槍火炮了;謂余不信,請中央明令做個全黨公投如何?只是大多數同志,由於種種原因,敢意敢見而不敢言。邵氏慷慨一言,維護了全黨多數的"個人意見",也為中國共產黨人在歷史面前保留了起碼的臉面。下面所說的對人民對黨對歷史對自己負責云云,其實也是大多數黨員的心聲。

共產黨人應該襟懷坦白,光明磊落,不隱瞞自己的政治觀點。本著對人民負責、對歷史負責、對黨負責也對自己負責的態度,披陳如上。

還需要補充一點,即這場風波的善後還沒有結束,而釀成風波的許多問題更遠未解決。如果黨中央能以一舉"平暴"的決心,果斷認真地懲治貪污,消除腐敗,那就是為落實六中全會決議真正辦了一件大實事,也為解決好黨同人民群眾的關係、重建黨的信譽辦了一件大好事。如果以要求群眾取信於黨、要求黨員取信於領導機

《建國以來毛澤東文稿》第一冊(中央文獻出版社 1987 版)第 324 頁。全文就是這九個字一句話。據註釋,這句話加括號寫在中共中央華東局指示的第二項中的一段話之後,這段話是:"對因災荒嚴重,或因秋征負擔過重,群眾生活困難,致為反革命壞份子乘機煽惑,因而引起群眾性的但非武裝的搶糧騷動,我在場武裝部隊應首先竭力加以勸阻,使他們了解搶糧為違法而停止搶糧。如勸阻無效,則可對空鳴槍驅散群眾。"

關的同樣努力,通過辦實事,使黨的領導機關取信於普通黨員,使黨取信於人民群眾,那末社會政治的穩定就將置於可靠的基礎上了。

> 旁批:這個"補充"也非閒筆。它不停留於指責主事者已經辦了的蠢事,而是建議他們以後如何聰明行事,是百分之百的補臺策;其所使用的又是虛擬語氣"如果……那麼",委婉是委婉了,但它其實也尖銳地警告"如果不……就會"如何如何。時過19年,且看為政者究竟是朝哪裡走,結果又是如何如何,真是"勿謂言之不預也"啊!

第二部分 對照黨員標準的自我評價

對照評議黨員的五個方面的問題,這裏不做流水賬式的逐條答問。謹就我的思想實際和工作實際扼要匯報。

我從一九八四年退出第一線後,原想集中精力在文學專業方面讀書補課。但社會主義建設和改革進程中的矛盾紛至沓來,社會責任感迫使我不得不放棄或改變某些計劃,繼續執筆多寫雜文即社會批評和文化批評性的文字。

> 旁批:中國的好多詩人為何後來紛紛變為雜文家批評家,原來未必自願,形勢所迫,不得已也。

我一貫認為,由於中國共產黨在當代政治生活中無可取代的作用,由於中國的改革這一自我完善過程是在體制內自上而下實現的,中國的事情辦好辦壞,全看黨的作為;因此,搞好黨的建設,改善黨的領導,解決黨風問題,不僅關係到執政黨自身的生死存亡,而且是改革能否成功的關鍵,是全國人民利益之所在。這個基本認識和我的憂國憂民以至憂黨之情,貫穿在我新時期全部詩文中。

從總的傾向來看,我的雜文、政論都是與十一屆三中全會、十二大、十三大的精神合拍的。從傳統的革命功利主義即文藝應有助於實際工作的觀點來要求,其中不少也起了"拾遺補闕"的作用。我在一九八八年下半年提出了"不反貪污,改革沒有希望,共產黨沒有希望",就是鑒於貪官污吏不僅是經濟建設的破壞力量,而且是從經濟上、政治上、思想上、組織上腐蝕並敗壞黨的領導和社會主義制度的,必須把認真反貪污提到廉政建設的首位來,這同不久以後國家監察部確定反貪污為一九八九年全年中心任務的思路完全一致。又如一九八九年初我就前中央文革成員王力的翻案文章《王力病中答客問》,連續寫了幾篇文章駁斥,後來聽說中宣部也行文制止對王力的宣揚了。一九八九年二月二十日,我在《中國青年報》發表針對日本首相竹下登迴避承認日本侵略責任的署名文章,日本共同社當日報道,注意到"這是中國報紙首次發表的正式反駁的評論"。維護民族尊嚴、民族利益,我也是未敢後人的。

在檢查時限的兩年中,我從一九八八年六月至一九八九年六月發表的雜文、政論約十餘萬字;多屬急就,容有某些立論不夠嚴謹,或嫌粗疏幼稚之處,但如同對一切自己所寫的作品一樣,我承擔全部文責。我參與有限的社會活動,其中曾有兩次較為鄭重的長篇發言(發言稿已發表),一是一九八八年夏在胡風案件徹底平反後一次座談會上的《有感於胡風案件的平反》,一是一九八八年秋在中國作協理事會會議上的《沒有充分的民主就沒有真正的團結》;除了未涉及反貪污問題以外,幾乎囊括了我近年來對上層建築領域歷史經驗和現實問題的思考的主要結論。我作上述發言時力求實事求是,並提出了建設性的意見。

綜上所述,我是自覺履行了黨員各項義務的。不過,我在新時期十年來所做的工作,並不足以填充一九五八至一九七九的二十年間的空白。尤應指出,如列寧所說,"只有用人類創造的全部知識財富來豐富自己的頭腦,才能成為共產主義者",我的作品雖然都是從馬克思主義出發,並歸宿於馬克思主義。

> 旁批:邵氏對自己著作的上述概括,是我對本文唯一不贊成的地方。不管從什麼"主義出發"而不是從現實生活出發,絕對寫不出好文章特別是寫不出邵氏那樣遍紙珠璣振聾發聵入木三分力透紙背的大好文章。從下文可知,邵氏自己也說他是"試用"主義來"研究新情況回答新問題",這當然有別於從什麼主義"出發"了。

但理論視野畢竟有欠開闊,也還遠未提出更多生動活潑的創見。我將在繼續學習馬克思主義、涉獵文史的同時,力求彌補個人知識結構上的缺陷，這將是今後主要的努力方向。

〔附白〕據支部意見，"總結未提反自由化化問題，與作協要求不盡相符。"現就此做些補充。

十一屆三中全會以來，我以為，要參與思想戰線上的鬥爭，關鍵在於更好地掌握科學的世界觀和方法論，不斷提高自己的馬克思主義水平。

這些年間，我沒有做簡單的表態文章，而是就我所接觸的社會生活和文化現象，在思考所及並略有心得的範圍內，力求一邊學習，一邊試用馬克思主義來"研究新情況，回答新問題"。綜觀從一九七九年後特別是一九八四年至一九八九年發表的幾百篇雜文，主要鋒芒無非針對剝削階級意識形態，其中既有封建思想殘餘，也有資產階級腐朽思想；對於我所識破和認清的反馬克思主義，以及假馬克思主義的表現，我都是不留情面的，不管它是以"左"的面貌還是右的面貌出現。我以言行一致、表裏如一自律，絕不說一套做一套，今天一套明天一套，見風駛舵，文過飾非。

旁批：這樣的話，一定不會令審稿人審案人以及他們的領導高興。他們也許恰恰就是自己施行、也恰恰最喜歡邵氏"絕不"做的那種事的人。

這些是一個從事思想文化工作的共產黨員份內應做的事情，我自知做得還很不夠，尤其是由於水平所限，常感力不從心。例如一九八八年末，從國外引進了一股"新權威主義"思潮，從理論到實踐都是危害甚大的；我當時期望有能操馬克思主義武器的大家起來做有力的批判，但久無反響，我只得面對這個自己並無多少研究的問題，倉促上陣，寫了兩篇文章，批駁新權威主義即開明專制的主張，捍衛社會主義民主的原則。

我寫文章，遵循魯迅所說的"砭錮弊常取類型"，對事不對人，只從黨性立場出發，不問所謂來頭、背景，因此無所顧忌，理直氣壯。

旁批："黨性"二字，常被當權者用作制服群下的緊箍咒，原來它也可使普通黨員"無所顧忌，理直氣壯"呢。

由於沒有確指，對號入座的反倒不止是一人兩人，如在反對貶損魯迅的論爭之後就有這種情況,為堅持真理而結怨於人,也是為了原則和集體的利益難免要做的一點個人的犧牲吧,對於共產黨人來說,應該是不足掛齒的。

以上所述是有所為的方面,另一方面我也有所不為。如在一九八九年初,曾有一股"修改憲法風",我就持保留態度(謝絕邀請未與會)。我認為現行憲法來之不易,文革中憲法成廢紙,人民遭荼毒,今天只要爭取切實按憲法辦事,公民的權利就能得到保障。憲法應有相當的穩定性。

這個總結,我念完後,進行討論。到會的正式黨員十五人,有十三人發了言。會上發言我有簡單的記錄,這裏不再介紹。後來我看到了支部書記歸納起草的支部意見:

> 中共詩刊社支部大會的意見
>
> 該同志的總結態度認真,文字嚴謹,符合他的實際情況。
>
> 該同志堅持共產主義信仰,擁護黨的基本路線,對黨忠誠,襟懷坦白,有強烈的社會責任感,時刻關注國家的前途和命運。對自己在動亂中的錯誤進行了檢查和認識。在詩刊工作期間,編輯工作認真紮實,作風正派,廉潔奉公,謙虛和藹,嚴於律己。
>
> 主要缺點:與自己意見不一致的同志一道工作不夠。有時過於謹慎,使人敬而遠之。
>
> 希望今後繼續努力學習馬克思主義基本理論,增強馬克思主義的理論素養,密切聯繫一九八九年政治風波的實際,提高和黨中央在重大政治問題上保持一致的自覺性。繼續勤奮創作,為社會主義精神文明建設貢獻力量。
>
> 支部大會舉手表決:到會正式黨員 15 人,全部同意邵燕祥同志重新登記。
>
> (支部書記簽字蓋章)1990 年 7 月 28 日

支部黨員同志們未因我對當時黨中央的一項重大決策持保留態度而對我有所歧視，他們實事求是地對我做了評議，雖然各人口徑不同，但眾口一詞同意我重新登記為中共黨員。當時我忽然一閃念：如果是在三十年前反右時，二十年前文革時，甚或就在十幾年前第一次天安門事件時，這樣的支部大會是不可想象的，我們還是有了點小小的進步，但再一想，為這一點小小的進步付出的代價可是太大了。何況我們這個支部很可能是個特例，因為聽說別處許多類似的會幾乎還都是開成了多年來的老樣子。我慶幸我所在支部的同志們，能夠跟我一起，在黨章的範圍內，爭取實現黨員應享的民主權利，爭取到一點是一點。

評：為此我向中共詩刊社支部全體同志致敬！

這樣的欣慰之感，並沒有能持續多久。我在一九九〇年七月五日填寫了《中國共產黨黨員登記表》，以為只要經上級黨委審批，就可告一段落。

那時我因久已退出一線編務，同詩刊編輯部在崗的同志們聯繫極少，消息閉塞。一旦聽到的消息，卻是我的"登記表"擱淺，支部大會等於白開，因為作協清查清理領導小組正在與上級單位反復磋商如何對我進行處分的問題。

原來在黨員登記當中，預期有一批黨員採取"不予登記"的方式加以清除，即前述所謂過篩子也。[20] 聽說清查小組負責人對詩刊社支部極表不滿，責問支部委員為什麼竟允許我陳述並保留自己的意見。那位支委說，他"引經據典"，沒法反駁（應是指我引用了毛澤東"絕對不許向群眾開槍"的話）。作協清查小組仍向中組部報批，要以"不予登記"把我"篩"掉。又據說中組部堅守老規矩，說黨員有權利保留個人的意見。最後清查清理工作領導小組起草了給我"黨內警告處分"的決定，交由詩刊社支部開會通過執行。支部許多黨員認為，如要給予處分，以及給什麼處分，應經支部大會討論，倘由上級硬性規定，那就不必開支部大會，由黨委直接決定宣布（黨章第四十條有"在特殊情況下，縣級和縣級以上各級黨的委員會和紀律檢查委員會有權直接決定給黨員以紀律處

---

[20] 註："過篩子"就是黨內"清場"。

分"），就算是"特殊情況下"嘛！但，清查辦公室不幹，一定要支部開大會，來通過對我的處分。

於是，支部把作協清查清理工作領導小組起草的對我的處理意見寄給我"徵求意見"：

关于邵燕祥同志所犯错误的处理意见

邵燕祥，男，1933 年生，1947 年参加革命工作，1954 年入党，现在中国作家协会从事专业创作。

一，主要錯誤事實

1989 年 4 月 28 日，在美國舊金山，邵燕祥戈揚等人就《世界經濟導報事件》聯名致電上海市委書記江澤民，對上海市委處理總編輯欽本立一事表示抗議。這一電報在 1989 年 5 月 2 日《中報》發表（見附件一）

1989 年 5 月 25 日，邵燕祥參加了首都知識界大遊行，遊行路線從建國上經天安門到六部口。這次遊行喊的口號主要有"要求召開人大""罷免李鵬"等（見附件二）

同年 5 月 16 日，邵燕祥在《詩刊社部分同仁在京詩人對學生運動的聲明》上簽名。此聲明呼籲黨中央和政府迅速與學生及各界人士對話，並在這次學生運動中革新自己。其內容摘要發表在 5 月 20 日《文藝報》第 20 期上（見附件三）

二，本人態度和處理意見

在 1989 年北京發生的動亂和暴亂中，邵燕祥同志在國外，聯名致電江澤民，造成不良影響。5 月 20 日北京部分地區戒嚴後，仍然參加遊行，錯誤是是嚴重的。清查工作開始後，邵燕祥同志能主動交待上述錯誤，但認識不夠深刻，根據中紀發（1989）9 號文件第一條第 3 款、第三條第 3 款，擬給予黨內警告處分。

中國作家協會清查清理工作領導小組
（中國共產黨中國作家協會機關委員會印）
一九九一年二月二十三日

上面這個決定草稿，不知道經過些什麼程序，反正寄到我手裏時已經是同年六月。我當即寫了我的意見上交給支部：

我對"處分決定（草稿）"的意見

（一）關於"主要錯誤事實"部分

所謂"1989年5月16日，邵燕祥在《詩刊社部分同仁、在京詩人對學生運動的聲明》上簽名"，"其內容摘要發表在5月20日《文藝報》第20期上"。按：我從無在上述聲明上簽名的情事，當時我在國外，並無人以函電請求意見，我返國後兩年來也從無人對我提及此事，我至今沒有看到這份《文藝報》，也未從別處看到這一聲明。

支部的"處分決定（草稿）"係以中國作協"雙清"小組提供的材料為根據，該小組把這一件與我無關的事作為據以處分我的三項"事實"之一，向上報批，而從未與我核實過。這違背了實事求是的原則和認真負責的作風，反映了該小組主要負責人在對人的處理上一種輕率的態度。

關於1989年4月28日我同戈揚等聯名致電上海市委書記江澤民，和1989年5月25日我參加首都知識界遊行二事屬實。

但"處分決定草稿"中，在致電一事後提到這一電報在某報發表，在遊行一事後提到遊行隊伍所喊口號，則都與我無關，不應寫入我的"主要錯誤事實"，否則將混淆責任界限。

我意這兩句話如要保留，可加括號作為附註性說明。

（二）關於其他事實

"處分決定（草稿）"第二部分關於我在國外"聯名致電江澤民"一事的時間，說成"在1989年北京發生的動亂和暴亂中"，不確切。按：北京的"暴亂"按權威解釋始於1989年6月3日，而我聯署的電報則是在4月27日或28日，與"暴亂"聯繫起來實屬勉強，只會使有關文字增添不實之詞的色彩。

又，"處分決定（草稿）寫我"1954年入黨"，不確，應為

"1953年入黨"或"1954年轉正"。(我於1953年6月經支部大會通過和上級黨委批准為候補黨員，1954年按期轉為正式黨員。按照黨章，黨齡從轉正之日算起；而入黨時間，慣例指支部大會通過為候補〔預備〕黨員之日。)

(三）關於"本人態度和處理決定"

1，關於我對1989年5月25日參加遊行一事的態度，已見1990年《個人總結》："在黨中央的決策以國務院戒嚴令形式公布後，參加上述群眾遊行，使個人的不理解和不同意見訴諸行動，無異於同黨委要求的'自覺遵守黨的紀律和國家的法律'背道而馳。北京市委文件對有上述表現的黨員幹部一律給予黨紀處理；我願為此接受應得的處分。"

2，關於致電上海市委書記江澤民一事。我於1989年4月在國外聽到上海市委對《世界經濟導報》和欽本立同志所作的組織處理，因我知道上海和江澤民同志本人對該報曾有肯定的評價，又感到此舉在當時特殊條件下恐失於過分倉促，故認為似以收回成命為好。這一電報是針對一級黨組織的一項具體決策的當否表示意見，並無違反黨的路線、方針、政策的言論，也沒有洩漏黨和國家的秘密。由於我參與上述電報的簽名而給予處分，是不應接受的。

3，基於以上兩點，建議對"處分決定（草稿）"的相應部分作適當改寫，即不涉及致函江澤民一事，而保留參加遊行一事，這樣，根據文件仍然可以給我黨內警告處分，也不影響我接受這一處分，並且有利於黨"努力造成讓人當面提意見包括尖銳意見……的氣氛"，政治影響較好。此意望支部轉報上級黨委。

1991年6月

詩刊社黨支部終於在那年九月十八日召開支部大會，討論對我進行處分。我在宣讀了上述意見後，接著講了以下的話：[21]

---

[21] 註：上面的"意見"屬於就事論事，以下就是"最後陳述"了。

在此，我還要說幾句似是題外又屬題內的話。

鑒於中國共產黨執政前黨內鬥爭（包括黨內肅反鬥爭）和執政後歷次政治運動特別是文化大革命的慘痛教訓，對人的處理問題，不僅涉及保障黨員權利，而且涉及發展黨內民主，從而加強黨的團結統一和改善黨的政治形象問題。

旁批：把黨員當作"人"還是當作"工具"處理，是大不一樣的。邵氏以為他們在處理"人"，不知有人只懂得抬掇"工具"，使其"馴服"。

按照黨章，"在特殊情況下，縣級和縣級以上各級黨的委員會和紀律檢查委員會有權直接給黨員以紀律處分"。如非照此辦理，則應由支部大會切實討論決定，報上級黨委批准，才符合正常的民主程序。

旁批：先引黨章。

按照黨內政治生活準則，"共產黨員要忠誠坦白，對黨組織不隱瞞自己的錯誤和自己的思想、觀點；對人對事要開誠布公，有什麼意見，有什麼批評，擺在桌面上。"任何一級組織和個人，"不可看領導需要什麼就提供什麼"；"不准以任何理由和任何名義縱容、暗示、誘使、命令或強迫下級說假話"，否則是"都必須繩以黨紀"的。

旁批：次引黨內政治生活準則。旁註："準則"全稱《關於黨內政治生活的若干準則》，共十二條，制定於1980年2月的中共十一屆五中全會，是迄今為止所有黨規黨法中水平最高廢話最少如果執行絕對利黨興國的文獻，只看上文所引那一點內容，就可知它為何為後來一切臺上臺下的無法無天之徒所嫉恨，到現在提都不敢提了。

聽說中國作協的某些支部，遵照上級布置，在會前分別向黨員"做工作"，超出了學習政策和徵求意見的限度，而是要求在處分黨員的會上按既定口徑投贊成票。這是把在黨外政治生活中出於鬥爭需要而採用的做法搬到黨內來（類乎布爾什維克在國家杜馬的議會黨團必須保持投票時的一致），對普通黨員形成心理壓力，應為明智的黨組織和黨員幹部所不取。

我在 50－60 年代兩次受過黨組織的錯誤處分，現在看待處分問題已經擺脫了個人得失的視角。其所以要作如上的發言，是由於是非之心應該高於利害之心，凡有關黨的、人民的、民族的利益，是非不可不辨。我對我現在的言行負責，也對"處分決定（草稿）"所涉及的確屬我的言行負責；我希望中國作協"雙清"領導小組的主要負責人，也應同樣採取對歷史負責的態度。

　　　　評：引了兩段黨規黨法，就聯繫實際說誰在違犯它了。本來作為清場對象待罪之身在那裏做"最後陳述"，實際上卻成了理直氣壯傲視八荒的原告，把那些躲在幕後違規操作"為明智的黨組織和黨員幹部所不取"的"負責人"們拖了出來，好好地教訓了一頓，真是大快人心。

　　至於對一般黨員同志，我認為不應苛求。共產黨人既是理想主義者，又是現實主義者。從實際出發，不可能不看到，黨內政治生活正常化，需要一個不斷排除干擾的曲折的長過程，不是一朝一夕一蹴而就的。支部黨員同志們已經在去年對我進行評議時充分發表了自己的意見，現在又以很大的耐心聽取了我的心裏話，這就夠了。給我個人一個什麼處分，無關大局，在這個問題上，我建議同志們採取同目前黨內民主的一般水平相適應的態度和做法，我完全理解。

　　　　評：這一段極感人。深知"目前黨內民主的一般水平"是先做結論後讓大家舉手"民主"通過，如不舉手輕則小鞋重則大棒伺候，生怕為難"一般黨員同志"，所以好言為他們解除"心理壓力"。沒有大仁大勇，想得到嗎，說得出嗎？

　　謝謝大家。

　　　　旁批：謝謝燕祥！

　　我想，今天的讀者會理解我為什麼說最後這樣一些話。我不願讓同志們為我而為難。那將使我長久地負疚。

　　表決的結果，可能又出於作協清查清理工作領導小組的意料：沒有通過。反對票加上棄權票超過贊成票數。

　　後來，我接到黨支部寄給我的一紙"處分決定"，有趣的是，後面的下款不是作協的清查小組了，改成了詩刊社支部。其中接受我的意見，更正了我的入黨年份，取消了"主要錯誤事實"中別人替我在詩刊社部分同仁聲明上簽名那一條，以及遊行隊伍喊"要求召開人大""罷免李鵬"口號的細節。在篇末"根據……規定，應給予……黨內警告處分"後，客觀地寫下："經支部大會討論（正式黨員20人），表決結果是：9人同意，5人反對，5人棄權，1人不表態。"

  評：咔嚓！層層苦心炮制的清場文件未獲通過，坦克在他面前停住了！對邵燕祥的黨內清場就此結束。這是他的勝利，是作協詩刊黨支部的勝利，更是黨章的勝利憲法的勝利，也是有良知的全體中共黨員的勝利。

  有一句話叫"立黨為公"，其實只要所立是現代政黨而不是狐群狗黨，就只能屬於聚集於黨綱黨章之下的黨員之公，就"不是毛家祠堂"（毛澤覃頂撞其兄毛澤東語）或誰家祠堂，就不是誰想怎麼"清"就一定清得了的。那次清黨，固然清出去了被視為眼中釘的一些優秀份子清進來了大批"野心家、趨炎附勢和巧於專營的人"，究竟無法把全黨同志變成某人或某些人的家丁。清天安門廣場易，清中國共產黨難啊！

直到一九九二年二月十三日，支部寫信給我，說黨員重新登記工作告一段落了，並祝"新年身體健康，生活愉快"。

  從一九八九年到此時，已進入第四個年頭，大家都煩了吧。還是聽說，直到那個清查清理辦公室結束的時候，有人看到他們上報的戰果，從給予處分的人數落實推算，大概還是把我算到了"嚴重警告"項下的人數裏。我聽了也只能付諸一笑。因為他們在某處立了軍令狀，一定要把他們的意圖貫徹實現的。其實，他們若是當時聽了支部黨員的意見，不開鳥支部大會，直接宣布處分某人，也就用不著後來假報成績，欺騙上級了。

2009年3月28日

附錄：关于邵燕祥同志所犯错误的处分决定

邵燕祥，男，1933年生。1947年參加革命工作，1953年入黨，現在中國作家協會從事專業創作。

一，主要錯誤事實

1，1989年4月28日，在美國舊金山，邵燕祥同志同戈揚等人就"世界經濟導報事件"聯名致電上海市委書記江澤民，對上海市委處理總編輯欽本立一事表示抗議。（這一電報在1989年5月2日美國《中報》發表，見附件）

2，1989年5月25日，邵燕祥同志參加了首都知識界大遊行，遊行路線從建國門經天安門到六部口。

二，本人態度和處理決定

在1989年春夏之交的政治風波中，邵燕祥同志在國外，聯名致電江澤民，造成不良影響。5月20日，北京部分地區戒嚴後，仍然參加遊行，錯誤是嚴重的。清查工作開始後，邵燕祥同志能主動交待上述錯誤，但認識不夠深刻。支委會認為，根據中紀發（1989）9號文件第一條第3款、第三條第3款的規定，應給予邵燕祥同志黨內警告處分。經支部大會討論（正式黨員20人），表決結果是：9人同意，5人反對，5人棄權，1人不表態。

詩刊社黨支部

1991年9月19日

《新世紀》2009年4月30日特稿

我更怕娃娃

——《時事妄議錄》暨《時文插嘴錄》跋

我這部兩卷本的隨筆,是以批評大陸中國時政為主題的著作。作者鄙人作為 85 歲的中華民國和中華人民共和國先後的公民及 65 年黨齡的中國共產黨黨員,對中共時政的批評,不得不效法孔夫子的教導,"乘桴浮於海",送到美國出版;國人除了海外同胞,需要翻牆才能查看,其原因大家都是"您懂的"。希望它們坦然入境回歸祖國的日子早些到來,——不過如果真到來了,其作用除了留下一點歷史痕跡之外,也就沒有什麼了。

兩卷書的體例不同,一卷老老實實地講道理,一卷不大嚴肅地逗人笑。而論題的內容基本相同,都評我國的"新時代",其涵蓋的時間,則是從 1989 年起到如今的近三十年。國內近來暢傳"新時代"之說,依我看來,這三十年都是中華人民共和國的"新時代":一個專心致志回歸野蠻的時代!在那以前的四十年,總的是在退回野蠻和走向文明之間穿來穿去:誓和一切傳統"徹底決裂",又死抱秦皇政制愚民到底;想創"人間天堂",卻一腳踏進地獄;既要"改革開放",又要"四項原則";既貪"市場經濟"之利,又享"階級專政"之福。及至面對人民的抗議浪潮,居然指揮黨軍攻入首都廢棄總書記,公開亮出黨國權貴專政主義的面目,開創公開以人民為敵以自由為敵以文明為敵而把國家當成"黨產"即黨魁們的"家業"的"新時代"了。全書所涉,不過是這個時代的一麟半爪而已。

《時事妄議錄》是直接針對"新時代"上述問題的嚴正批評,所取態度乃是對當事者擺事實講道理實行勸勉,所據乃是中國當局一再宣示的"初心""為人民服務";不過對於那些根本無視初心不講道理不懂道理的人士,乃有《時文插嘴錄》直接對種種無知言行當著讀者扯出它屁股上可笑的尾巴,包括轉引一些維護良知的師友對那些尾巴客的嘲諷。所有這些,在"新時代"或都可被歸入所謂

"妄議"什麼，但對我則是中國公民言論自由之憲法權利和黨員對黨要講真話之黨內準則。所謂"妄議"雖屬不敢以個人個見為絕對正確而拒絕讀者指謬之意，同時也表示它無論妄也正也都是我享公民權利盡黨員義務的行為（所以乾脆以它作為其中一卷的書名），否則後代子孫問"對於那麼腦殘的害國殘民的行為，祖爺爺你為何不站出來說句話？"我怎麼回答他們？

——比起對長官，我更怕娃娃。謹訴這點衷情，為本書跋。

2018年國際人權日於不設防居

CPSIA information can be obtained
at www.ICGtesting.com
Printed in the USA
BVHW081929170223
658737BV00008B/1381